JN217621

Thirty Million Words: Building a Child's Brain

3000万語の格差

赤ちゃんの脳をつくる、親と保育者の話しかけ

ダナ・サスキンド〈著〉　掛札 逸美〈訳〉　高山 静子〈解説〉

明石書店

THIRTY MILLION WORDS

Building a Child's Brain

by Dana Suskind, M.D.

目　次

〔凡例〕
○訳注は該当箇所に［訳］付きの番号をふり、脚注とした。
○原文のイタリックが本文中の強調を示す場合は、原則ゴシック体とした。

第1章

つながり

小児人工内耳外科医が社会科学者になったわけ

「盲目は私を周囲の物から隔て、聾（ろう）は私を人々から隔てた。」
──ヘレン・ケラー

保護者[訳1]が話す言葉はおそらく、子どもにとってもっとも価値のあるものでしょう。言語の違い、文化や言葉のニュアンスの違い、人種や貧富の差にかかわらず、言葉は人間の脳が持つ可能性を最大限に引き出す鍵だからです。

言葉がなかったら、脳の発達は阻害されます。耳が聞こえる子どもでも、貧しい言葉環境のもとに育ったなら、生まれつき耳が聞こえず、手話環境に恵まれなかった子どもと、脳が置かれる環境はほぼ同じでしょう。もともと耳が聞こえても聞こえなくても、言葉による働きかけがなければ、一生に関わる重大な悪影響をこうむります。反対に、豊かな言葉環境の中で育った子どもは、生まれつき耳が聞こえる子どもでも人工内耳で聴力を得

［注］ 各章の参照文献や関連情報は、本書ウェブサイト「http://www.kodomoinfo.org」を参照のこと。

［訳1］ 原著では大部分がparentとなっているが、「親」と訳すと日本語の場合、「産みの親」、特に「母親」というニュアンスが強くなるため、原著でもしばしば使われているparents and/or caregiversの意味で「保護者」（広くは、「その子どもを主にケアする人」という意味）と訳している。以下、特定の研究結果などで「親」と訳している以外は同じ。

た子どもでも、同じように伸びていくことができます。

私自身の話

なぜ、小児人工内耳外科医である私が、保護者の話し言葉の力について本を書いたのでしょう？ 外科医の仕事は多岐にわたっていますが、「話すこと」はその中に含まれていません。外科医の仕事は言葉ではなく、その手指、手術室内でいかに器用さを発揮できるかにかかっていますから。でも、外科医の仕事にはもう一つ、問題を探しあてて解決策を見つける能力、という側面があります。パズルのピースがぴたりと合った時のうれしさは、外科医にとって他の何にも代えられません。

たとえば、人工内耳移植をすれば、耳が聞こえない子どもたちも音や声を聞くことができるようになります。これは、特別なパズルのピースです。内耳の蝸牛（かぎゅう）という場所にコイルをつけると、人工内耳は機能していない細胞を飛び越し、脳へつながる聴覚神経に直接、刺激を伝達します。耳から脳へと直接つなぐ高速線です。静けさの中に生まれ落ちた子どもたちも、聞くことができ、話すことができ、学習面でも社会面でも世界にとけこんでいけるようになります。これが人工内耳のすばらしい働きで、パズルにぴったりと合う奇跡のような聴覚障害の解決策です。

少なくとも、私はかつてそう思っていました。

医科大学院[訳2]で私の想像力をかきたてたのは、耳ではなく、脳でした。いまだ答えが得られていない、生命に関わる謎を解く鍵を脳がすべて持っているように思えたからです。脳外科医になり、人類が直面している最重要課題を自分の手で解決する、それが私の夢でした。

ところが、初めて見た脳外科の症例では、そんな具合にはいかなかった

[訳2] 米国の場合、メディカル・スクールは通常、4年制医科大学院を指す。大学の専攻が何であれ、医科大学院に進むことができる。

のです。ちょうど、髄膜腫（良性腫瘍の一つ）切除に関する章を教科書に書いていたので、脳外科長のＲ博士は手術を実際に見れば助けになると思ったのでしょう、髄膜腫の切除手術に立ち会うよう言ってくれたのです。手術室に入り、Ｒ博士が手招きするほうへ歩いていくと、手術台の上にポピドンヨード（ヨードチンキ）の黄色と血の赤で彩られた頭部が見えました。頭蓋骨にあいた大きな穴の中では灰色っぽいゼラチン状の塊が脈動していて、まるで穴から逃げ出そうとしているかのようです。患者のからだは、魔術師のテーブルに助手のからだが隠れているように、長い青い布の下に完全に隠れていました。

手術台に近づくにつれて、突然、自分自身の動悸（どうき）に気づきました。私たち人間が人間である、その中心にあるのが、このぶよぶよしたゼラチンの塊みたいなもの？ まさか、本当に？ まぶしい光が視野の前を動き回り、Ｒ博士が言っていることも頭に入りません。次に気づいた時には、看護師が私を椅子に座らせていました。恥ずかしかった？ あたりまえです！

けれども、私が脳外科に進まなかった決定的な理由は別にありました。夢見ていたことと現実がぶつかった結果の決断だったのです。

「一度でも脳が空気に触れたら、その人は決してそれまでと同じではない」、1980年代の脳外科でよく言われた言葉です。当時、脳外科手術で命は永らえても、たいていの患者の予後は良くありませんでした。年々、状況は改善されていきましたが、脳外科の現実を経験するうち、脳に関わる別の仕事を考えるようになったのです。そして、遠回りではあったものの、たどり着いたのが「耳」でした。ロッド・ラスクRod Lusk博士[訳3]に出会い、ワシントン大学（ミズーリ州セント・ルイス）のフェロー[訳4]として働く間に、人工内耳移植に必要なスキルを学びました。

［訳3］　人物の立場がわからない場合や肩書きが複数ある場合には、「博士」と表記している。米国などの場合、大学で教育・研究に携わる人はすべて博士号を取得しているため。

［訳4］　「フェロー」とは米国とカナダの医師養成システムの中の立場で、日本で言う「研修医」の後に続く。

人工内耳移植は、手術の中でももっともエレガントなものだと思います。豆粒サイズの内耳を高性能顕微鏡で25セント硬貨（直径約2.5センチ）ぐらいに拡大して行う手術は、使う道具も小さく精密で、高精度です。手術室は暗く、顕微鏡のスポットライトから出るビーム光が舞台の花形である耳を照らし出します。このビーム光が患者と外科医のまわりにつくり出す後光のような影は、幻想的ですらあると言われています。人工内耳外科医はたいてい術中に音楽を流すのですが、私はしません。静かで落ち着いた空気の中、ドリルの音だけが、手術に集中している私に聞こえる背景音です。

小児頭頸部、特に人工内耳移植専門の外科医になろうという私の決断は、運にも恵まれました。当時はちょうど、医学における2つの歴史的なできごとが、生まれつき耳の聞こえない子どもたちに黄金時代をもたらそうとしていた時でもあったからです。

1993年、米国国立衛生研究所はすべての新生児について、退院までに聴覚スクリーニングをするよう勧告しました。この公衆衛生施策によって、聴覚障害の診断年齢が**３歳から３か月に**下がりました。聴覚障害だとわかれば、保護者も小児科医も「この子は話すのが遅いだけだね」「おにいちゃんが、この子の言いたいことを全部話しちゃっているからだよ」と、のんびりかまえてはいられないからです。そして、神経学の一つの奇跡でもある人工内耳の開発が偶然、同じ時期に起きたことで、スクリーニングの重要性は高まりました。聴覚障害の子どもたちの人生を変える可能性が出てきたのです。

人工内耳移植と新生児聴覚スクリーニング

人間の脳神経系は、だいたいどれも治療が難しいものです。脳性マヒから脳卒中、脊髄損傷からアメリカン・フットボールによる脳外傷、どれも医学の世界では「治す」ではなく、「状態を改善する」という言葉が使われます。ところが、聴覚障害は、その状態自体を治すことができる驚異的な例です。

1984年、成人向けの単一チャンネル人工内耳を米国食品医薬品局が初めて承認しましたが、「聞く」と言うにはほど遠く、音を検知して声を認識できる程度でした。1990年、新生児の聴覚スクリーニング勧告と同じ頃、複雑な音声処理のできる多重チャンネル人工内耳が登場し、子どもの使用も承認されました。歴史上初めて、耳が聞こえない状態で生まれた子どもも**言語を処理する脳神経経路が育っていく時期に**音を聞くことができるようになったのです。

新生児スクリーニングと人工内耳の開発が時期を同じくして起きた点は、重要です。1000億のニューロン（神経細胞）を含む人間の脳の物理的な成長は、3歳の終わりまでに約85%が終わります。思考と学習の基礎となる部分です。そして、幼い子どもの言葉環境と脳の成長は間違いなく関係していると、科学が明らかにしてきました。3歳で脳の成長が止まると言っているわけではありませんが、この3年間がきわめて重要なのです。事実、赤ちゃんの聴覚障害の診断は、「神経学的な非常事態」とも呼ばれてきました。聞こえないことが新生児の成長に及ぼすマイナスの影響ゆえです。

新生児スクリーニングと人工内耳移植が同じ時期に行われなかったら？　もしも聴覚障害の診断がもっと遅く、ある程度大きくなった子どもに人工内耳が移植されるのなら、すばらしい技術も単なる技術で、今、見られるような根本的な解決策にはなりません。人工内耳移植が成功するには**神経の可塑性**、つまり、新しい刺激に応じて育っていける脳の力が必要です。言語に関して言えば、脳の可塑性は何歳でもそれなりにはありますが、出生から3、4歳までの脳にとって、この過程は重要かつ不可欠です。話すことを学び、脳の言語神経系が**できあがった後に**耳が聞こえなくなった人であれば、（人工内耳をつけるうえで）問題はありません。けれども、生まれつき耳が聞こえず、ある程度の年齢になってから人工内耳をつけた人の場合、音は聞こえても、音の意味を理解する能力はまず得られないのです。

ところが、人工内耳が適時に移植されたとしても、成功を妨げる別の要因があります。シカゴ大学で人工内耳移植のプログラムを始めてすぐ学んだのが、この点でした。

当初、患者が少なかったからこそわかったこと

シカゴ大学は、シカゴのサウス・サイドという不平等の海の中に浮かぶ島です[訳5]。この地区に住む家族にとって社会的、経済的な苦悩は大変なものですが、私が人工内耳移植プログラムを始めるまでは、聴覚に障害をもって生まれた子どもたちとその家族の間にはさらなる障壁があったわけです。この地域でプログラムを始めたことは、私と、献身的な移植チームにすばらしい機会を与えてくれたと同時に、予想もしない挑戦ともなりました。そして、この経験が私の考え方とキャリアを完全に変えたのです。

1960年代後半、米国の公民権運動がピークを迎えていた時期、ソーシャル・ワーカーだった母は、生まれたばかりの私をボルティモア（メリーランド州）中心部の貧困地区にある職場へ連れていっていました。母のオフィスの近くの部屋に寝かされ、目覚めると部屋の外に座っている同僚が母に伝えていたようです。同じ年、スラム地区に乳児ケア施設を造る計画がもちあがり、母がペルーの首都リマでリサーチをした際には、時々、アルミニウム枠のしょいこ（「イン」と母は呼んでいました）で私を背負い、丘陵地区のスラムを歩いたと言います。そんなことをする外国人は珍しかったのでしょう、スラムに住む人たちは怪訝（けげん）な目を向けていたそうです。

母はずいぶん後になって、この頃の話をしてくれました。母がソーシャル・ワークの経験からまず学んだのは、人生で一度としてチャンスに恵まれなかった人たちも可能性に満ちているという事実だった、と。私も患者たちから同じような経験を得ました。最初は気づきもしなかったのですが、

［訳5］イリノイ州シカゴは米国第3の大都市で、貧困率、深刻犯罪率が米国の中でも上位を占める。特にシカゴ南部でその傾向が強い。

私の仕事が大きな影響を与えたのは、実のところ、私自身だったのです。

私がシカゴ大学で始めた人工内耳移植プログラムは、初めのうちほとんど患者が来ませんでした。予想に反して、売り出し日のショッピング・モールのように患者がずらりと診察室のドアの前に並んだりはしなかったのです。でも、患者が少なかったからこそ、とても重要な視点を得られました。最初から患者がたくさん来ていたら見逃していただろう点です。

あまりにも患者が少なかったので、私は一人ひとりの患者を自分の子どものように見ていました。成長のすべての節目、たとえば初めての笑顔や最初の一歩を、親のようなプライドを感じながら観察していたのです。人工内耳のスイッチを入れて初めて子どもが音を聞く瞬間には、すべて立ち会いました。親と同じように成功や達成を喜ぶと同時に、順調に進むはずのことが進まなかった時には悩み苦しみました。

たとえば、最初に音を聞いた時の反応が遅い、自分の名前を聞いた時に反応がない、最初の言葉を発するのが遅い、最初の本を読むのが遅い。私を悩ませたのは、こういった問題でした。さらに、当初は同じように見えた子どもたちも、その後の経過は子どもによって大きく違いました。その理由を見つけようとするうちにたどり着いたのは、耳が聞こえる状態で生まれた子どもたちの世界だったのです。

実際、子どもたちを観察していて気づいたことを、私自身、非科学的だと片づけそうにもなったのです。せいぜいが興味深い体験談だと。何かを証明するにせよ否定するにせよ、科学が「真の」科学であるためには対象とする数が大きくなければならない、科学界にいる多くの人たち同様、私もそう思っていたのです。「統計学的パワー」を有する研究対象の規模、と言われるものです[訳6]。けれども、じきにわかりました。一人ひとりの

[訳6]　調査・研究から得られた数値の違いや変化が偶然以上の（＝有意な）違いや変化であるかどうかを知るには、統計学的パワー statistical powerが必要で、その基礎となるのが対象の規模（数）。調査・研究をデザインする時や、得られた結果を検討する時に用いられる概念。

経験の大きさを無視して数の力に頼ることで、重要な本質が見えなくなってしまうこともある、と。

ザックとミシェル

ザックは、私がシカゴ大学の人工内耳移植プログラムを始めてから2人めの患者、ミシェルは4人めの患者です。どちらも出生時にまったく音が聞こえない重度の聴覚障害と診断され、よく似ていました。どちらも潜在的な能力を持ち、どちらの母親も子どもを愛し、話し言葉の世界で生きてほしいと願っていました。そして、ザックもミシェルも科学が与えうる最高の技術の恩恵を受けたのです。でも、類似点はここで終わり。同じような潜在力、同じ移植手術。ところが、結果はまったく違いました。

ザックとミシェルから学んだことは、どんな医学の教科書にも書いてありません。2人の子どもから得た経験は、テクノロジーの限界に気づかせてくれただけではありません。それまでも知ってはいたかもしれないけれど、はっきりそれとは意識できていなかった潜在的な力、私たちすべての人生の道筋に決定的な影響を及ぼす力についてわからせてくれたのです。

ザック

両親に連れられて来た時、ザックは生後約8か月でした。肌と同じくらい明るい色の髪の、かわいい男の子。すぐ笑い、晴れた日の空のような青い目が私たちの動きをいつも追っていました。耳が聞こえないという診断は、両親にとってショックだったようです。いとこの一人が60代になって補聴器をつけた以外、家族の誰にも聴覚障害はありません。ザックより2つ年上のエマは健常な聴力で、「よくしゃべるお姉さん」そのもの。聴覚障害の知り合いが一人もいなかったものの、ザックの両親は何をどうしたいかが最初からよくわかっていました。

両親は現実的で信念がかたく、すでにかなり勉強していました。コミュニケーションの方法も複数あると知っていましたし、目標もはっきり伝えてくれました。ゴールは、聞き、話す世界にザックを導き入れること。重度の聴覚障害という診断がなされた直後から、ザックは補聴器をつけていました。子どもに補聴器をつけさせるのは至難の業なのですが、驚くことにザックは苦もなくつけていたのです。補聴器の重さで、彼の小さな耳はハリケーンの後のヤシの木のように曲がっていましたが。

ザックの両親は、別の部分でもすでに行動を起こしていました。セラピストを家に呼び、ザックの言語発達を促そうとしていたのです。手話言語も学び始めていました。何であれ、とにかくザックがコミュニケーションできるようにしたかったのです。そして、手話はすでにザックと家族をつなぐ方法になっていました。

両親は、人工内耳移植も可能性の一つであるとわかっていましたが、タイミングが問題でした。ザックの場合、新生児の聴覚を調べる聴性脳幹反応テスト（ABR）の結果は、「反応なし」で平坦な線、つまり、音に脳が反応している時に見られる山型の線が見られなかったのです。補聴器をつけるためのテストもダメでした。ザックはもっとも深刻なタイプの聴覚障害だったのです。補聴器をつけていても、オートバイが横を走り抜ける時の音（90デシベル）に脳が反応しないのですから、何の助けになるでしょう？ でも、ザックの両親は諦めずに、補聴器をつけさせていました。ザックは稀な例外で、補聴器をつければ聞こえるようになるのではないかと希望を抱いていたからです。米国食品医薬局のガイドラインが人工内耳の移植を認める生後12か月［訳7］までの間、両親にこれ以上、何ができたでしょうか。

ザックの母親は、できることは先回りして何でもするタイプでしたから、補聴器に効果がないとわかって、彼女なりの答えを探していました。ザッ

［訳7］　本書中に12か月未満で移植をしている事例も出てくるが、ガイドラインは規制ではないため、12か月未満の例も多いとのこと（サスキンド博士に確認済）。2017年に出たレビュー論文はこれまでの複数の研究から、12か月未満の移植は安全で、効果があると結論づけている。

クがまだ赤ちゃんだった時、母親はザックを胸の上に抱いて小さな手を自分の喉に当て、子守唄を歌いました。子守歌を歌う時の喉の震えと音をザックが関連づけられるのではないかと考えたのです。解決策を見つけたい一心で母親がザックを私たちのオフィスに連れてきた時、人工内耳移植を受けさせたいという両親の意思に揺らぎはありませんでした。ザックの最初の誕生日は彼の「聞く」誕生日になる、そう両親は決めていました。

移植は確かに初めの一歩ですが、本当の「聞く誕生日」は、人工内耳のスイッチが入った時です。この劇的な瞬間は、間違いなく「ハニー、ハニー、お母さんの声が聞こえる？ あなたをとっても愛してる」と続き、移植が成功したのであれば子どもはびっくりした顔をして、次に笑顔が生まれ、笑い、時には泣き出します。信じられないくらい感動する経験です。ご自分でご覧になってください。YouTubeで「cochlear implant activations」（人工内耳をオンにする）と検索すれば、感動の瞬間が見られます[訳8]。

ザックの本当の「聞く誕生日」の日、ザック自身も両親も冷静でリラックスしていました。あまりにのんびりしていたので、その瞬間をビデオに撮ることすら忘れていたぐらいです。母親が後で悔やんでいたいくつかのことのうちの一つが、ビデオの撮り忘れでした。

子どもの1歳の誕生日は人生の第一歩ですが、人工内耳を使い始める日ももちろん、発話というゴールに向けた第一歩にすぎません。人工内耳を使い始めてから音声言語を使うまでの道のりは楽なもので、数日もあれば大丈夫だろうと保護者はたいてい信じています。そうではないといくら説明しても、です。耳が聞こえる新生児同様、人工内耳を移植された子どもも、音のある世界にひたり、音の意味を理解する学習自体におよそ1年はかかります。

そう簡単にはいかない場合もあります。たとえばザックの場合、移植前

［訳8］ 日本語ではなく、英語でcochlear implant activationsと動画検索〔本書ウェブサイト参照〕。子どもが泣き出すことがあるのは、今まではなかった刺激に驚いて、のよう。

はオートバイが横を通り過ぎても聞こえませんでした。今は小さなささやき声すら聞こえます。でも、ザックの脳は最初のうち、その音が何を意味しているのか、まったくわからないのです。人工内耳を移植された子どもたちは皆、話し始める前にこうしたことをまず学ばなければなりません。

ザックの家庭は話す声、読む声、歌う声であふれていました。両親は、ザックが見事に育っていると断言していましたが、私にはまったくわからなかったのです。診察中は、おもちゃを見せても、シールをあげても、発語を促しそうなことをどんなにしてみてもまったくダメでした。彼が3歳の時、あるおもしろいできごとが起きて、うん、ザックは話せるんだとようやく私にもわかりました。

バイオリン・リサイタル『音の贈り物』が、シカゴ交響楽団のメンバーによって開かれた時のことです。私たちの移植プログラムのために開かれたもので、移植をした家族もたくさん来ていました。病院のロビーに音楽が流れる中、皆、話をし、テーブルの上のクッキーや軽食を楽しんでいました。まさにそのテーブルで、ザックは話せるのだという動かぬ証拠を聞いたのです。ブラウニーとクッキーの間、パガニーニかベートーベンの真っ最中に突然、高い声の子どもの笑い声と、はしゃいだ叫び声が聞こえました。「げええ！ パパがおならしたああ」、ザックは大丈夫、そうわかった瞬間でした。

ザックは今、公立小学校普通児クラスの3年生です。学校以外で受けている教育サービスは、人工内耳が機能しているかどうかを確認する専門家だけです。学力は読み書きも算数も標準レベル、友だちと遊び、姉とケンカし、まじめで愛情にあふれた両親からは特別な扱いも受けていません。知性とやる気に満ち、可能性を発揮できると見てとれる9歳の男の子です。彼の未来は、聴覚障害によって狭められてはいません。彼は多くの意味で恵まれています。

ザックが20年前、つまり2005年ではなく1985年に生まれていたら、聴覚障害が彼の将来を決めていたかもしれません。耳が聞こえなくても、幸せで満ち足りた生活を送る道はいくらでもあります。でも、人工内耳移植が発明されたことで、ザックの教育と職業の選択肢は一変しました。聞く能力は読む能力に影響を与え、結果的に学ぶ能力に影響を与えるという部分が大きいからです。一生を通じて、このドミノ効果は明らかです。生まれつき耳が聞こえず、手話言語のみを通じて教育を受けたおとなの識字レベルは、かつてであれば小学校4年生程度、3分の1は日常に必要な読み書きができません。

もちろん、こうした平均値からは、豊かな手話言語の家庭で育った幸運な人々のことが見えません。平均値は、芸術、科学、そして生活の中で可能性を活かしきった「ろう社会」の人たちをおとしめるものでもありません。でも、可能性が開花しきれなかった場合をみると、耳が聞こえない子どものうち90%が、愛情豊かではあるものの、手話によるコミュニケーションができない保護者のもとに生まれるという事実に起因することが往々にしてあるのです。つまり、神経可塑性が非常に高くて脳の発達を促しうる一番大事な時期に必要な言語環境が、この子どもたちにとっては不十分なのです。

ひるがえって、ザックはどうでしょうか。耳が聞こえない状態で生まれたものの、小学校3年レベルの標準読み書きスキルがある。これは将来の学業の成功を予測する印です。ザックは、両親が常に先手を打って行動したこと、テクノロジー、さらに医療政策が完璧に連携した例です。

ミシェル

「(豊かな言葉環境は) 酸素のようなもの。それを十分に得ていない人を見て初めて、大事だと気づく」

──ニム・トットンハム Nim Tottenham博士の言葉を許可なしで引用

パズルのピースがぴたりと合うと、そこに大きな可能性を見ることができます。逆に、パズルのピースが一つ欠けている時には、はっきりわかってしまいます。それがミシェルの場合で、ここから私の転換点が始まりました。

生後7か月のミシェルはまるで日本のアニメのヒロインのようでした。クリスタル・ブルーの目は表現力に満ちていて知的、魅力的。彼女の笑い声は楽しそうでした。ザック同様、ミシェルも聴力を持たずに生まれてきましたが、可能性に満ちていました。彼女に欠けていたパズルのピースはとても些細なことだったので、最初は、それが欠けているとすらわからないぐらいでした。実際、もしミシェルがザックよりも先に来ていたら、私は彼女の成長・発達の遅れを技術の限界と思って受け入れていたか、もっと単純に「恩恵を受けられない人たちもいる」と考えて終わりにしていたでしょう。でも、**こうなって行くべき**という基準をザックの例ですでに見ていたので、ミシェルの人工内耳移植の後に起きたことは、私の期待にはほど遠かったのです。

ミシェルの父親には、ワールデンブルグ症候群（遺伝子疾患の一つ）による中度の聴覚障害があり、補聴器をつけていました。同じ症候群のミシェル同様、父親も左右の間隔があいた青い目を持ち、平均レベルの知性でした。ミシェルの母親、ローラと私たちのチームは長い間、話し合いました。ローラはミシェルを愛していましたが、それだけに、仕事がなくてお金がないという大変さに加えて、障害のある子どもが生まれたことは重荷になっていました。まず、補聴器を使うことになりましたが、聴覚障害の程度からそれでは不十分だろうと感じていました。補聴器で聞こえるようにならなければ人工内耳移植をする、その考えも一致しました。ところが、ミシェルが補聴器をつけてすぐ、ローラは急に来なくなり、ミシェルと私たちのチームの関わりは途切れました。1年後に戻ってきた時、補聴器はうまくいかなかったとローラは話し、最初に話した通り、人工内耳移植を決めました。

2歳ごろに訪れた、ミシェルの「聞く誕生日」のことははっきり覚えています。当時、私たちは、人工内耳のスイッチを入れると、カップケーキと鮮やかな色の風船を患者にあげてお祝いをしました。祝うべき日ですから。けれどもミシェルの場合は、それほどのお祝いの雰囲気にはならなかったのです。人工内耳のスイッチが入っても、ミシェルはカップケーキを食べ続け、ほとんど反応しませんでした。ただ、「ほとんど反応がなかった」は「まるで反応がなかった」とはまったく違いますから、ローラも私も喜びました。ミシェルには音が聞こえているようでしたし、これで彼女も話すことを学べるはずでした。

その後の評価から人工内耳をつけたミシェルの聴力は通常範囲だとわかり、チームの専門家[訳9]も彼女を「スポンジ」と呼んでいました。何であれ、ミシェルは容易に反応したからです。でも、別の部分も明確になりました。**テスト用の音**には反応したものの、ミシェルは発語をせず、話し言葉を理解しているようにも見えなかったのです。母親も気づいていました。ミシェルに音は聞こえていても、音の意味はわかっておらず、音の意味を学ぶこともできそうにない、それが最終的な結論でした。

ミシェルに関わっている私たちは心配して、チームの会議でも、どう支援するかを話し合いました。ミシェルの言語発達を促すため、手話言語と音声言語の両方に接する機会も増やしました。けれど、どれも成功しませんでした。ザックは私の前で話さなかっただけでしたが、ミシェルは本当に言葉を発さず、問題は深刻で複雑でした。

何がどこで間違ったのでしょうか？ ザックとミシェル、耳が聞こえない2人の子どもに私は「聞く」という技術の贈り物をあげました。話し、学び、世界に溶け込んでいくうえで、聴力を得ることは完璧な解決策ではなかったのでしょうか。それはなぜ？ ザックとミシェルを分けた違いは何でしょうか？ この疑問は、私を聴覚障害の世界から連れ出し、私たちすべてが生きている世界に導き入れました。なぜなら、ザックとミシェルの学ぶ能力の違いは、私たちがそれぞれに持っている潜在的な力を発揮で

[訳9] 専門職とは、オーディオロジスト audiologist（聴覚の専門職）、スピーチ・セラピスト speech therapist（話すこと専門の訓練士）など。

きるかどうかを決める、基本的な要因から生まれていたのです。

小学校3年時の読み書きレベルは一般に、その子の学習の到達点を予測する指標となります。3年生の時、ザックは学習面でも他の面でも平均でした。ミシェルは3年生の時、手話を主体としたトータル・コミュニケーション・クラスにいました。人工内耳をつけているにもかかわらず、音声言語は最小限、手話言語も基本がわかっているだけ。真の意味で音声言語を身につけるなど、遠い夢でした。この時の読字レベルは幼稚園［訳10］レベルぎりぎり、彼女の将来は目に見えていました。

なぜ、人工内耳という奇跡的な技術は、可能性にあふれたこの小さい女の子を変えられなかったのでしょう？

実のところ、同じような問題は思った以上に起きていたのです。私たちの患者がどんな教育環境にいるかを知るため、移植チームでシカゴの学校の聴覚障害児向けクラスを訪れた時にはっきりわかりました。子どもたちは音声言語主体の「口話クラス」と、名称に反して手話言語が主体、音声言語は少しだけの「トータル・コミュニケーション・クラス」に分けられていました。私が人工内耳移植をした子どもたちは全員、口話法のクラスにいるものと思っていましたが、これが大間違いだったのです。

そのトータル・コミュニケーション・クラスには子どもが9人いて、半円に机を並べ、手話で話している教師に向かい合っていました。信じられないような静けさでした。

そこにいたのがミシェルです。あの青い目は、間違いなく彼女でした。近づき、ハグをすると、ミシェルは私が誰なのかわからず、見あげて驚いた顔をし、恥ずかしそうな笑みを浮かべました。最初に出会った時の生き生きした子どもはそこにおらず、彼女の輝きは完全に消えてしまっているように見えました。理由は明白でした。教師の話によると、ミシェルは昼

［訳10］　幼稚園（kindergarten）は米国の場合、通常、小学校入学前の1年間を指すので、ここでは「5歳レベル」の意味。以下同じ。

ごはんも持たず、汚い服を着て、なによりもまず音声言語でも手話言語でも、コミュニケーションをうまくできないのだそうです。彼女の愛らしい顔を見た時、私が目にしているのは聴覚障害という悲劇なのか、貧困という悲劇なのか、どちらとも言えませんでした。でも、私の目の前にいた子どもが、可能性をつぶされてしまった悲劇そのものだったことは間違いありません。

似たような可能性を持った2人の赤ちゃんが私のもとに来て、まったく違う結果に至りました。確かに、2人の家庭背景はまったく違います。けれども、社会経済的な条件は、子どもたちが話すことを学ぶのを止めはしません。人工内耳移植という奇跡的なパズルのピースを信じ、生まれつき耳が聞こえない子どもたちにとっての黄金期を称賛してきた外科医として、私は落胆しましたし、謙虚な気持ちにもなりました。そしてとにかく、次の課題に向けて新たな決心をしたのです。

「ヒポクラテスの誓い」[訳11]をした者としては、手術が終わった瞬間に私の責任が終わるわけではありません。患者の人生が良い状態になった時、ようやく私の仕事は終わります。手術室という居心地のいい場所から外へ踏み出す時が来たのだ、今がその時だとわかったのです。

社会科学を学び始める

シカゴ大学には、何人ものノーベル賞受賞者を含む、医学、社会科学の研究者がたくさんおり、世界が直面する難題の解決に取り組んでいます。言うまでもなく、私はその中の一人ではありませんでした。私の世界は手術室だけでしたし、私の最終目標は、耳の聞こえない子どもたちが音や声を聞けるよう人工内耳を移植し、それがちゃんと動くようにし、ハグをしてキスをして送り出す…。それですべてがうまくいくと思っていたのです。

［訳11］「ヒポクラテスの誓い」とは、医師が守るべき倫理をうたった宣誓文。日本医師会の「医の倫理の基礎知識」の中にも掲載されている。

思い込みだらけでした。

私たちが生まれ落ちた後の人生は、簡単に言えば、運任せです。何が待ち受けているのか、わかって生まれてくる子どもはいません。人生はこうなるだろうというチェックリストもなければ、こっちからこれ、あっちからそれと選び取れるメニューもありません。そして、これから書いていく通り、生後１日めから、子ども自身には何のコントロールもできない要因が、人生全体にとてつもなく大きな影響を与え始めます。子どもが育つ社会経済的な環境も影響をします。愛されるかどうか、幸せで満ち足りた人生を送ってほしいと望む保護者かどうか、可能性に恵まれるかどうかは、社会経済的な環境とはまったく関係ありません。でも、社会経済的な要因が学業の達成、健康、病気などの結果に関係するのは事実です。

私が手術室から出て、社会科学の広い世界で学んだのは、こうしたことです。

がんや糖尿病から老眼、加齢に伴う嗅覚の低下まで、どんな病気であっても、貧しい環境に生まれれば、そうではない環境に生まれた場合と比べて、結果や予後は悪くなります。「健康における格差」「健康における社会的な決定要因」と呼ばれるものです。シカゴ大学で研究に取り組む第一線の同僚たちから学んでわかり始めたのは、ミシェルの問題は彼女が生まれ落ちた世界と関係しているという点でした。

そうすると、さらにたくさんの疑問が生まれます。解決策はないと言っているのか？ それが当然と考えて、治療の成功が見込まれる患者を対象にしていこうという意味？「疲れ果てた人々、貧しさにあえぐ人々、(略)岸に群がる哀れな人々を、我に与えよ」、自由の女神の台座に刻まれたエマ・ラザルスの詩を読んだ人は、歴史的な「必然」をそのまま受け入れることが次のステップではないとわかっているはずです。次のステップは、解決策を見つけ、「変えられないもの」を変えていくことです。

ところが、一人の外科医が社会的な問題の解決策を見つけようとすると、それは病院と手術という慣れた世界を出なければならないことを意味し、まるで月旅行を計画するようなものです。私は出勤の途中、シカゴ大学で「クアッド（Quad）」と呼ばれるゴシック様式の歴史的な美しい石造りの建物が連なる場所をよく通りました。このあたりでは、シカゴ大学の著名な研究者たち（いわゆる「巨人たち」）が考え、教え、研究をしています。社会科学者のコミュニティが、人間の行動の複雑さを解明しようとしている場所でもありました。私にとってはここが、ミシェルの言葉がなぜ予測通りに発達しなかったかを理解し始めた場所、それ以上に、私にできたかもしれないことを学び始めた場所だったのです。

シカゴ大学心理学部のスーザン・レヴィンSusan Levine教授とスーザン・ゴールディン＝メドウSusan Goldin-Meadow教授（名前が同じなので複数形の「スーザンズ」と呼ばれている）は長年の友人であり、隣同士に住み、同じ学部の同僚です。40年にわたり、2人は子どもがどのように言葉を学ぶかを研究してきました。この2人が私の目を開かせ…、ではなく、私が世界を見る新しい水晶体レンズをくれたのです。特に、言語習得という世界の。

シカゴの寒い冬、ゴールディン＝メドウ教授が担当する学部レベルの授業、「子どもの言語発達入門」を聴講しました。いつも、ぎりぎりにクリニックを出、緑の手術着の上に白衣を着て、その上に重たいダウンをはおり、中庭「クアッド」を走り抜けました。教室は、テーブル付きの椅子が演台に向かって急な角度で並ぶ、昔ながらのホールです。まわりの若い大学生に比べて神経細胞の発火が遅いのは、演台の近くにいれば穴埋めできるだろうと思い、私はいつも最前列に座って、学生がチョムスキーとスキナーの相反する言語習得理論について熱心に議論するのを聞いていました。

チョムスキーが言うように、人間は「言語習得装置」を持って生まれてくるもので、言語のルールは脳に最初から埋め込まれている？ 私たちは生まれつき、言語を身につけるようにできている？ それとも、スキナーが言うように、言語習得は生得的ではなく、おとなが発達を促し、生活に必要な言語パターンに子どもを導いていくもの？ こうした問いは、私がそれまでいた手術室内の決められた手順、「切って縫う」からははるかに離れていましたが、いまや私の世界の一部となっていました。私は全身全霊で情報を吸収し、私が治療し、愛している子どもたちを助けるために必要な知恵に出会うのを待っていました。

「ハートとリズリー」に出会う

ゴールディン=メドウ教授のクラスで耳にするまでは、ハートとリズリーの名前すら聞いたことがなかったと思います。初めて聞いた時も、2人の研究の重要性にまったく気づいていなかったのは間違いありません。

1960年代、カンザス大学の児童心理学者ベティ・ハートBetty Hartとトッド・リズリーTodd Risleyは、貧困層の子どもたちの成績を上げる方法を探していました。語彙力強化プログラムをつくり、当初は効果があったようです。しかし、子どもたちが幼稚園に入る前にテストをしてみると、当初見られた効果は消えていました。ハートとリズリーはその理由を見つけ出そうとし、結果、子どもたちの長期的な学習の流れにおいて初期の言葉環境がいかに大切であるかを示す画期的な研究を生み出したのです。

この2人のすばらしいところは、研究成果だけではありません。この研究をしたという事実自体が驚きなのです。当時の社会通念によれば、勉強ができるのは頭がいいから、できないのは頭が悪いから、以上終わり、でした。貧困環境に生まれた子どもと、それより豊かな家庭に生まれた子どもの学業や人生の違いは、変えることのできない事実として長い間受け入れられていました。誰もが理由を知っていると思っていたので、違いの原因が考えられることもなかったのです。その理由とは「遺伝」でした。

ハートとリズリーは、この通念を変えました。2人の革新的な研究は、重要な問いである「なぜ？」にも答えを見つけています。貧困環境に生まれた幼い子どもたちの言葉環境は、豊かな家庭に生まれた子どもたちの言葉環境とは大きく違っていたのです。そして、この違いがその後の学業成績と比例していました。社会経済的に低い階層の子どもたちが聞いている言葉の数は、高い階層の子どもたちよりもずっと少なかったのですが、違いは言葉の数だけではありません。質も大きく違いました。**どんな言葉**が話され、その言葉が**どのように**子どもに向かって発せられているかも違っていました。さらに、社会経済的な状況そのものではなく、言葉をどれだけ聞いているかが、成績を比べた時、明らかに違う点でした。勉強ができる子ども、できない子どものどちらを見ても、社会経済的な環境ではなく、初期の言葉環境が大きな要因でした。すべて「言葉」だったのです。

ハートとリズリーの研究のおかげで、初期の言葉環境の大切さが理解され始めました。子どもが聞く言葉の量と質、それも誕生から3歳までの言葉環境が最終的な学業到達度の差につながるらしいとわかってきたのです。

すべてのつながりが合流する場所

ハートとリズリーの研究は、耳が聞こえる子どもたちを対象にしていました。でも、生まれつき耳が聞こえず、人工内耳を移植した子どもも同じです。人工内耳をつけ、豊かな言葉環境の家庭で育った子どもたちは伸びます。逆に、言葉環境が十分ではない家庭に育つと、豊かな言葉環境の子どもたちのようには伸びません。このテーマに取り組んでいるたくさんの科学者たちの仕事のおかげで、ただ耳が聞こえるだけでは言葉は発達しないのだと私は理解し始めました。言葉には意味があると学ぶことが不可欠なのです。だからこそ、幼い子どもたちは、言葉、言葉、言葉にあふれた世界に住まなければならないのです。

私は、すべての患者たちが同じように音を聞けるようにしました。けれども、話し言葉が少なく、子どもの反応を引き出す働きかけも少なく、語彙も貧しいという家庭環境に生まれたら、重要な脳の発達を促すうえで必須となる、意味のある音が十分ではないのです。人工内耳は秀でた技術ではあるものの、「欠けていたパズルのピース」ではありませんでした。人工内耳はあくまでも大事なピースをつなぐ物に過ぎず、欠けていた大事なピースとは保護者の話し言葉の力だったのです。耳が聞こえる状態で生まれたにしても、人工内耳で聞く能力を得たにしても、保護者の言葉の力には変わりありません。豊かな言葉環境がなければ、音が聞こえても何の意味もありませんし、子どもは本来の力を発揮できないでしょう。

どんな家庭に育つのであれ、どんな社会経済的な状況のもとに育つのであれ、すべての赤ちゃん、すべての子どもは、本来持つ力を最大に発揮できる機会を与えられるべきだと私は信じています。私たちには、その機会をつくる義務があります。

そして、私たちにはそれができるのです。

この本は、そのためのものです。

第2章
ハートとリズリー
保護者の話し言葉をめぐる先駆者

「思慮深く、熱心な市民の小さな集まりが世界を変えられるという事実を疑ってはならない。実際、今まで世界を変えてきたのはそうした人たちだから。」
——文化人類学者マーガレット・ミードの言葉とされる

1982年、2人の社会科学者、ベティ・ハートとトッド・リズリーがカンザス州カンザス・シティで抱いた疑問はとても単純でした。学業から落伍するリスクが高い子どもたちを支援するためにつくった先進的な教育プログラムは、なぜ失敗したのか？ 語彙を集中的に増やし、子どもの学習能力を伸ばそうとデザインしたプログラムは完璧な解決策のように見えたのですが、予想通りにはなりませんでした。

当初、プロジェクトは成功したかのように見えました。成績を上げるためには言葉が必須だと認識していた2人は、語彙に関わる内容を盛り込みました。語彙力の遅れを取り戻し、幼稚園（21ページ訳注）に入る準備がもっとできている他の子どもたちと同じレベルになるよう目指したのです。予測した通り、「新しい言葉の数が増え、増加のスピードも上がり、語彙の蓄積を示す曲線」が見られました。ところが、語彙は増えても学習には変化が見られず、幼稚園に入る時（5歳程度）にはプログラムによる介入効果は消えていました。プロジェクトに参加した子どもと参加しなかった子どもの間に違いは見られなかったのです。

ハートとリズリーは、就学前教育を通じて「貧困の連鎖」を止めようとした世代です。リンドン・ジョンソン大統領が宣言した「貧困との闘い」、2人はこの闘いに挑んだ典型でした。「貧困がもたらす悪影響を軽減するだけでなく、貧困そのものをなくし、なにより貧困を予防」しようとしたのです。

最初の研究は、1965年に始まりました。米国が公民権運動の暴動と不安に揺れる中、ハートとリズリーはカンザス大学の同僚たちと共に、貧困層の子どもたちの成績を上げるプロジェクトを立ちあげました。「ジュニパー・ガーデンの子どもプロジェクト」は当初、酒屋の地下が本部だったそうです。できあがったプログラムは、「科学的な知見にコミュニティ活動を組み合わせた」デザインで、語彙習得のカリキュラムも入念に練られていました。貧困層の子どもたちの学習準備度[訳1]を高め、小学校へあがった時に成績が伸びるようにするためです。

1960年代に撮影されたこのプロジェクトの映像『最先端：ジュニパー・ガーデンの子どもプロジェクト』[訳2]は、YouTubeで見ることができます。ぴったりした黒いスーツに細いネクタイを締めた当時のトッド・リズリーが、彼らの「実験室」である教室に入っていくシーンから始まります。教室ではベティ・ハートが床に座り、笑顔でやりとりしながら4歳児に本を読んでいます。ナレーションの高らかな調子は、「この喫緊の社会問題は、子どもたちの日々の経験を改善することで解決されるはずだ」というプロジェクトの希望を表しているかのように聞こえます。明るい調子は最後まで続き、映像は劇的なナレーションで終わります。「これはとても小さな突破口、ジュニパー・ガーデンの最前線です。コミュニティ研究が進められ、この国の他の人々が享受している豊かさから貧しい地域の子どもたちを遠ざけている障壁を壊そうとしています。」

［訳1］「準備度」はレディネスreadiness。ある段階の内容を学ぶ準備ができていること。

［訳2］ Spearhead - Juniper Gardens Children's Projectで動画検索。〔本書ウェブサイト参照〕

このプロジェクトが失敗した理由は、当時、ごくあたりまえと思われていた説明で済ませることもできたでしょう。遺伝、またはそれ以外の、そもそも変えられない要因が原因だったのだと。けれども、ハートとリズリーは「社会通念」と呼ばれるものを簡単に受け入れるタイプではなく、プロジェクトの失敗をもってこの社会問題に対する最終的な答えにすることを拒み、**なぜ失敗したのか**を知ろうとしました。そうしてデザインされた次の研究は、子どもが学びから脱落していく理由と思われてきた通念自体が間違っていた、という理解へと導く扉を開きました。そして、今まで変えられないとみなされてきたものを変えていく力をも持っていたのです。

ロマンチストであり、革命家

1970年代、ハートとリズリーの研究室の大学院生だったスティーヴ・ウォーレンSteve Warren教授（カンザス大学）は、２人を「ロマンチスト」と表現しています。

「ロマンチスト」、でも「頭を雲の中に突っ込んだ空想家」ではないと言います。「貧困との闘い」の失敗を遺伝のせいにする通念に負けることなく、社会が見限った人たちを見捨てることを拒み、ハートとリズリーは、終わりの見えない課題の解決策に結びつくかもしれない問題に取り組み続けたのです。

２人の問いは２つ、ありました。

- 赤ちゃんや幼い子どもは、１週間のうち110時間は目覚めている。その間、子どもに何が起きているのか。
- 子どもが目覚めている間に起きていることは、その子の人生にどれほど重要な意味を持つか。

これが、驚くような発見につながりました。

「(赤ちゃんたちの日々の生活についてはまったく) 文献がなかった。まったくない。考えてみれば、この事実自体が衝撃的だった」とリズリーは言っています。文献はあったのかもしれません。でも、ハートとリズリーが研究を始めるまで、この問いに対する答えや解決策を見つけることに意味があるとは誰も思っていなかったようです。

「幼い時に言葉を耳にすることと子どもの将来の学業の到達度は関係する」、ハートとリズリーのこの発見は、世の中の考え方を大きく変えました。ノーム・チョムスキーとB.F.スキナーの有名な「言葉をめぐる論戦」も生後早い時期の言語習得について議論していますが、子どもが言葉を聞くという側面にはまったくふれていません。

チョムスキーとスキナーが繰り広げた理論上の議論は、「生まれつき(遺伝)」か「育ち(環境)」か、です。言語は人間の脳に生まれつき埋め込まれているとするチョムスキーの理論と、言語習得の基本はオペラント条件づけを通じた否定的/肯定的な強化だと主張するスキナーの理論の闘いで、言語習得においてどちらがより重要かを論じるものです。不思議なことに、「育ち(環境)」の立場をとるスキナーも、保護者の言葉がけから子どもが言葉を耳にする点にはまったくふれていないのです。スキナーのいう「オペラント条件づけ」とは、イワン・パブロフの「レバー押しネズミ」同様、報酬と罰による強化を通じて子どもが言語を習得するという理論でした。

他方、人間は「言語獲得装置」を持ち、言葉は最初から脳の中で遺伝的に規定されていると主張したのがチョムスキーです。幼い子どもが速いスピードで言語を身につけるのは、脳による「コード化」の結果だと主張するチョムスキーは、スキナーの説を「不合理だ」と退け、短期間のうちに子どもが複雑な文法を習得できる理由を報酬と罰という単純な理論で説明できるわけがないと言ったのです。

チョムスキーの説が一般に正しいと思われてきたのは、人間にとって遺伝が重要だと受けとめられてきたためでしょう。子どもやおとなの言葉に見られる格差を調べることに対しては、関心も支援もほとんどありませんでした。当時、言語習得の研究は主に中流階級の乳幼児が対象で、その結果がすべての子どもにあてはめられました。発達における違いやばらつきを検討する試みはほとんどなかったのです。ゴールディン＝メドウ教授のクラスでも耳にした通り、この議論はいまだに続いています。一方でハートとリズリーが目を向けたのは、知性の発達において、幼い頃、言葉を耳にすることの大切さでした。2人の気づきは評価に値するでしょう。

トッド・リズリー：役立つことをし、データを集める

ハートもリズリーも科学の役割は「社会貢献」であり、「人間が直面する深刻な問題に答えを出すこと」だと信じていました。でも、2人はさまざまな面でまったく正反対でした。実際、その違いがあったからこそ、革新的で、決して受け入れられていたわけではないアイディアを形にでき、世界的に有名な研究につなげられたのかもしれません。

「応用行動分析」とは、科学から明らかになったことを社会問題の解決のために応用する分野で、発達心理学者のトッド・リズリーは、人間の行動が介入を通じてどう形づくられていくかを研究し続けた応用行動分析の創始者の一人です。長年一緒に仕事をしてきたジェームズ・シャーマンJames Sherman教授（カンザス大学応用行動科学部）によれば、「トッドの天才的なところは、からまりあっているツルをじっと見て、問題の核心を見つける才能だ」。核心を見つけて問題を解決するために。リズリーは、人間行動の迷宮の中に明確な道筋をつけたのです。

ベティ・ハート：完璧なパートナー

スティーヴ・ウォーレン教授に言わせると、ベティ・ハートは「ユニークな天才」でした。控えめで、細い顔には不釣り合いな大きなメガネをかけていたハートは、1960年代、リズリーの大学院生でした。ハートが教

授職に就いても2人の関係は変わらず、研究仲間になってからもハートはリズリーを「リズリー博士」と呼んでいました。けれども、研究者としては押しの強くない態度の下には、細かい部分や正確なデータにこだわる頑固なほどの粘り強さが隠れていました。彼女のこの特徴が、2人の研究をアイディアから現実のものにしたのです。

1982年、リズリーはカンザス・シティを去り、アンカレッジにあるアラスカ大学の心理学部教授に就任しました。もともとアラスカ出身のリズリーが、4世代にわたる一族の「リズリー・マウンテン」に戻るためでした。リズリーがカンザス大学を去った後、この研究の実務はすべてベティ・ハートの仕事になりました。

「3000万語の格差」研究

この研究では、異なる社会経済レベルに属する42家族の子どもを、生後約9か月から3歳まで追跡観察しました。社会経済的なレベルは、家族の職業、母親の教育年数、両親の最終学歴、世帯年収（自己申告）で決められ、「社会経済レベルが高いグループ（専門職グループ）」に属する家族が13家族、「中度のグループ」が10、「低いグループ」が13、「生活保護グループ」が6となりました。研究に参加する要件の一つは「安定性」で、電話を持っている、持ち家がある、近い将来も同じ住所に住み続ける予定などでした。

当初の研究対象は50家族でしたが、途中で4家族が脱落しました。別の4家族からはデータが得られたものの、まとめて分析するだけの観察はできなかったという理由で分析対象からはずされました。後から考えれば、この8家族も意味のある集団を成していたのかもしれません[訳3]。

［訳3］ 研究から脱落する、観察ができないなどの背景には、共通する要因（この場合、極端な貧しさや家庭内の問題など）があったかもしれない。研究・調査の場合、脱落や無回答といった行動自体にも何かの意味（傾向）がある可能性は低くない。

科学として、まったくのゼロから始めるとわかっていた2人は、とにかくすべてを記録しようと決めました。「語彙の発達に（子どもの日々の経験の中で）何が貢献しているのかすらわからなかったので、より多くの情報を集めれば、よりいっそう何かを学べるはずだと考えた。」

研究には3年が費やされました。毎月1度、1回あたり1時間、観察者が録音し、観察ノートをつけ、「子どもがしたこと、子どもがされたこと、子どものまわりで起きたこと」すべてを記録しました。研究チームは献身的で、記録によれば3年間、誰一人として1日も休まなかったそうです。3年間の綿密で詳細な観察と、**さらにそれから3年間**かけたデータ分析の後、ハートとリズリーは「ようやく、結果が何を意味するのかを読み解き始める用意ができた」のです。コンピュータがほんの一瞬で答えを出す今の時代からすると、ハートとリズリーのチームがデータ分析だけに3年間、2万時間を費やさなければならなかったというのは信じられない話です。

仕事の大部分を担ったのはベティ・ハートでした。リズリーはハートを「監督」と呼んでもいましたが、私から見るとハートは業績を十分に評価されていない英雄です。データ収集と分析の両方で、正確さを求める彼女の根気強さが活き、乳幼児発達の分野でもっとも重要な研究の一つを成功に導く鍵になりました。ハートとリズリーの2人の組み合わせは、誰であれ一人では真の天才は存在しえないという証明でもありますが、ベティ・ハートがいなかったらこの研究は終わることがなく、日の目を見なかったと私は信じています。

2人の研究の目的は違いを探すことでしたが、一方で、異なる社会経済レベルに属する家族もよく似ていたことは特筆すべき発見でしょう。「発達という点では、子どもたちは皆、同じようだった」と2人は言っています。「ある家庭の子どもが言葉を話し始めたら、他の子どもたちも皆（同じようにするだろうと）わかった。」

親も似ていました。「子育ては、どの家族も似通わせるもの」で、親は

「共通の文化規範で子どもを社会に適応させていく」。「ありがとうと言いなさい」「トイレ、行かなくていいの？」、どの社会経済レベルであっても親は皆、しっかり子育てをしようとし、自立した存在を育てようとそれぞれに奮闘していたのです。

「驚いたのは、どの親もスキルを自然に身につけていたこと。そして、言葉を学ぶうえで最適な条件も常に同じだった」。最終的に、この研究に参加したすべての子どもたちが「話すことを学び、その家族にふさわしい一員となることを学び、幼稚園入園に必要な基礎スキルを身につけていた」。

共通点が多い反面、データは際立った違いも見せています。違いのうちの一つは、最初から見えていました。家族の間で話されている言葉の数です。「6か月もすると、観察担当者はそれぞれの家族の録音をテープ起こしするのにかかる時間を予測できるようになり、『大変な』[訳4]家族と、沈黙の時間が多い家族を交互に訪問し始めた」。1時間のうち40分間以上、子どもとやりとりをしていた家族もあれば、その半分にも満たない家族もあったのです。

そして、言葉の数を足し上げると違いは圧倒的で、その違いと社会経済的なレベルの関係も明白です。

もっとも高い社会経済レベルの家庭に属する子どもたちが聞いた言葉は、1時間に平均**2000語**、一方、生活保護グループの子どもたちは約**600語**でした。子どもに対する親の反応も大きく違いました。もっとも高い層の親は1時間あたり約250回、子どもに応答していましたが、最下層の親は50回以下でした。特に深刻で懸念されるべき違いは？ 言葉による承認です。もっとも高い層の子どもたちは1時間あたり40回、承認の表現を聞いていましたが、生活保護グループの子どもたちは4回でした。

この比は、研究期間中を通じて変わりませんでした。観察当初の8か月

[訳4] 「大変な」とは、家族の中で話している言葉が多く、録音を文字に起こすのが「大変」という意味。

1. 研究結果[訳5]

生後13か月から36か月（1時間あたりの平均）

専門職についている家庭の子ども	487の発語を聞く
労働者層の家庭の子ども	301
生活保護世帯の子ども	178

上の結果を1年間に換算すると違いが明らか

専門職についている家庭の子ども	1100万語の発語を聞く
生活保護世帯の子ども	300万語
違いは…	1年間で800万語

2. 積算すると3000万語の違い

3歳の終わりまでに聞く言葉の数

専門職についている家庭の子ども	4500万語の発語を聞く
生活保護世帯の子ども	1300万語
違いは…	3200万語

3歳の時点の子どもの語彙数の違い

専門職についている家庭の子ども	1116語
生活保護世帯の子ども	525語
違いは…	591語

3. 現実的な違い

IQ、語彙、言語処理速度、学ぶ能力、成し遂げ、
成功する能力、そして、可能性を最大に発揮する能力

［訳5］　この表にある生後13か月から36か月の数を積算しても3000万語の差にはならない。3000万語の差は、4歳時点の言葉の数を積算したもの。〔本書ウェブサイト参照〕

間に親が子どもに話した言葉の量は、3歳の時に親が話す言葉の量と相関（比例）しました。言い換えると、研究の最初から最後まで、子どもに向かって話す親は常に話し、話さない親と子どもの間のやりとりは、子どもが自分で話すようになってからも増えなかったのです。

この研究は、きわめて大切な2人の問いに答えを出しました。子どもが最終的に身につける学ぶ能力は、生後数年間に聞いた言葉の量に比例するのか？ 3年間かけた分析の結果は、疑う余地がありません。比例します。当時の社会通念に反して、学ぶ能力の鍵は社会経済的なレベルでも、人種でも、性別でも、生まれ順でもありませんでした。なぜなら、専門職グループ（社会経済レベルがもっとも高い層）の中でも、生活保護グループの中でも、やりとりする言葉の量にはばらつきが見られたからです[訳6]。子どもの将来の学びの到達点を決める必須の要因は、初期の言葉環境でした。どれだけの量の言葉を、どのように親が子どもに話したか、です。親がたくさん話した家庭の子どもはそうではない家庭の子どもに比べ、学歴の高さや経済的な地位とは無関係によくできる。とても単純な結果でした。

思考や学びの基礎となる脳の神経細胞のつながりは大部分、生後3年間に起こります。科学的な研究の結果、脳の最適な発達は言葉に依っていることもわかっています。私たちが聞く言葉の数、その言葉がどう言われるかが、脳の発達の決定的な要因です。この時期を逃したら取り戻すことはできませんから、この大切さはいくら強調してもしきれないでしょう。ハートとリズリーがデータを見た時、初期の言葉が子どもに及ぼす影響は

［訳6］ 社会経済的レベルと学ぶ能力の間の相関は、「見せかけの関係 spurious relationship」と統計学で呼ばれるもの。社会経済的レベルが高いと（この研究では）言葉の量も平均値として上がり、学ぶ能力も相関して上がるため、一見すると社会経済的レベルと学ぶ能力が相関（比例）しているように見えるが、社会経済的レベルを分けてそれぞれのレベルの中で見ると、実際の相関関係は言葉の量と学ぶ能力の間にあることがわかる。本書に紹介されているようなプログラムが広がれば、「社会経済レベルが高い＝言葉の量が多い」という表面上の相関も消えることになる。

間違えようがありませんでした。初期の言葉環境が貧しければマイナスの影響がとても大きく、語彙の習得にも響きました。さらに、この時期の言葉環境が3歳時のIQにも影響しました。

「親が話しかける言葉が多いほど、子どもの語彙は速く（増え）、3歳時とその後のIQテストの点数も高かった。ほぼ例外なく。」

けれども、関係があったのは言葉の量だけではありません。命令や禁止の言葉が、言葉を習得する子どもの能力を抑えていることがわかったのです。「発達の足を大きく引っ張っていたのは、（子どもとのやりとりが）親の『ダメ』『ストップ』『それ、やめなさい』で始まった時だった。」

これ以外にも2つ、言葉の習得とIQに影響を及ぼすらしい要因がありました。1つは子どもが聞いている語彙の豊かさ。聞いている語彙が豊かでないと、3歳時の到達度は低かったのです。もう1つは、家族の会話習慣でした。親同士があまり話さない家庭では子どももあまり話さないという結果が得られました。

「自分の家族が話すように、ふるまうように、子どもも皆それを見習って育っているのが見てとれた」。たとえ「話すことを学び、（家で聞いている）以上に話せるスキルをすべて身につけた後でも、子どもは話さなかった。子どもが話す量は（家でその子どもが聞いている量と）同じだった」。

ハートとリズリーは、言葉が学習に影響すると予測はしていたと思われます。それでも、言葉がもっと後の結果にも強く関係していると知って2人は驚きました。最初の研究が終わってから6年後、同僚のデイル・ウォーカー Dale Walker教授と共に子どもたちをもう一度調べたところ、3歳までに聞いていた言葉の量が、9歳、10歳の時点の言語スキル、さらに学校のテストの点数と相関していたのです。

子どもの言葉、学校の成績、IQに大きな影響を与えるのは、社会経済的な要因ではありません。この点は、何度でも強調していいと思います。後に「到達度の格差」[訳7]と呼ばれるようになる現象の最初の要因は、幼い時、言葉をどれくらい聞いたかの違いであり、ハートとリズリーの歴史的な研究はそれを統計学的なデータで示したのです。結果を一見しただけでは、社会経済的な違いが原因であるかのように見えます。しかし、慎重に分析すれば、到達度の違いは言葉に関わる幼い時の経験の違いであるとわかります。この時期の経験の違いは社会経済的な差と往々にして結びついていますが、必ずしも常につながっているわけではありません。

貧しい言葉環境で育った子どもたちが学業で成功をおさめられないというのは、深刻な問題です。でも、この研究からわかるもっとも大切な発見は、到達度の格差が言葉環境の違いであるならば、しっかりデザインしたプログラムを導入すればこの問題は解決可能だという点でしょう。

この研究結果は信じるに足るものか？

これは、友人で同僚でもあるフラヴィオ・クンハ Flávio Cunha准教授（ライス大学経済学部）に私がした質問です。彼は、貧困の原因と影響を専門にしている研究者で、頭脳明晰なだけでなく、すばらしい人間性の持ち主です。乳幼児期の投資によって社会的な費用を大きく減らせることを科学的に示したジェームズ・ヘックマン James Heckman教授（ノーベル賞受賞者、シカゴ大学教授）の教え子でもあるクンハ准教授は、ハートとリズリーの研究を以下のように評価しました。

まず、1人あたり31時間の録音サンプルからその子どもの語彙全体を決めた点は問題である。「私が知っているのはあなたが書いたこの本だけ。だから、あなたの語彙はこの本で使っている語彙ですべて、と言っているようなもの」。次に、録音時間はどの家族も同じなので、それほど話さない子どもの場合、録音された以上にどのくらい言葉を知っているのか正確

［訳7］「到達度の格差 achievement gap」とは、異なる人種／民族、性別、社会経済的レベルの間に見られる学業上の格差を指し、標準テストの点数や学校成績の他、退学率、大学入学率と修了率などの指標で示される。

な言葉の数を測ることはできないだろう。さらに重要なのは、この研究から保護者の話し言葉の効果を測れるかという点で、たとえば、保護者がたくさん話している家庭では子どもも反応し、保護者がそれほど話さない家庭では子どももそれほど話さない。とすると、録音内容は、保護者が子どもにどう話を促しているかを示しているもので、子どもが習得した語彙の評価ではないかもしれない。これがクンハ准教授の指摘です。

一方でクンハ准教授は、ハートとリズリーの研究結果が信頼に値すると評価できる点も2つ挙げました。1つは、スタンフォード・ビネー知能テストなど、すでに認められた尺度で知能を測っていること。それだけでなく、もう1つ、言葉環境の影響を裏づける長期追跡結果があること。子どもの初期の言葉が小学校入学時の準備度、その後の長期的な到達度に影響すると確かめられた点は、2人の研究と結論が妥当であるという強い証拠になるだろう、と言います。

けれども、たった42人の子どもを月に1回、1時間ずつ、2年間半だけ観察した研究から、本当にはっきりした結論を出せるのでしょうか？ 1人あたり31時間の録音は、その子どもが目覚めている1万5000時間を表しているのでしょうか？ この31時間から本当に子どもの未来を予測できるのでしょうか？

それともマーク・トゥエインが言ったように、これは「嘘、とんでもない嘘、そして最悪なのは統計の嘘」[訳8]のような語なのでしょうか？

ハートとリズリーの最終目標は、幼い時の要因はその子どもの成績に関係しているかどうか、関係しているのであれば、何かしら効果的なプログラムによって子どもたちの成績を伸ばし、将来の学業到達点を上げられるのかどうかを知ることでした。細かく言うと、社会経済的に高い層の子どもたちが幼い時に経験している何かが、学校における優秀さの原因になっ

［訳8］　数や統計を用いて主張を通そうとしている、または数や統計を悪用して嘘を通そうとしている、と批判する時に使われる英語の言い回し。

ているのではないか、その「何か」が貧しい子どもたちの家庭には欠けているのではないか、その「何か」を見つけようとしたのです。

当初、2人の研究目的の範囲を超えて結果を解釈することには懸念があったようで、ハートとリズリーの論文『初期の大惨事』にも、「この研究の中に含まれていない人々や状況にまで結果を広げて解釈しないよう、我々は警告する」と書かれています。しかし、最終的に2人は、初期の言葉の経験から学業到達度を予測できるという点も、この研究結果から言えると認めました。それどころか、この問題の改善につながるかもしれないプログラムについても示唆していたくらいです。

実のところ、2人は自分たちの研究の成果を過小評価していたのかもしれません。「安定性」を参加要件にすることで、一部の層が研究対象から除かれました。その層とは、社会学者のウィリアム・ジュリアス・ウィルソンWilliam Julius Wilson博士が「真の意味で恵まれない人々」と呼んだ層であり、言語人類学者のシャーリー・ブライス・ヒースShirley Brice Heath博士が1990年、「公営住宅[訳9]に住み、シングル・マザーと沈黙の中で暮らしている子どもたち」と呼んだ層です。もし、この層を研究対象に入れていたら、ハートとリズリーは3000万語よりももっと大きな言葉の格差を見出していたかもしれません。

言葉の数だけの問題？

「黙りなさい」を子どもに3000万回言っていたら、知的で実りの多い、安定したおとなには育たないと、誰でも直感的にわかるでしょう。ハートとリズリーの研究は、その裏づけです。言葉の量が多い家庭には、量だけでなく、言葉の豊かさ、複雑さ、多様さといった要素も見られました。もう一つとても大切な特徴は、肯定的なフィードバックです。言葉が豊かな

[訳9]　米国で「公営住宅 public housing」と言う場合には、国や自治体の資金援助による低所得者向け住宅を指す。

家庭で子どもが聞いていたのは、肯定的で、子どもを応援する意味合いのある言葉でした。量と質の双方が大切であると認識していたからこそ、2人は自分たちの本に『意味のある違い』というタイトル（1995年。実際の題名は『米国の幼い子どもたちの日々の生活の中に見られる意味のある違い』。未邦訳）をつけたのかもしれません。

さらにもう一つの答えも2人の研究から出ています。より多く話している家庭では、より豊かな言葉が自然に使われている。これも明白で、言葉の量が質を後押しし、親がたくさん話せば話すほど、語彙は豊かになっていきました。言い換えると、たくさん話すように親が促されれば、社会経済的な条件とは無関係に、親の言葉の質は間違いなく良くなるのでしょう。「親に、話し方を変えさせる必要はない」とリズリーは言っています。「親がもっと話すように支援すればいいだけ」、そうすれば後は自然についてくるのです。

言葉の質の重要性は、乳幼児の言語学習を専門とするキャシー・ハーシュ＝パセックKathy Hirsh-Pasek教授（テンプル大学心理学部）とロバータ・ゴリンコフRoberta Golinkoff教授（デラウェア大学教育学部）の研究からも明らかです。ローレン・アダムソンLauren Adamson教授、ロジャー・ベイクマンRoger Bakeman教授と共に取り組んだ研究で2人は、子どもが多様な言葉を耳にする機会を増やすには、言葉の質が重要だと示したのです。言葉の質は、ハーシュ＝パセック教授が初期の言葉学習における「コミュニケーションの基礎」と名づけたものの鍵となり、教授はこの基礎を次の3つの特徴からなる「会話のデュエット」と呼びました。いずれも母親と子どものやりとりで、社会経済的なレベルとは関係なく、常に重要です。

- **シンボルを伴う共同注意**［訳10］：一緒に何かをしている時、母親と子ど

［訳10］「シンボルを伴う共同注意」とは、物、おとな、シンボル（言葉、象徴的なジェスチャーや遊び）をすべて含み込んだ形で、子どもがする遊び。たとえば、特定のおもちゃを間にしておとなと話したり、おもちゃのバナナを電話に見立てて母親と話したりする行動。

もの双方が意味のある言葉とジェスチャーを用いる。

- **コミュニケーションの流暢(りゅうちょう)さとつながり**：やりとりの流れが母親と子どもをつないでいる。
- **繰り返しと決まり**：「私の番ね。はい、次はあなたの番」のような遊び。または、食事や就寝など、日々の決まったできごと。

こうしたコミュニケーションの要素が相互に働くことで、言葉を学ぶための最適な文脈がつくり出されるとハーシュ＝パセック教授は言います。彼女の研究は、他の研究者によっても深められています。

量と質の融合：雑談の大切さ

著書『意味のある違い』の中でハートとリズリーはもう一つ、言葉の機能についてもふれ、それぞれを「ビジネス・トーク」と「おまけの話」に分けています。ビジネス・トークは「何かを終わらせるため」のもので、生活を先に進めます。一方、おまけの話はその場その場で生じる小さな雑談、ケーキのアイシングのようなものです。

ビジネス・トーク

「降りなさい。」

「靴を履いて。」

「ご飯を終わらせなさい。」

おまけの話

「大きな木だね！」

「このアイス、おいしい！」

「ママのおっきい男の子は誰かなあ？」

おまけの話、つまり、雑談に命を吹き込み、その価値に注意を向けたのはハートとリズリーが最初です。教育学者キャサリン・スノー Catherine Snow教授（ハーバード大学）のように先見の明がある研究者を除けば、ハートとリズリーの研究までは誰も、リンゴを食べている2歳児に母親が話しかける「シャァリ、シャリ」についてなど考えもしなかったのです。あるいは、オムツを替える時に母親が調子はずれに歌う、「私のかわいい子はだあれかな…、くっちゃい赤ちゃん？」についても。

でも、初期の言葉環境における大きな違いを2人が見つけたのは、ここでした。社会経済的なレベルを問わず、子どもは皆、すべきことをしなければなりません。それが「座って」「寝なさい」「夕飯を食べなさい」といった言葉です。けれども、その場で自然に出てくる気さくな言葉、楽しいやりとりとなると、すべての子どもが同じように経験しているわけではありません。そして、こちらが子どもの発達にとって豊かな効果を持つようなのです。

もう一つ、はっきりしたことがありました。子どもとの会話が始まるという点から見ると、どの社会経済的なグループでも、すべてのタイプの会話がだいたい同じ数、生まれていました。ところが、始まった話が続くかどうか、つまり、始まった後に話が行ったり来たりするかどうかは、社会経済的なレベルによって違いました。社会経済レベルが高い家庭では、始まった会話がやりとりとして続く傾向があったのに対し、低い家庭では、親が話を始めて終わり。発話、返事、それで終わり。この違いは重要です。なぜかと言うと、やりとりの「おまけの話」に含まれている内容こそが豊かな脳の発達に必要な栄養だからです。ハートとリズリーは、親と子どものやりとりが続くさまを「社交ダンス」と名づけました。それぞれのステップ、反応が、言葉の複雑さを増し、知性の発達を促すのです。

でも、私にとって一番大切な違いは、肯定的な言葉と禁止の言葉の違いでした。「よくできたね！」対「やめなさい！」です。

社会経済的にレベルが高いグループの親も子どもたちを叱っていましたが、低い層に比べれば圧倒的に少ない回数です。より貧しいグループの子どもたちは、専門職層（もっとも高いグループ）の子どもに比べ、1時間あたり2倍以上、否定的な言葉を聞いていました。子どもが聞いている言葉の数（平均値）は社会経済的レベルによって違うのですから、両者の違いはいっそう大きくなります。低い層の子どもたちは、全体としてずっと少ない数の言葉を聞いているため、聞いている言葉に占める禁止や否定的な言葉の割合は、肯定的で子どもを応援する言葉の占める割合よりもずっと高くなるわけです。

そして、低い社会経済レベルの家庭の子どもたちは、より高い層の子どもたちに比べ、励ましの言葉を受けることが非常に少なかったのです。「その通り！」「よし！」「頭、いいね！」、専門職の親の子どもたちは1時間あたり30回、こうした言葉を聞いていましたが、労働者層の子どもたちはその半分、生活保護層の子どもたちは5分の1しか聞いていません。

次ページの表で、ほめる言葉と否定的な言葉の比が、生活保護層では逆転しているところに注目してください。ハートとリズリーはこの数を4歳児の時点で積算しています。

こうした言葉が、聞いているあなたにどんな影響を及ぼすか、考えてみてください。「ダメな子」「悪い子」「何もできないんだから」といった言葉を何度も何度も聞き続けるとしたら？ あなたの親が実はあなたをとても愛していたとしても、このような環境があなたに及ぼす影響は克服しがたいでしょう。

質の大切さの証明：信念の格差

シカゴ大学チャーター・スクール[訳11]のCEO、シェーン・エヴァンズ

［訳11］ シカゴ大学が主体となって運営する幼稚園〜高校までのシステム。「チャーター・スクール」は、特別な認可に基づいて運営される各種の私立学校を指す。私立だが学費が高いわけではなく、学費などが免除となる条件もある。

「いい子だ」「その通り」対「ダメな子」「間違ってる」 １年間で比べると

	肯定的・応援	否定・禁止
専門職についている家庭の子ども	16万6000回	2万6000回
労働者層の家庭の子ども	6万2000回	3万6000回
生活保護世帯の子ども	2万6000回	5万7000回

「いい子だ」「その通り」対「ダメな子」「間違ってる」 ４歳の時点で比べると

	肯定的・応援	否定・禁止
専門職についている家庭の子ども	66万4000回	10万4000回
生活保護世帯の子ども	10万4000回	22万8000回

Shayne Evansにとって、「信念の格差」は、貧困層の子どもたちの成功を妨げる一つの鍵です。「信念の格差」は、自分のできなさを繰り返し認識させられることで生まれます。おまえは役立たずで価値がないと何度も何度も言われたら、それも、あなたが信を置くべきはずの人からそう言われ続けたら、あなたは自分にどれだけ価値があると思うでしょうか。貧しい子どもたちはまさにこの環境に置かれており、しかも保護者からだけでなく、学校からも教師からも社会からも、同じように聞かされているとエヴァンズは言います。

シカゴ大学チャーター・スクールは、「新しい規範」を生徒たちのためにつくり出そうとしています。社会経済的な条件、家族が抱える問題、そして、従来から子どもたちの足を引っ張っているさまざまな要因とは無関係に、大学を卒業するのは誰にとってもあたりまえだと、このチャーター・スクールの環境は子どもたちに伝えているのです。「私たち教育者の役目は、（生徒たちが）すべての障害を乗り越えるのを助けること」と、エヴァンズは断言します。

3000万語は「3000万種」ではない

社会経済的に高いグループと生活保護グループの間の違いは劇的ですが、高い層、中間層、低所得者層、それぞれの間にも差は見られ、言葉の数はだんだんと下がり、最後には生活保護グループとの間に見られる大きな違いに至ります。専門職層（もっとも高いグループ）と中間所得層の違いは3000万語ほど極端ではありませんが、それでも2000万語です。

もう一つ、「3000万語」は「3000万種」の**異なる言葉**ではありません。たとえば、ウェブスターの新国際辞書第3版には34万8000語、最新版のオックスフォード辞書には29万1000語しか掲載されていません。だとすると、3000万語はすばらしい数です。けれども、私たちが論じているのはその点ではなく、同じ言葉が繰り返し使われていることを前提とした、話されている言葉の総数です。

このようにハートとリズリーは、研究結果を簡単に退けられても不思議がない時代に、新たな分野をつくり出しました。歴史に残る科学物語の最初の1行を書いたのです。初期の言葉が子どもの人生に及ぼす影響、そして、有利な条件にいる子どもたちと貧困に生まれ落ちた子どもたちの間の深刻な格差についての物語です。最終的に、2人は目指したゴールにたどり着きました。学業から落伍するリスクの高い環境に生まれた子どもたちが、安定した、生産的なおとなに育ち、可能性を発揮し、人生の方向性を変えていく、それを生まれた瞬間から支援するための介入プログラムにはどのような要素が入っていなければいけないかを明らかにしたのです。

脳と言語処理速度

なぜ、ジュニパー・ガーデン・プロジェクトの子どもたちは、成績が伸びなかったのでしょうか？ 言語処理の研究をしているアン・ファーナルドAnne Fernald教授（スタンフォード大学）によると、その理由ははっきりしています。3000万語の格差は、脳とその発達の話なのです。

言葉を教えることで、ハートとリズリーは子どもたちの成績を上げる方法を発見したように見えました。当初、プロジェクトは期待が持てそうでした。でも、それは初めのうちだけで、小学校に入る時には、プロジェクトに参加しなかった子どもたちと変わりありませんでした。当時のハートとリズリーにはわかっておらず、3000万語の格差研究を終えるまでわからなかったことがあります。この子どもたちは4、5歳の時点ですでに、もっと幼い頃の貧しい言葉環境の影響を受けていたのです。子どもの脳に言葉を注ぎこむことはできたかもしれませんが、注ぎこんだ言葉は学ぶ能力を高めませんでした。なぜでしょう？ もっと早期の、すでに貧しかった言葉環境が、子どもの脳の言語処理能力に影響していたからです。

ファーナルド教授によると、脳の言語処理速度とは、すでに知っている言葉にどれだけ速く「たどり着けるか」を意味しています。その言葉を知っていると気づき、さらにその言葉の意味がわかるまでにどれだけかかるか。たとえば、私があなたに鳥の絵と犬の絵を見せ、「鳥を見てください」と言ったとします。犬ではなく鳥を見るまでにかかる時間は？ この処理プロセスは、学習にとって二重の意味で非常に重要です。すでに知っている言葉を認識するのに時間がかかるだけでなく、そこで時間がかかれば、後に続く言葉も認識し損ね、学習は難しくなります。

一番わかりやすい例は、多少知っている外国語で会話をしている時です。ファーナルド教授のフランス語クラスですべてAの成績をとった学生が、フランスを訪れたそうです。この学生がパリで、出会ったばかりの人と話をしていました。会話はごく日常のフランス語で、クラスで聞き慣れていた教授の明瞭な話し方ではありません。彼女は、いまひとつわからない言葉が「わかる」まで「ひっかかって」しまい、でも、その言葉が「わかった」時には、会話はすでに別の文章に移ってしまっていました。ファーナルド教授が言う、「処理速度が遅いために生じる損失」の典型例です。一つの言葉の意味をなんとか思い出そうとしていると、そこから後のすべても失われてしまいます。

外国語を話す難しさなら、まだ笑って済ませられるかもしれませんが、子どもが学ぶことができないとなると、笑っては済ませられません。ファーナルド教授が幼児を対象に実験した結果によると、知っている言葉の意味をつかむのにコンマ何秒かの遅れがあると、それだけで次の言葉の理解がかなり難しくなるそうです。100ミリ秒、処理速度が速い、それだけのことが「あなたに学ぶ機会を与えてくれる」とファーナルド教授は言います。処理速度が遅い子どもにとって損失は計り知れず、恒久的です。

こうした実験結果もハートとリズリー同様、言葉の処理速度と社会経済的条件の関係を示しています。たとえば、低所得層の2歳児は、より高い社会経済的レベルの家庭の子どもに比べると、語彙と会話処理のスキルの面で丸々6か月、遅れていました。

社会経済的による違いは明らかでしたが、それが一番の違いではなかったとファーナルド教授は断言しています。たとえば、低所得者層だけで比べると、1日に保護者が話す言葉の数は670語から1万2000語と大きくばらついたのです。社会経済的な条件とは無関係に、子どもの初期の言葉環境と言語処理速度には強い相関が見られました。2歳の段階であまり言葉を聞いていない子どもは、語彙も少なく、言語処理速度も遅かったのです。一方、言葉をたくさん聞いている子どもは、語彙も多く、言語処理速度も速い。これは、どの社会経済レベルのグループでも見られました。

結局のところ、脳が言葉によってどれだけ育てられるかにかかっているのです。

第3章

脳の可塑性

脳科学革命の波に乗る

「脳は生き物として与えられるもの。脳を心へと育てるのは日々の生活。」
――ジェフリー・ユージェニデス、『ミドルセックス』

脳は4歳ごろ、臓器としてはほぼ育ち終えます。子どもがたやすく学んでいけるかどうか、さらにはその人の一生涯のデザインがどのようなものになるかも、この時期に大きく関わっています。これはつらい現実でもあります。なぜなら、この時期の赤ちゃんは、自分で「ちょっと待って、そんなやり方じゃダメ！」「もっと僕に話しかけて」「お願い、私にやさしく言葉をかけて」とは言えないからです。生後3年間、十分な食事を与えられなかった子どもは、たとえ生き延びたとしても、本来、伸びられたであろう身長まで育つことはまずありません。それと同じく、脳に十分な言葉を与えられなかった赤ちゃんは、命としては生きられるにしても学ぶうえで大変な困難に直面するでしょうし、伸びることができたはずの知性に達することもできないでしょう。

科学はこれを裏づけています。たとえば、前章の終わりに登場したアン・ファーナルド教授の研究から、初期の言葉環境が貧しかった子どもの言語処理速度は、言葉環境が豊かだった子どもに比べて遅く、効率も悪いとわかっています。ハートとリズリーが最初に手がけたプロジェクトも同じでした。語彙を増やす集中クラスに参加した幼児と参加しなかった幼児では、その後、学ぶ能力に違いが見られませんでした。語彙は明らかに増えたものの、貧しい言葉環境ですでに損なわれた脳の状態までは変えられなかったのです。

この理由を理解するには、脳という特別な臓器がどのように成長・発達するのか、そして、私たちがそれぞれに育ち、可能性が伸びていく時に、初期の言葉環境がどのように仲立ちをしていくのかを知る必要があります。

赤ちゃんの脳：成長中につき未完成

脳は他の臓器と違い、生まれた時にはまだできあがっていません。このような臓器は珍しく、心臓、腎臓、肺は、誕生したその日から一生、同じように働きます。一方、脳の働きはかなりの部分、成長しきるまでに出会うもの次第です。かわいい新生児の頭部の中には、想像を絶するスピードで複雑な成長をし始めようとしている知性の核があるのです。

生後数年という比較的短い期間に、強靭（きょうじん）で、けれども非常に壊れやすい脳の回路がつくられ、人生の到達点すべてに影響します。この過程を決めるのは何でしょうか？ 基本的には、遺伝、生後初期の経験、そして、一生続く遺伝と体験の相互作用です。良くも悪くも、これだけです。

ジャック・ションコフ Jack Shonkoff博士（ハーバード大学小児発達センター・ディレクター）は、赤ちゃんの脳の発達を家を建てることになぞらえています。「建築家が家の設計図をつくるように、**遺伝子**が脳の発達に必要なプランを提供する。遺伝子に書かれた内容は神経細胞がつながっていく基本的なルールとなり、脳の構造の最初の設計図となる」。私たち一人ひとりの成長・発達の特徴はここで決まります。人間は誰でも、遺伝的な可能性の「限界」があり、誕生後すぐの経験がどうであろうと、私がジェームズ・ヘックマン教授のような経済学の天才になることは絶対にありません。けれども、その人が持っているさまざまな分野の可能性を発揮できることと、可能性はたくさんあったのにどれも開花させられず、どの分野においても底辺にとらわれてしまうことは、まったく違います。

設計図がどんなにすばらしくても、建築材料、建築業者、現場で働く人たちが良くなければ良い家はできあがらないというのが、ションコフ博士が指摘するポイントです。材料や業者が良くなければ、できあがった家は建築家が思い描いたものとはまるで違うでしょうし、設計図に描かれた家には決してなりません。幼い子どもも同じです。どの赤ちゃんも一人では何もできませんから、他人に完全に依存します。これまでそれは、生存と成長に必要な栄養、つまりミルクを与えられなければ子どもは生きていけず、育たないという意味だと考えられてきました。最近になってようやく、身体的な成長・発達に食べ物が必要なのと同じく、知的な成長・発達にも最適な社会的栄養が必要だと理解され始めました。どちらの栄養も完全に、子どもをケアする人にかかっています。

脳が十全に発達するために不可欠な社会的栄養の一つは、安定です。発達途上の脳は、外から入ってくるすべての刺激に対して過敏な状態です。「有害な」環境、強いストレスを常に感じるような乳児期の環境が、子どもに内的な「ストレッサー」[訳1]を生むこともわかっています。こうしたストレッサーは、乳児の注意力を学びの対象からそらし、脳発達の最初の阻害要因になるのです。もちろん、ある程度のストレスは生活の一部ですから、授乳が遅れて泣いたり寝る前に泣いたりするようなストレスは赤ちゃんにも起こります。けれども、強いストレスにいつもさらされていると、乳幼児の脳はコルチゾール[訳2]をはじめとする「ストレス・ホルモン」を浴び、構造自体が永久的に変わってしまいます。これが慢性的な行動の問題、健康上の問題、学習困難などにつながります。

［訳1］　ストレッサーとは、ストレスを引き起こす原因、引き金。

［訳2］　コルチゾールの濃度が高いほど、ストレスが高いという指標になり、心身のさまざまな問題と相関する。

逆説的ではありますが、慢性的なストレスがない環境で育てられた子どもほど、人生の「荒波」をうまく乗り切れるわけです。こうした子どもはストレスに対して、より前向きに対応でき、その場しのぎのマイナスな反応をすることも少ないのです。

赤ちゃんと、赤ちゃんをケアする人との関係は、脳の成長・発達にとってもっとも重要で、そこには言葉環境の雰囲気も含まれます。「パパは○○ちゃんが大好きだよ」というささやき声が、まわりに注意を向け始めたばかりの乳児にとってどれほど大切か、いったい誰が考えたでしょうか？ でも、大切なのです。実際のところ、とてもとても大切。わずかな積み重ねではありますが、この「おお」や「ああ」、「お母さんはあなたを愛している」「なんてかわいいの」は、静かに、脳の無数の神経細胞がつながっていくのを促し、複雑な神経回路をつくっていきます。それが、子どもの知的な可能性を開花させるのです。最適な条件が整い、まわりがささやき声や笑い顔、穏やかさに満ちていると、脳はすくすくと育ちます。最適な条件が満たされない場合や、それどころか耳をつんざくような音や声に囲まれていたり、孤立していたりする場合には、脳の発達は深刻なマイナスの影響を受けます。

言葉の数は重要です。でも、まずは愛情に満ちた豊かな関係が先で、それは赤ちゃんをケアする人がつくるものです。言葉の数はその次。言葉の数が多かったとしても、それが脳に良い効果をもたらすかどうかは、ケアする人が赤ちゃんにどう応答するかによりますし、ケアする人のあたたかさによります。

能面実験

環境の中で何が視覚の発達を促しているかは、容易にわかります。光です。一方、心の発達において環境の刺激がもたらす影響はもっと繊細で複雑です。たとえば、母親が赤ちゃんの視線に対して目を合わせて視線を返す、両手を挙げている娘を父親が抱きあげる、子どもにカップを渡す時に保護者が「ジュースだよ」と言う、笑顔やくすくす笑いを引き出そうとして「いないいないばあ」をする。こうした、明るく応答的な交互のやりとり、あげたりもらったりが、一生の学び、行動、健康の基礎となります。脳の成長・発達のかなめとなるのは、優しく応答的なおとなと赤ちゃんとの相互関係なのです。

赤ちゃんにとって、社会的な相互作用がどれだけ必要かを示す例として、見た人の心を動かすのは、マサチューセッツ大学の著名な心理学者エドワード・トロニックEdward Tronick教授が行った「能面実験」でしょう[訳3]。

映像の中で、母親は自分の赤ちゃんを子ども用椅子に座らせて安全ベルトを留め、一緒に遊び始めます。ところが、途中で母親が後ろを向き、再度こちらに振り返ると、表情は一切ありません。赤ちゃんは母親を見つめ、びっくりした表情になります。それまでは太陽のように輝いて喜んで遊んでいた赤ちゃんが、突然、あわてた様子で指をさしてみたり、母親に手を伸ばしてみたり、なんとかして反応を引き出そうとします。でも、母親は表情なく、子どもを見つめるばかりです。いよいよどうしようもないとわかると、赤ちゃんはからだをそらせ、泣き始めます。見ていられないほど、かわいそうな様子です。

けれども、影響を受けるのは子どもだけではありません。母親の表情にも不安が表れ、これ以上は我慢ならないというところまで達します。無表情が愛情にあふれた笑顔に戻り、子どももほぼすぐに幸せな様子に戻ります。

愛情ある母親が、こんなゲームを本当にすることはまずありません。でも、一部の子どもたちにとってこれはゲームなどではなく、日常そのものです。慢性的に「無表情の」、それどころか怒りと憎しみに満ちた環境で生活していたとしたら、この実験とは違って、怒りが数秒のうちにハグに

［訳3］ still face experimentで動画を検索する（英語で）。〔本書ウェブサイト参照〕

変わったりはしません。こうした環境下では、すでに述べたように、コルチゾールのようなストレス・ホルモンが赤ちゃんの脳に働き、とてもネガティブで、たいていは修正不可能な影響を脳の働きの核の部分に及ぼしてしまいます。その結果は、認知発達や言語発達から見てとれるだけでなく、行動、自己制御、感情の安定性、社会性の発達、そして、精神的・身体的な健康といったすべての側面に表れます。

ケアする人の影響が大きいということは、遺伝的な要因、すなわち、可能性の設計図として誕生と共に手渡された贈り物がそのままの形で育っていくわけではないという悲しい現実を意味します。いわゆるエピジェネティクス、つまり遺伝的素因が環境影響によって変わっていく過程からすれば、育ち（環境）によって自然（遺伝）を、もともとの設計図以上に良くすることはできないかもしれません。けれども逆の、マイナスの効果は起こる可能性があります。初期の「有害な」経験、たとえばきわめて高いストレス環境は遺伝子の設計図を悪い方向に大きく変えてしまい、育ちつつある脳に恒久的に影響します。ただし、これはあくまでも、絶えず続く、慢性的な、過酷なストレスです。不機嫌で疲れた母親、父親が時々口にする、「今は夜中の2時だよ、○○ちゃん。お願い、頼むから寝かせて！ ああ、わかった、わかった、今行くよ！」の話ではありません。

育ちゆく脳のマジック

私たちはそれぞれ、1000億の脳神経細胞の可能性と共に生まれてきます。これが多様な可能性につながります。でも残念ながら、神経細胞同士のつながりがなければ1000億の細胞も意味がなく、電線のない電柱のようなものです。でも、神経細胞が最適につながれば、高速のシグナルによって脳は驚くべき力を発揮できます。

出生から3歳までの間、1秒ごとに700から1000、新たな神経細胞のつながりができます。もう一度、数字を書きますね。**新しい神経細胞のつな**

がりが700から1000個、赤ちゃんの日々、**毎秒ごと**に起きているのです。この複雑な神経回路が脳の構造となり、脳の働きすべて、たとえば記憶、感情、行動、運動能力、もちろん言葉にも影響します。

けれども、最初の3年間で爆発的に起きる神経のつながりは、実のところ、多すぎるのです。もし、このつながりがすべて残っていたら、刺激と雑音の負荷が大きすぎて脳は混沌（こんとん）状態になってしまうでしょう。そのため、シナプスのプルーニング（神経細胞のつながりの刈り込み）と呼ばれる過程を通じて、賢い若い脳はよぶんな神経細胞のつながりを切り始めます。弱いつながりや、あまり使われないつながりを切り捨てつつ、よく使われるつながりは微調整して、機能に特化した脳の領域をつくっていくのです。

神経細胞のつながりがつくられ、強まるこの時期、赤ちゃんの能力が育ち、言葉を学ぶ力は桁はずれの大きさとなります。脳がこれほどの可塑性を持ち、異なる環境に合わせて変わっていく柔軟性を持つ時期は二度とありません。この時期が次第に終わりに近づき、神経細胞のつながりの刈り込みが始まり出すと、適応力も少しずつ狭まり、新しい試み、たとえば、新しい言語を学ぶようなことは、年をとるにつれてどんどん難しくなっていきます。これがジャック・ションコフ博士の言う「**すばらしいチャンスと脆弱性**の両方」が存在する時期なのです。

アブドラ

地元のコミュニティ・カレッジに通う20歳の男性、アブドラが私のクリニックを訪ねてきました。アブドラは、耳が聞こえません。決して広くない診察室に、アブドラと、パレスチナから移民してきた両親、弟のモハメッド、手話とアラビア語の通訳それぞれ1人、そして私の合計7人。モハメッドがただ一人、通訳なしで英語、アラビア語、手話言語の間を行ったり来たりしていました。茶色の大きな目、幼いぽっちゃりさが残る9歳のモハメッドは自信に満ちていて、それは間違いなく、自分よりもずっと年上の兄と両親の声になってきたからなのでしょう。英語とアラビア語を流暢（りゅうちょう）に話し、手話もわかるモハメッドは、脳の可塑性の見本のようでした。アブドラたちが来た理由は、最近になってアブドラが「聞き、つながる」ために人工内耳移植を受けようと決心したからだと通訳たちを介して知りました。

人工内耳移植が成功するかどうかを議論する時、私たちは「現実的な予後予測」という言葉を使います。アブドラのように年齢のいった患者のカウンセリングでは、特に重要です。脳の可塑性の程度、学ぶために新しい神経細胞の配線をつくる能力が脳にあるかないかが、この予測の基礎です。アブドラの年齢では、話せるようにも、音声言語をわかるようにもならないでしょう。音や声が聞こえることから派生する行動もできないでしょう。手話言語が彼のコミュニケーション方法であり続けることは、ほぼ間違いありません。彼の「現実的な予後予測」は、音を検知できること。頭上を飛ぶ飛行機、ドアの呼び鈴、トイレを流す音、窓ガラスにあたる雨の音。けれども、こうした音が聞こえることと、その意味がわかることは、まったく別の話です。希望を抱いてやってきたこの一家に、彼の脳は**言葉の習得にとって重要な時期**をすでに過ぎてしまったと説明しなければなりませんでした。

両親は静かに聞いていました、アブドラも弟も。そして、ついに母親がアラビア語の通訳を介して、「お医者さま、私はただ、息子を助けてほしいのです」と言いました。ヒジャブ（スカーフ）に縁どられた彼女の眼は、言葉以上のことを望んでいるように見えました。私の説明、私の「現実的な予後予測」は彼女の望みに合っていなかったのです。聞く能力を得られさえすれば、私の子どもは聞いたことが自動的にわかるはずなのに、なぜそうならないのか、なぜ話せるようにならないのか。私はアブドラの母親に向かって話しました、母親から、もう一人の母親に。「私がパレスチナに引っ越したとして、アラビア語が身のまわりで聞こえるのだから、それだけでアラビア語がわかるようになるはずだと考えるのと同じです」と説明したのです。「モハメッドがパレスチナに来て、通訳をしてくれなければばいけないでしょうね」。母親はモハメッドを見、そして、悲しげな笑みを浮かべました。彼女にはわかったのです。

アブドラという若い素敵な男性、頭が良く、あたたかい家族に支えられたこの人には、音が聞こえるようになった時、その音の意味を理解するチャンスを与えてくれる脳の可塑性がもはやありません。私がみている幼い患者とは違います。

すべて、タイミングの問題だったのです。

脳の発達における重要な時期

視覚は、人間において一番研究されている分野の一つです。私たちが何かを見ると、形、色、細かな部分、遠近などを認識しますが、認識するイメージは目の網膜に映った像を脳が再構築したものです。脳の大部分の機能と同じく、視覚も生まれた後に発達します。最初の数か月、赤ちゃんは20～25センチの距離しか見えず、目の働きもほとんど調節できません。ところが、数か月もすると調節力は格段に伸び、そこからさらに２年で、遠近、色の認知、見た物の理解といった部分が次第に伸びていきます。

けれども言葉同様、視覚の発達も環境に依存します。つまり、見えるようになるには、見る対象が必要なのです。

見るべき物がまわりになかったら？　もしも、乳白色のシートで目が覆われた状態で子どもが生まれ、視覚システムにとって「重要な時期」をそのまま過ごしたら何が起こるのでしょう？　脳の他の働きと同じことが起こります。脳は「使うか、捨てるか」の時期を迎え、神経細胞のつながりを刈り込み始めます。使われていない、またはつながりが弱い神経細胞の配線を切り捨てていきます。この子どもの場合は、刺激をほとんど受けていない視覚の受容体が刈り込みの対象となります。ですから、目を覆っていたシートがたとえ取り除かれたとしても、この子は物を見られるようにはならないのです。

1900年代初め、白内障で生まれた赤ちゃんたちが手術で視覚を取り戻し、その後もまったく生活に問題がないと眼科外科医たちが発見したことで、これがわかってきました。子どもが8歳以上の場合、手術によって目そのものは普通と変わらない状態になっても、視覚の問題は一生残るのです。人工内耳移植のタイミングと似た問題です。

大切な問いは、「なぜ？」です。トルステン・ウィーセルTorsten Wieselとディヴィッド・ヒューベルDavid Hubelの説明は、脳の可塑性に関する理解を大きく変えました。1981年にノーベル賞を受賞した2人は、「もっとも隠された脳の秘密の一つ」を見つけたのです。

ヒューベルとウィーセルは1950年代、ネコとサルを使って、個々の神経細胞の活動を測る研究を始めました。2人は理論だけでなく、見ている物に対する動物の脳の反応を測る道具もつくらなければなりませんでした。創造性に富む2人が創り出した器具の数々の中には、たとえば、実験用のネコを「脳の電気的活性を測る機械の中に置き、ありとあらゆる視覚画像をスクリーン上で見せ、1つの神経細胞を発火させる刺激を見つけようとした」ものもありました。ちなみに、猫に見せた画像の中には、この2人が踊っている写真や、雑誌に載っていた女性のセクシーな写真も含まれていたそうです。「楽しさという点では」、ヒューベルは著書に書いています、「我々の分野はまさに最高だと思う。それは秘密にしておこうと思ったんだが」[訳4]。

ヒューベルとウィーセルは視覚を研究していましたが、2人の独創的な研究は脳に対する考え方を変えました。同じくノーベル賞受賞の神経科学者エリック・カンデルEric Kandel教授（コロンビア大学）は、この2人の仕事の重要性を美しく簡潔に述べています。ヒューベルとウィーセルの仕

[訳4] 「それは秘密に」は、実験で使った写真のことを指しているわけではない。「楽しさという点では」以下は、2人の共著『脳と視覚認知：25年にわたる共同研究の話』（2004、未邦訳）の3ページにある言葉で、実験のアイディアから機材づくり、実験自体から検討まですべて自分たちでしなければならなかった時代のおもしろさを指している。

事は「生物学の限られた部分にしかあてはまらない」と同僚の科学者が言った時、カンデル教授は「確かにその通り。腎臓や脾臓にはあてはまらない。2人の仕事は**心の働き**を説明するためだけにしかならない」[訳5]と応えたのです。

すべてはタイミング

走るためには、まず歩けるようにならなければなりません。同様に、音が聞こえて、その単語を理解できなければ、言葉は出てきません。この能力を獲得するタイミングを逸した場合、影響は深刻です。脳の発達においては、基本の能力を獲得することがさらに複雑な能力を得るための要件であり、それぞれのスキルが次のスキルにとって必要な構成要素となるからです。言い換えれば、脳の発達は階層的で、「基本的な」能力が基礎になり、より複雑な次の能力がその上に育っていきます。「単純な」スキルを得る機会を逃すと、広い範囲に影響が出ます。次の新しい学習が起きたとしても、それは前のものよりもずっと難しくなっていくからです。言葉が増える時期は特に問題です。なぜなら言葉は生後最初の３年間、語彙を増やし、会話のスキルを育てる助けになるだけでなく、社会的、感情的、認知的発達の基礎づくりも促すからです。

耳の聞こえない状態で生まれ、愛情にあふれてはいるものの手話ができない保護者のもとで育ったおとなは、初期の言葉環境が不十分なケースのまさに典型です。こうした人たちの人生ではたいてい、きわめて幼い時期に起こる言葉の格差の結果が目に見える形で表れます。

[訳5]「腎臓や脾臓にはあてはまらない」の部分は原著にはないが、内容を補うため、ワシントン・ポスト紙（2013年9月23日）に掲載されているカンデル教授の言葉から足した。

私の母のいとこ

1948年生まれの私の母のいとこは、重度の聴覚障害でした。子どもだった私は、彼から届く、長くてとりとめのない手書きの誕生日カードをなんとなく覚えているだけです。プレゼントがついていないカードは9歳の子どもにとって意味がなかったのでしょう、私はカードをちらりと見るぐらいしかしませんでした。

つい最近、この本の下書きを読んだ母から聞いたのは、叔母と叔父（叔父は教師でした）が当時、一人息子をセント・ルイス聴覚障害中央研究所に通わせるために、ピッツバーグ（ペンシルバニア州）からセント・ルイス（ミズーリ州）に引っ越した話でした。この学校は手話言語ではなく、音声言語に取り組む学校でした。研究所の記録を見てみると、母のいとこが見つかりました。なんと、彼は片方が青い目でもう片方が茶色い目、ワールデンブルグ症候群の特徴を持ち、サファイア・ブルーの知的な目をしたミシェルにとても似ていたのです。けれどもミシェルと違い、彼は息子の教育のために遠く離れた場所に引っ越せるだけの財力と意思を持った親のもとに生まれました。そして、彼が通った学校は、ほぼ40年後、私が初めて人工内耳移植手術をした建物の同じ道沿い、すぐ近くだったのです。

その後、彼に何が起きたのでしょうか？ 彼の人生はどんなものだったでしょうか？

母は細かい話をしなかったのですが、いとこの人生は楽ではなかったようです。数年前まで定期的なやりとりはあったものの、母は彼のリテラシー・レベル[訳6]を知りませんでした。人工内耳移植が始まるよりも前ですから、その頃、耳の聞こえる保護者のもとに生まれた平均的な聴覚障害の子どもと同じであれば、育て方にかかわらず、彼の最終的なリテラシー・レベルは小学校4年生程度だと考えられます。当時はそれが典型的

［訳6］ ここでの「リテラシー」とは、読み書きや読解の能力を意味する。

だったわけですが、彼が持って生まれた可能性を必ずしも反映しているとは言えません。それどころか、彼の可能性が発揮されることは決してなかったはずです。なぜなら、彼は聞くことができなかったから。母のいとこは、同時代の聴覚障害の人たち同様、3000万語の格差がもっとも純粋な形で表れた犠牲者の一人なのです。

母のいとこの例は、生まれ落ちた社会経済的な環境も、ましてや保護者の意思も、人間が人間として育つうえで大きな要因ではない、という証左です。社会経済的な環境や保護者の意思が要因なら、彼の人生は順調だったはずです。でも、彼に欠けていたのは「言葉」という栄養でした。手話言語であれ音声言語であれ、これが幼い子どもの生活になかったら、どんな保護者のもとに生まれようと、取り戻すことのできないマイナスの影響を受けるのです。

影響を受けたのは、彼一人の人生ではありません。ここは強調しておくべきでしょう。人工内耳移植はザックのような子どもたちすべてに音と、力を発揮する可能性をもたらしましたが、同様に社会も受益者なのです。特殊教育、不完全雇用、失業にかかる費用を考えれば、聴覚障害はお金がかかる障害の一つです。人工内耳移植はこうした費用をかけずに済むための鍵ではありますが、ミシェルの話からわかるように、その鍵が扉を開けるために使われないのであれば意味はありません。

聞くことと読むこと、そして学ぶこと

耳が聞こえる人にとって、読むことを学ぶのは比較的容易な、ひと続きのプロセスです。文字を学び、文字の音を学び、文字の組み合わせから単語を学び、単語の意味を学ぶ。一方、耳が聞こえない人にとって、読むことはとんでもない挑戦です。「挑戦」では婉曲（えんきょく）すぎます。とても困難なのです。

想像してみてください。英語しか読まないあなたが、中国語の漢字で書

かれた知らない単語を学ばなければならないとします。耳が聞こえない子どもも同様で、ページに書かれた文字を認識し、それを単語にし、単語の意味を理解しなさいと言われるのです。どれも聞いたことさえないのに。たとえば、「cat」という単語。簡単ですよね？ あなたはCのkaという音を知っており、Aのa、Tのtという音も知っています。ですから、あなたはこの音の組み合わせと「ニャア」と鳴く小さい動物をすぐにつなげられます。

でも、もしあなたがC、A、Tのそれぞれの音も、つなげた時の音も聞いたことがなかったら？ こうした記号はあなたにとってどんな意味を持つでしょう？ 誰もが「cat」という単語を知っている国に住み、あなたも手話で動物の「cat」を表現できる、でも、目に入ったC-A-Tは意味をなしません。これが読むことを学ぶ時、耳の聞こえない子どもが取り組まなければならない大変な道のりです。手話言語の知識は助けになりません。手話言語は意味を示す動きからできていて、書き言葉の英語とは違うからです。手話と英語は実のところ、まったく違う2つの言語で、つながりがありません。そうすると、耳の聞こえない幼い子どもが読むことを学ぼうとすると、聞いたこともなければどんな音であるのかも知らないまま、手話言語から英語に通訳し続ける形になります。困難どころの話ではないかもしれません。

結果は重大です。耳が聞こえる子どもたちは、読むことを学ぶところから学校生活を始めますが、最終目標は学ぶために読む、です。特に、小学校3年はきわめて大切な時期で、それまではページに書かれている単語を声に出して読んでいただけだったのが、単語をもとにアイディアを形づくり、知識を積み重ねる方向へ向かう年にあたります。知的な思考過程が始まる時期なのですが、あくまでもじょうずに読める子どもたちにのみあてはまります。他方、じょうずに読めない子どもたちにとって、小学校3年はやはり大きな意味を持ちます。なぜなら、こうした子どもたちの場合、知識の蓄積も知的な発達も同じ時期、急に下がり始めることが実証されているからです。

心理学者のキース・スタノヴィッチKeith Stanovich博士は『マタイによる福音書』にちなんで、これを「マタイ効果」と呼んでいます。「持っている人はさらに与えられて豊かになるが、持っていない人は持っているものまでも取りあげられる」(『マタイによる福音書』13:12)。言い換えれば、学習面で豊かな人はどんどん豊かになり、貧しい人はどんどん貧しくなるのです。小学校3年時点の読字力の影響は非常に大きく、高校を卒業できるかどうかも予測できます。

聴覚障害の影響が出るのも、ここです。耳が聞こえない子どもの高校・大学卒業率は、耳が聞こえる子どもよりもずっと低く、それが就労に及ぼす影響は無視できません。歴史的に、耳が聞こえない人たちの不完全雇用はあたりまえで、働いていても収入は耳が聞こえる人より30〜45%低くなります。こうした統計数字を見る時、今、私たちが議論をしているのは、一人ひとりの知的な力の違いの話ではないことをもう一度、思い出してください。発揮しうるはずの力がいったいどれくらいあるのか、本人もまわりも決して知ることができない人たちの話を私たちはしているのです。

単なる「音」が「言葉」になっていく

言葉環境が最適であれば、結果はまったく違います。脳の別の部分が育つ時と同じように、言葉の獲得もスキルが次のスキルを生み、ある分野について習熟することが次の段階の基礎となります。あまりに自動的に起こるので、私たちはこの流れを当然だと思っています。

たとえば新生児は、意味のさっぱりわからない音が耳に流れ込んでくるのを聞き続けるところから始めます。

「ママのスウィーティパイはだれかな〜」

これが、それぞれの単語を個別に聞くことにつながります。

「ママの、スウィーティ・パイ、は、だれ、かな〜？」

そして、それぞれの部分に意味があると理解していきます。

「だれかな」

「ママの」

「スウィーティ」

「パイ」

やがて、こうした音を自分でも言えるようになり、最後には、この質問文に答えられるようにすらなるのです。これはいまだに不思議な、ほとんど理解しがたい、人間の成長・発達の妙です。子どもがどの言語のもとに生まれようと、それがタンザニアの農村でもマンハッタンの都会でも発達過程は本質的に同じで、言葉が耳に入ること、その量、その質が、育っていく脳の発達を促す鍵です。

「ママのかわいい子は誰かな〜？」

“Who's Mommy's sweetie pie?”（英語）

“Kas yra mamytė savo saldainiukas?”（リトアニア語）

“Aki a mama a kicsim?”（ハンガリー語）

“Ambaye ni mama ya sweetie?”（スワヒリ語）

あなたが知らない言語で、同じ意味の文章を聞いたと想像してみてください。わけのわからない音の集まりですよね？ 小さい赤ちゃんはどうやって耳から入ってくるまったくわからない音の流れに出会い…赤ちゃん言葉を音の塊に変換し…音素としてとらえ…、そして、意味のない音の塊を単語に換え、意味を読み取る…という作業をしているのでしょうか？ 神経科学が最近になってようやく説明し始めた、驚くべき道のりです。

パトリシア・クール Patricia Kuhl教授（ワシントン大学、ワシントン州）は、赤ちゃんが話し言葉という暗号をどう解読するかを研究してきた先駆者の一人です。彼女の独創的な研究について私が初めて学んだのは、ゴールディン＝メドウ教授の「子どもの言語発達入門」のクラスでした。音を聞いた時のおしゃぶりを吸う回数の変化といった単純な指標を用いて、クール教授は赤ちゃんが言葉を学んでいくステップを慎重に解いていきました。さらに、最新の脳磁図（MEG。クール教授は「火星から来たヘア・ドライヤー」と呼んでいる）を用いて活動している脳のリアル・タイム画像を撮り、教授の言葉を借りれば「車のボンネットに頭を突っ込んで中の様子を見る」ような研究を子どもの脳でしているのです。そして、赤ちゃんは文字通り、「計算の天才」だと明らかにしてきました。

単語を理解して話す以前に、人間の脳は「構文解析」と呼ばれる活動をしなければなりません。音を分けてから、単語をつくるために音をつなぎ合わせる作業です。生まれてすぐの脳にとって母語を学ぶうえで重要な活動ですが、この過程は胎児の時から始まっているとする研究結果もあります。カンフー・マスターのような敏捷（びんしょう）さで、赤ちゃんの脳は器用に、流れ込んでくる音をいろいろな形に切り刻み、意味のある単語に換え、その言語全体の文脈の中に置いていきます。

天才のおとなでも、新生児の天才ぶりには勝てないことを示す逸話があります。妻の家族と話せるようにとマンダリン[訳7]を学んだフェイスブックの創業者、マーク・ザッカーバーグが中国のリーダーたちと30分間、会議をしました。この頭脳明晰なインターネット起業家の中国語スキルに対して中国人たちが下した評価は？「口の中におはじきをたくさん入れた7歳児がはきはき話している感じ」で、フェイスブックには10億人ではなく、合計で11人のユーザーがいると言っていたそうです！

でも実は、言語を学ぼうとしているおとなと赤ちゃんは比較できません。脳の画像研究によれば、最初の言葉を話す前から赤ちゃんたちは応答を練

［訳7］　マンダリンは、中国語の一つで中国および台湾の公用語。

習し、母語の単語を発音するために必要な筋肉の動きはどうしたらできるのか、割り出そうとしているのだそうです。

乳児の脳はあらゆる言語の音を区別できる

可塑性のピークにある乳児の脳は、すべての言語の音を区別できます。ドイツ語のウムラウト、中国語の抑揚（ピンイン）、マサイ語の破裂音も理解でき、自分が聞いている音が属する言語を学ぶ用意ができているだけでなく、まったく違う音からなる複数の言語も学ぶことができます。赤ちゃんはパトリシア・クール教授が言う通り、真の意味で「国際社会の市民」なのです。ところが、このスキルは消えてしまいます。まったく使われていない神経細胞のつながりやあまり使われていないつながりが脳内で刈り込まれてしまうのと同様、どんな言葉のどんな音であっても聞き取れ、発音できる無限の力は、とても早い時期に消えてしまうのです。これによって、自分が属する言語を使う能力は高まりますが、使わない言語の音は理解が難しくなります。

母語の音に対する偏りは、通常、1歳の誕生日までに起こります。妊娠第3期[訳8]ぐらいには早くも母語を学ぶ用意ができているとは言え、神経繊維のどのつながりを永久に残しておくべきか、脳はどのように判断するのでしょう？ 統計の力です。驚くことに、育ちつつある赤ちゃんの脳は音が聞こえ始めるとすぐ、特定の音のパターンを定量化し、その数を数えているのです。言葉の意味などはいっさい考えていません。よく出てくる音は脳が残し、これが個々の単語になり、最後には母語となるわけです。

単純に言うと、赤ちゃんの脳は繰り返し聞こえる音を「集め」、それを「見本」としてラベルづけし、残すべき音としているのです。見本の音は、クール教授の言葉を借りれば、類似の音や少しだけ違う音を集める「磁

[訳8] 妊娠を3期に分ける分け方で、第3期は妊娠29週から40週。

石」のような働きをします。この過程は使う言語に対する親近度を高める一方、使わない音を正確に聞いたり話したりする能力を下げます。例を挙げると、アジアの言語を話す人たちには「r」と「l」の音の聞き分けが難しいのですが、ヨーロッパの言語を話す人たちは、アジアの言語の抑揚を言い分けることができません。これも脳の驚異なのです。言葉は必要だけれども、脳には限界がある、そうわかっているから、脳は必要なところに力を注ぎ、よけいな部分を削るのです。確かに、自分がうまく話さなければならない言語にはまったく不要な、意味のない音のために、大切な脳の処理能力を無駄づかいする必要があるでしょうか？

クール教授が以前、日本の赤ちゃんを対象に行った研究でこれが裏づけられています。生後7か月、まだ「国際社会の市民」の時期、日本の赤ちゃんたちは苦もなく英語の「r」音と「l」音を聞き分けました。3か月後にクール教授が日本に戻ってみると、この能力は消えていました。別の音で米国の赤ちゃんを対象にして行った実験でも、同じことが起きています。どちらのケースでも、可塑性が失われていく切迫した状況をわかったうえで脳は必要な言語の音に全力を注ぎ込み、不必要な音のために神経細胞を使うことをやめるのです。

赤ちゃん言葉をやめないで

「私の子どもには赤ちゃん言葉で話しません」と自慢するお母さんがいます。まるで、赤ちゃん言葉はとてつもなく悪いもので、「赤ちゃん言葉を話さない」と言うことは新しいタイプの子育てをしているという名誉のバッジででもあるかのようです。でも、びっくり、びっくり！ 赤ちゃん言葉は良いのです。あの、ほぼ本能的な「マアマはね〜〜、○〜○〜ちゃ〜んのこぉとぉが〜、だあいすきよ〜〜」、高い音程で、単語を伸ばしながら歌うような流れにする話し方は、赤ちゃんの脳が音を理解し、自分が使う言語を学んでいく手助けになっていることが研究からも明らかになっています。

「赤ちゃん言葉」はお母さんの愛情表現にすぎないようにも聞こえますが、実は、統計学者でもある赤ちゃんの脳が音をより簡単につかまえられるようにしているのです。赤ちゃん言葉の音はおとな同士の会話に比べて音が誇張されており、それぞれの音の違いがわかりやすく、より容易に把握して学べます。

テレビを見せておけばよい?

赤ちゃんが計算の天才なら、テレビの前に座らせておけば済むのでは？ そうすれば、保護者は本を読み終えられるでしょうし、メールにも返信できるでしょう。

脳は優れていますが、社会的な生き物です。なので、残念ながら、要返信メールは増えるばかりです。やりとりをしないと、学び、知識を蓄積する赤ちゃんの能力は制限されてしまうでしょう。コップは何を注ぎ込んでもそのまま貯めておきますが、脳はコップではなく、ふるいのようなものです。他者とのやりとりがなければ、ふるい落としてしまいます。そもそも、**言葉とは何でしょう？** 私たちが一人で生きているなら、言葉は要りませんよね？ 言葉の基本は、人間を他の人間と結びつけることです。赤ちゃんの脳は、この進化の産物です。赤ちゃんの脳は言葉を受け身で学ぶわけではなく、社会的な応答と相互のやりとりがある環境でのみ学んでいきます。ケアする人と赤ちゃんの間で相互にするやりとりが、言葉を学ぶことと、学ぶこと全体の鍵です。この重要性はいくら強調しても強調しきれません。

パトリシア・クール教授の研究の中で私が一番好きな実験の一つが、この点を明確に示しています。対象は米国の9か月児で、半数はお母さん役の人が抱っこをしてマンダリンで話しかけました。残りの半数も抱っこはされていたものの、同じマンダリンを録音または録画で聞きました。12

回の研究室訪問後、生身のお母さん役からマンダリンを聞いた赤ちゃんたちは音を聞き分けることができました。けれども、録音、録画で同じ言葉を聞いた赤ちゃんたちは…？ 想像の通りです。何も覚えていませんでした。

これは興味深い問いにつながります。赤ちゃんは、においを嗅げて触れることができ、感じることができる存在からしか学ばないのでしょうか？ それとも、スティーヴン・スピルバーグが描く『A.I.（エー・アイ）』のようなロボットが代わりをできるのでしょうか？ 最適な脳の発達に必要な人間的要因は何でしょうか？ 脳という驚くべき臓器について解き明かされなければいけない無数の疑問のうちの一つです。私たち一人ひとりと、私たちが生きている社会に多大な影響を及ぼす問いですから。

未来の可能性

子どもが新しい知識を吸収していく力は、脳の可塑性が下がり、学習の効率化と分化（特化）が進み、苦労なしに学ぶことができる時期が終わりに向かうにつれてどんどん難しくなっていきます。でも、もしそうではなかったら？ もしも、この時期が終わらないようにでき、幼い子どもが持つ学びの能力が一生続くとしたら？ 40歳でも50歳でも、比較的簡単に新しい言語を学べるようになると考えてみてください。「脳のタイム・トラベル」と呼ばれるこの仮説は、脳をもっと理解しようとする最近の研究の一部です。

タカオ・ヘンシュ Takao Hensch教授（ハーバード医科大学院、分子／細胞生物学、神経学）の研究は、ヒューベルとウィーセルの脳の可塑性の研究に触発されています。けれども、ヘンシュ教授はヒューベルとウィーセルは夢見るしかなかった道具を持っています。脳が細胞レベルでどのように応答しているかを調べられる機械で、そこから画期的な発見が生まれています。実のところ、脳は可塑性を失うわけではなく、無限につなぎ直す能力を持っているようなのです。ではなぜ、この機能が使われないのでしょうか？ 理由はまだわかりませんが、進化の過程でこの働きに「ブレーキ」をかける分子がつくられるようになり、神経細胞をいつまでもつなぎ直すことなく、脳の可塑性を終えるようにできているのです。

ヘンシュ教授がボストン小児病院の研究者と取り組んだ研究で、この分子上のブレーキを解除し、弱視の患者に視力を取り戻す試みが行われました。この弱視は、脳の神経細胞の初期のプルーニング（刈り込み）が原因で、片方の目に起こったものでした。この研究はまだ続いていますが、現時点では結果は良好のようです。また、いわゆる「音痴」の男性たちを対象にして同じように分子のブレーキを解除した研究では、音程を聞けるよう耳の機能をトレーニングし直すことができました。音程を聞く能力も、育てられなければ幼い時に失われてしまう能力の一つです。

「タカオ・ヘンシュの仕事のとても興味深いところは、一番大事な時期を逃してしまったとしても、その時点に戻ってやり直せるかもしれない可能性を明らかにしたことだ」と、ボストン小児病院の神経学者チャールズ・ネルソン Charles Nelson教授は、『神経発達：脳を解明する』（未邦訳）の中で書いています。「後から働きかけて、失われた機会を取り戻す。このアイディアは魅力的だ」とも。

私にとっては、「魅力的」以上です。脳はいまだに科学の最前線ですが、その不思議がいつか解明されて、私たちが一生の間、学び、育つ能力を得られるかもしれない可能性が明らかに示されたのですから。同時に、人間が自分たち自身をよりいっそう理解し、よりいっそう人道的で、平等な世界をつくりあげる次の一歩を可能にするだろうという希望も私に与えてくれたのです。

第4章

保護者が話す言葉、そのパワー

言葉から始めて、人生全体の見通しへ

「脳が私なんだよ、ワトソン君。残りはおまけだ。」
――アーサー・コナン・ドイル卿『マザリンの宝石』

1930年の有名な歌の中で、作詞家のバディ・デシルヴァとルー・ブラウンは「人生最高のものは、どれもタダ」と書いています。

このことについて、ちょっと考えてみましょうか。

脳の知的な部分を開花させ、同時に、安定した状態に育てていく驚異的な力を持っているもの、それが**保護者、子どもをケアする人の話し言葉**です。脳の最大の謎がこれから先、解明されていくとすれば、その姿は目の前にあります。私たちが今、目にしている通り、脳は実に賢いのです。進化の過程の中で、まわりに無尽蔵にある自然な素材を自分の成長・発達のために利用するようになったのですから。

その過程はあまりにも単純で目にも見えないので、何が起こっているかさえ私たちは気づきません。そして、脳が使うこの自然な素材は、売ることもできず、貯えておくこともできず、ニューヨーク株式市場に上場することもできないのです。でも、赤ちゃんや子どものケアをする人の言葉は、すべての国、すべての文化、すべての人々にとって大切な素材、資源です。

その人がその人であること、その人にできること、その人がすること、そういったすみずみにしみこんでいくものです。
　そして、この資源には一円もかかりません。

コネクトーム（神経回路マップ）

　神経科学という分野は、頭の切れる探偵たちが登場する推理小説のようなものです。博士号を持った神経科学の探偵たちは、私たち一人ひとりを形づくっているものを見つけ出し、最後のページで答えを教えてくれるはずです。もちろん、神経科学とシャーロック・ホームズの話は違っていて、この推理小説の犯人が脳であることは1ページめからわかっています。探偵たちが見つけようとしているのは、脳がどう機能しているか。それがわかれば、さらに、脳が一人ひとりをどう形づくっているのかがわかれば、私たちは、こうなりたいと思う人間になっていけるでしょう。
　脳の大切さは今さら言うまでもありません。でも、脳の働きに関する理解は、つい最近までかなり単純で、大部分が推論に基づいていました。たとえば、ある人が左側頭葉の脳卒中で言葉を理解できなくなったと診断された時、または小脳腫瘍でゴルフのクラブを振れなくなった時、医師は脳の特定の箇所の機能が失われた結果だと考えました。それで終わり。神経科学は、暗闇の中で手探り状態だったのです。
　そこに脳の画像化という魔法が現れました。コンピュータと数理モデルの威力で、従来の表面的な理解が突然、変わったのです。まだ完璧ではありませんが、脳がどう機能しているかをきわめて微細な分子レベルで完全に理解していける道筋に、私たちはいます。
　たとえば、ニューヨークの地図と脳内のつながりは似ています。マンハッタンでは、無数の通りがあちこちで交差し、さまざまな動きや活動が繰り広げられています。でも、いずれも秩序だっています。同じように、発達した脳の神経細胞、全身に情報を伝える役割を担う細胞、1000億個の神経細胞、それがすべて相互につながっているのです。このつながり全体を「コネクトーム（神経回路マップ）」と呼びます。**神経細胞１つあたり**の接続は１万個、それが**1000億個**の神経細胞をつなぎ、私たちの脳の中にある。これがまさに私たち一人ひとりであり、私たちが何をどう考え、どう行動するかを決めます。

保護者の言葉、脳神経のつながり

「知性」という言葉は重々しくて、威圧的な響きさえ感じられます。誰もが知的になりたいと思っています。「彼はすっごく頭がいい！」「彼女の頭の良さときたら…！」と聞くのは嬉しいものですし、自己評価でも大切です。周囲が自分のことをどのくらい知的だと思っているかも確かに大切ですが、ちょっと待ってください、正直な話、自分の子どもが知的と言われた時には、親である自分も知的と思われたように感じるものです！

では、「知性」はどこから来るのでしょうか？ 私たちは皆、さまざまな分野で知的な可能性を持っていますが、その可能性が開花するかどうかはまったく別の話です。

前の章に書いた通り、「キューティ・パイはだあれ？」「世界で一番すてきな赤ちゃんはだあれ？」といった保護者のささやきかけは、子育ての楽しい部分ではあるにしても、大切な部分とはみなされてきませんでした。ところが、実際は違ったのです。「かわいいね〜」というささやきかけすら、赤ちゃんのコネクトーム、つまり絶え間なく育っていく脳のネットワーク、神経細胞の接続と刈り込みによって私たち一人ひとりをつくっていく過程に、間違いなく関係していたのです。

そう言えるのは、なぜでしょう？

コネクトームの迷宮を地図にし、脳の複雑な秘密を解き、一人ひとりがつくられていく過程を知ろうとする、これはまさに神経科学の最前線です。

有史以来、哲学者を悩ませてきた疑問は、最近まで解くことができずにきました。言葉、議論、仮説、推測以外には、脳の謎を考える方法がなかったからです。今、新しい技術がこれまでは理解不能だったことを知る手助けをしてくれるようになったとは言っても、何かを見つけるとたいてい、その発見は次の新しい疑問を生みます。けれども一つ、はっきりしていることがあります。神経細胞の無数のつながり（＝**あなた**）は、「自然が育ち(環境)と出会う」結果なのです。コネクトームのすべてが解明されたわけではありませんが、生活の中の経験、特に誕生から3歳までの経験があなたのコネクトームを大きく変え、結果的にあなたを変えることもわかっています。一卵性双生児でもコネクトームはそれぞれに違い、その人個人のものです。

活気にあふれたマンハッタンの通りには、それぞれ独自の目的がありますが、通りが集まった全体として、ダイナミックで複雑なニューヨークの街を構成しています。それと同じように、脳の神経細胞のつながりには個々の目的があるものの、そのつながりが集まった複雑なネットワーク(コネクトーム）全体として、一人ひとりを決めています。その人の強みがどう活かされていくか、たとえば、科学研究に取り組むのか、詩を書くのか、バスケット・ボールの試合の戦略を考えるのか、を決める要因もここにあります。

では、その人特有の神経細胞のつながりは、どこから始まるのでしょうか？ 遺伝の役割は疑うまでもありませんが、持って生まれた可能性が形になるかどうかは、生後初期の言葉環境でほぼ決まる、つまり保護者の話し言葉による、と科学的研究は強く示唆しています。

ただ、「保護者の話し言葉」という言い方は、誤解を招くかもしれません。なぜなら、話し言葉の魔術は、単に語彙を伝えるということをはるかに超えているからです。保護者が子どもに話す**言葉の数**、保護者がその言葉を**どんな言い方**で話すかは、算数、空間的推論、読み書きなどの能力、自分の行動をコントロールする能力、ストレスに対する反応、粘り強さ、倫理観といったさまざまな側面で、その人の可能性がどこまで発揮されるかに影響します。同時に、神経細胞のつながりを強め、どのつながりを残し、どのつながりを刈り込むかを決める材料になるのも保護者の言葉です。

私たちは皆、一人ずつ違う強みを持ち、逆に、まず成功しない分野も持って生まれてきます。最高の言葉環境で育ってもその人の弱点は消えないでしょうし、最高の言葉環境で育てばどんな分野に取り組んでも最高にうまくいくというわけではありません。けれども、**持って生まれた可能性（強み）**を最大限に発揮できるかどうかに限って言えば、私たちの脳が急速に発達している期間、生後から３歳までに起こることが決定的要因です。要するに、「生物学的な親」という最初の運から得た遺伝的な要素は、「親や保護者の言葉環境」という２つめの運によって悪い部分が緩和されもし、良い部分が破壊されもし、発揮されもするのです。この点はすべての保護者、いえ、誰もが知っておくべきだと私は強く信じています。

「算数なんて大嫌い！」

私たちの一番上の子、ジェネヴィーヴが11歳の頃に言い放った言葉です。何度も何度も、怒りを込めて、算数は「（私には）無理」と言っていました。４年が経ち、身長が23センチ伸びた今、彼女は数学の達人です。実際、２人の娘と１人の息子の得意分野は何かと聞かれたら、私は「数学」と言うでしょう。でも、娘の数学の能力について話をすればたいてい、「女の子が数学、得意なの？　すごいね！」という尊敬の笑顔が向けられ、逆に息子に関しては、それが当然という顔をされるのです。娘たちの得意分野は人文科学や討論、文章と言ったら、誰も驚かないのと同じです。だって、女の子だから、と。

ここで白状します。最初の頃、夫も私も些細な形でではありましたが、こうした思い込みに陥っていました。子どもたちがとても小さかった時、娘が長い文章を話し始め、息子が割り算の筆算をし始めたのを見て冗談を言っていたのです。「保護者の話し言葉が子どもの算数スキルを伸ばす助けになる」、先々そう書くようになるとは当時、思いもしなかったのです。

認めます…。私たちは間違っていました！ ごめんなさい、ジェネヴィーヴ！

私たちが間違っていたと気づいて何かしら対策をしていたら、娘にとっても娘の算数スキルにとっても良い方向に状況を変えられていたかもしれません。同じように、米国が間違っていたと気づいてこの問題を改善しようとすれば、たくさんの子どもたちにとって良い方向へ教育全体を変えられるでしょう。女の子たちのためにも男の子たちのためにも。

米国は、算数・数学の教育で遅れをとっていると認識していますし、この問題に取り組む必要性もわかっています。「科学（Science）」「技術（Technology）」「工学（Engineering）」「数学（Mathematics）」の教育は、頭文字を合わせてSTEMとも呼ばれますが、算数・数学のレベルは他の先進国に比べて急速に下がっていることが明らかです。もちろん中国と比べても、です。これは子どもたちの教育の問題であるだけでなく、この国の将来、この国の生産性や競争力の面でも問題です。

「なぜ、米国人は算数・数学ができないか？」（『ニューヨーク・タイムズ』紙）でエリザベス・グリーンElizabeth Greenが書いていることは、笑えると同時に笑ってはいられない話です。グリーンは、1980年代にA&Wチェーン[訳1]のオーナーであるアルフレッド・タウブマンA. Alfred Taubmanがマクドナルドから顧客を奪おうとして取り組んだことを振り返っています。マクドナルドのクォーター・パウンダー[訳2]が好きな客をA&Wに呼び寄せようとして、タウブマンは「A&Wのハンバーガーはクォーター・

［訳1］ ファスト・フード・チェーン。日本では沖縄に展開している。

［訳2］ 「4分の1パウンド」という意味の商品名。日本でも2017年初頭まで販売されていた。

パウンダーよりおいしいだけでなく、3分の1パウンドもある」と宣伝したのです。3分の1パウンド対4分の1パウンド、それも同じ値段で！

良いアイディアですよね？
消費者が「3分の1は4分の1より大きい」とわかっていれば！です。

タウブマンは、当時の先進的なマーケティング会社ヤンケロビッチ・スケリー＆ホワイトに、なぜこのキャンペーンが失敗したのか、調査を依頼しました。結果を見ると、まず疑いなく回答者は「A&Wのハンバーガーのほうがマクドナルドよりおいしい」と答えました。
たった一つ、小さなひっかかりがありました。
「なぜ、A&Wの3分の1パウンドの肉に、マクドナルドの4分の1パウンドと同じ値段を払わなきゃいけない？」と、回答者たちは聞いてきたのです。調査対象者の半分以上が、3は4より小さいのだからA&Wは客をだましていると考えたのです！
これは、ハンバーガー・ファンだけの問題ではありません。医療の専門家も算数にひっかかります。医師、看護師が薬の投与量を計算し間違えることもよくあります。間違いがあまりに多いので、医師や看護師向けに計算を簡単にするサポート・サービスがあるくらいなのですから。たとえば、eBroselow.comのキャッチフレーズは「医療から計算をなくす」です。

算数は未来に向いた窓

その国の未来は、国民の教育レベルと切り離せません。これに反論する人はそうそういないでしょう。算数スキルの格差に国が焦点を当てることは、ファスト・フード[訳3]のハンバーガーの値段の話ではありませんし、

［訳3］　ファースト・フード first foodではなく、ファスト・フード fast food。

医師が薬の投与量に頭を悩ませる話でもありません。これから育ち、この国の先行きを決める一部となっていく児童、学生の学力がどのレベルに到達するかという話です。

そうなると、懸念は大きくなります。この懸念は当然です。

2012年の国際学力調査（PISA）によると、米国の高校生の数学力レベルは、1、2、3…、27位、ロシア、ハンガリー、スロバキアと同じレベルでした。上位は？ 上海、シンガポール、香港、台湾です[訳4]。この調査によると、上海の15歳の数学力は、米国の中でも成績が良い集団に属する「マサチューセッツ州の学生より、2年以上進んでいる」そうです。

低学力層の割合が高いせいで米国の平均点が引き下げられているとする説明は、慰めになりません。米国は、「数学がよくできる学生」も大幅に少ないのです。たとえば、米国で「上級」クラスの得点をおさめた学生は全体の9％以下でしたが、上海ではこの割合がとても高くて55％、シンガポールでも40％、そして、カナダも16％以上なのです。

15歳の段階で米国人の数学の点数が悪いという事実は、中学2年、小学校4年、1年、さらには幼稚園までさかのぼることができます。一方、中国の子どもたちは、幼い頃から算数の学力が秀でており、足す、引く、数える以外に、0から100を示した線の上に特定の数字を正確に置く能力さえあります。数の推定という点で見ると、中国の幼稚園児は米国の小学校2年生と同レベルだとわかっています。

オバマ大統領の下で教育省長官を務めたアーン・ダンカン氏は、この国際調査の結果に対して、米国は「初期の教育に対する投資を真剣に始めなければいけない」と勧告しました。全体の教育水準を上げ、大学の学費を下げて、学費が進学の妨げにならないようにする。質の高い教育者を集め、教育者が働き続けられる学校をつくる、ダンカン氏の勧告にはこういった内容も含まれていました。けれども、彼が一番強調したのは、生後から5

［訳4］ 日本は韓国、マカオに次いで7位。

歳の間の教育の質を上げることでした。この数年間こそが算数だけでなく、あらゆる学業分野で学生が将来どのレベルに到達するか、そして、その後の人生にとっても非常に大切だからです。

新生児から育ち始める算数の能力

米国の子どもたちはなぜ、これほど算数や数学で遅れをとっているのでしょうか。中国や他のアジアの国が抜きん出ているのはなぜ？　米国はどうすればよいのでしょう？

正確な答えはまだ出ていませんが、検討するべき重要なポイントはいくつもあります。たとえば、中国人の子どもが早い時期に算数を理解する一つの理由は言語だろうとも言われています。マンダリンでは11は「10と1」で、10に続く数え方としては合理的です[訳5]。さらに、保護者や教師が算数に関して子どもにするサポートが、アジアの国々と米国とではかなり違うのです。

算数、数学の能力に関する古い研究は、ハートとリズリー以前の言葉の研究同様、得意不得意の違いが表れる理由を探すよりは、すべての子どもに見られる数や算数の発達全体を見ようとしていました。当時、子どもは「算数について白紙の状態」で学校にあがり、もともと持っている能力に応じて吸収していくとする考えが一般的でした。「認知発達論」で教育学や教育手法に多大な影響を与えた発達心理学者ジャン・ピアジェは、算数を幼少期の教育に入れるべきではないと信じていたそうです。子どもはいわゆる「前操作期」[訳6]にあり、抽象的な数学的思考の用意はできていないからというのがその理由でした。

「4、5歳の平均的な子どもは、数えることができるだろう。たぶん8や

［訳5］　日本語もマンダリンと同様。英語では11（eleven）から19（nineteen）までが独自の呼び名で、21で初めて「20と1」となる。

［訳6］　ピアジェが提唱した発達のステージで、前操作期は2歳ぐらいから7歳までを指す。

10までなら」と、ピアジェの忠実な信奉者は言っています。「でも、言葉では言えるとしても、この子どもたちが数の概念をわずかにすら持っていないことは、ピアジェの明解な実験から明らかになっている。」

ところが、研究者たちが、児童、幼児、乳児、ついには新生児まで調べ始めると、子どもが「わずかばかりの数の概念」以上のものを有しているとわかってきました。驚くことに、子どもは生まれたその日にすら数の能力を持っているのです。

ピアジェの理論とは反対に、赤ちゃんは生得的な非言語の「数の感覚」を持ち、物の相対的な数を「当て推量」する能力を持って生まれてきます。生後2日めの新生児も、数合わせゲームのようなことができるのです。たとえば、研究者が特定の数の音節を言うと、新生児はその音節と同じ数の角がある図形を示すことができます。「ツー、ツー、ツー、ツー」という音を聞くと、新生児たちは4角の絵を長く見つめ、12音節を聞くと12角の絵を長く見つめます。さらに、生後6か月の時点で測ったこの能力（音節の数と図形の形を合わせる力）は多くの場合、その子の最終的な算数・数学の能力と相関（比例）します。

概数（おおよその数）を認知する能力

概数（おおよその数）を認知する能力（以下「概数システム」）は、数を使う能力の最初の段階です。おおよその数を推測したうえで、その推測をもとに基本的な算数をしていきます。

M&Msチョコが入ったビンが複数あって、そこからビンを一つ選べとおとなが言われたら、よほど厳格なダイエットをしていない限り、一番たくさん入っているビンを選ぶでしょう。厳格なダイエットをしていたとしても、とりあえずはそうするはずです。あるいは、スーパーに行ってレジが10か所あったら、それぞれの列の長さをさっと見て一番短い列に向かい、同じように判断した人より先に並ぼうとするでしょう。どちらの場合も、私たちは概数システムを使っているのです。偉そうな気持ちになる前に、これは人間だけの能力ではないと書いておくべきですね。概数システムは、ネズミ、ハト、サルなどにもあることがわかっています。

私たちに備わっているこの感覚は、数に関係する言葉の理解に向けた正しい道筋のように見えますが、残念ながら違います。そして、ここがとても大切なのです。

「いち、に、さん！」というようには簡単にいかない基数の原理

概数システムがもともと備わっているとは言え、新生児のこの能力が演算、代数、高等数学へとつながる道のりは遠いものです。そしてここでまた、さまざまな研究結果が示している通り、初期の言葉環境が不可欠になります。概数システムのおかげで私たちは生まれてすぐにも、言葉やシンボルに頼ることなく直感的に数を推測できます。けれども、そこからレベルの高い算数、数学に進む能力は明らかに言語に依るからです。

チェリオス[訳7]は、たいていの保護者にとっては単なるシリアルではなく、子どもに数を教える最初の道具です。私も子ども用椅子の小さいテーブルの上にチェリオスを並べ、「1、2、3、4、5」と1つずつ、2番目の娘、末っ子のアメリーの目の前に出していきました。「1、2、3、4、5！」、すると、1歳のアメリーは算数の能力の話などおかまいなしに「1、2、3、4、5」と繰り返します。実際は「1、2、3、4、5」という発音ではないのですが、母親の耳にはそこそこ合っている音です。私は努力をしっかり認める口調で、「よくできました」と言います。娘はにっこり笑い、私もにっこりして、彼女の脳、まさにスキルと強みを急速に積み重ねつつある娘の脳は、この数と言葉を吸収します。最初は食べ物の数から。それが演算に向かっていくのです。

かつてのアメリーと同じように、幼い子どもはほぼ誰でも一連の数を繰り返して言うことができます。「1、2、3、4、5」と。そうすると、おと

［訳7］ Cheerios、小さなドーナツ状の形をした朝食用シリアル。

なは自分の小さなアインシュタインに笑いかけるのです。でも、こうした単語が一つひとつの物を指すのではなく、物の「集まり」を意味するのだと理解するまでには時間がかかります。

チェリオスを指さしながら「1、2、3、4、5」と数えている時、子どもにとってはそれぞれの数がそれぞれのチェリオスを指しているのでしょう。次に大きな飛躍が起こります。「5」という言葉は実のところ、5つの物がグループとして集まった時の抽象的な概念だと理解するのです。5個のチェリオスであっても、5羽のウサギであっても、5本の指であっても、5は5だと理解すること。2でも22でも、つまり数は**集まりの中にある個々の物**を代表しているとわかることは、「基数の原理」と呼ばれる概念を理解したという意味です。これが理解できた時、その子はさらに高度な算数の理解に向かう道筋に乗ったという大事な指標になります。

基数原理は、4歳ぐらいで把握できるのが望ましいとされています。なぜ、それほど重要なのでしょう？　グレッグ・ダンカン Greg Duncan教授（カリフォルニア大学アーバイン校）の研究によると、小学校にあがる時点の算数スキルは小学3年時の**算数スキルと言語スキル**、そして15歳時の数学スキルに相関するそうです。持って生まれた数学能力の違いはあるにしても、生後3年間の言葉環境の差が大きな役割を果たしていることは明らかです。生後3年間の違いが小学校に入る時のスキルを決め、算数と数学のその後の伸びを決めるのです。

大切なのは、保護者が数の話をすること

シカゴ大学のスーザン・レヴィン教授のグループは、言語発達プロジェクトの中で、生後14～30か月の子ども約44人とその家族を追跡しました。初期の言葉環境が認知発達全体にとってどれほど大切か、この研究から数多くの知見が得られています。グループは、家庭で観察される親子の言葉、ジェスチャー、相互のやりとりをすべて細かくビデオ撮影し、ハートとリズリーの発見を裏づけました。子どもがどんな言葉環境にいるかは、その

子の学業の成功に強く影響するのです。それだけではありません。レヴィン教授のグループは、保護者の話し言葉が持つ、もっと繊細で強力な効果を明らかにしました。

ビデオ音声を文字に起こした内容を詳細に検討する中で、レヴィン教授は言葉の量と質のばらつきに影響する要因の一つは、数に関する保護者の言葉の違いだと気づきました。各90分間、計5回の観察時間中、数に関連する言葉を4回聞いた子どもがいた一方、別の子どもは250回聞いていました。1週間にすれば、数に関連した言葉を1週間で合計28回聞く子どもから1799回聞く子どもまでいたのです。これを1年に換算すると1500対10万、とてつもない違いです。

研究グループは、この違いがその後の算数スキルと相関するかも調べました。4歳になる前の子どもに、異なる個数の丸が描かれたカードを2枚見せます。研究者が数を言い、その数と同じ個数の丸が描かれたカードを指さすよう子どもに促します。言うまでもありませんが、数の言葉とカードの丸の個数を子どもが合わせられるかどうかを知ろうとしたのです。

疑いの余地はありません。数に関する言葉をたくさん聞いていた子どもほど、言われた言葉と同じ個数の丸が描かれたカードを選びました。数に関する言葉を多く聞いていた子どもほど、聞く数がずっと少なかった子どもよりも数学の基数原理の理解が進んでおり、ここでも保護者の話し言葉の力が裏づけられました。

空間認識能力

数に関係するもう一つの能力である空間認識は、物同士が物理的にどう関わりあっているかを理解する力を指します。たとえば、太陽と地球の間の距離、パズルのピースとピースのつながりが絵になっていく様子、エンパイア・ステート・ビルの1階と102階の高さの差などです。また、この能力には空間の視覚化も含まれます。正しい方角を判断することもそうですし、もっと言えば、ロザリンド・フランクリン[訳8]が撮影した2次元像をワトソンとクリックが3次元にし、有名な二重らせんの概念をつくったこともここに含まれます。

1982年、アーロン・クルーグAaron Klug博士はノーベル化学賞受賞スピーチの中で、ロザリンド・フランクリンの2次元像があったおかげで核酸タンパクの3次元構造をつくることができたと感謝の言葉を述べています。空間認識の力があったからこそ、天賦の才の上に別の天賦の才が積み重なった好例でしょう。

空間認識能力は、科学、テクノロジー、エンジニアリング、数学などの分野で成功するかどうかを見る重要な予測因子の一つです。これもまた保護者の話し言葉に基礎を置いています。たとえば、スーザン・レヴィン教授は、保護者の「空間に関わる言葉」の違いも検討しています。つまり、物の大きさや形（例：丸、四角、三角、大きい、丸い、鋭い、高い、短い）を表す言葉について、保護者の言葉の違いが空間的関係を理解する子どもの能力に関係するかを調べたのです。

驚くような結果が得られました。生後14か月から2年半の研究期間で、空間認識に関わる言葉の量と内容は大きく異なり、13.5時間の記録時間内に5個しか聞かなかった子どももいれば、525個以上聞いた子どももいたのです。こうした言葉をよりたくさん**聞いた**子どもは自分でも言葉を**話す**傾向が見られ、物の大きさや形を表す言葉を子どもが使った数は最小4個から最大200個という差でした。

2年後、子どもたちが4歳半になった時点で、研究チームはもう一度、今度は**スキル**を調べるテストをしました。頭の中で物を回転させる、ブロックの絵を写し描きする、空間上の関係が似ているかどうかを判断するといった、「もし〜だったら」という空間認識スキルを調べるテストです。

［訳8］　ロザリンド・フランクリン（1920〜1958年）は、DNAの二重らせん形の発見につながるX線写真を撮影した英国の化学者。ワトソンとクリックがノーベル賞を受賞した1962年に先立ち、その業績をまったく評価されることなく、卵巣がんで亡くなった。フランクリンが始めた研究を継承・発展させ、1982年にノーベル化学賞を受賞したのがアーロン・クルーグ。これ以降、フランクリンの業績が公に認められるようになった。

こちらも、結果は予測通りでした。空間に関する言葉をより多く**聞き**、自分でも**使っていた**子どもはテストで高得点だったのです。この結果が示しているのは、子どもは単に「頭がいい」わけではなく、空間に関する言葉を聞く経験とこのスキルがつながっている事実です。

レヴィン教授の研究は、空間認識のような日常に役立つ非言語の能力も、言葉を聞き、使うことを通じて育つと明らかにしたわけですが、当然ここで生まれる疑問は、「どのようにして？」でしょう。物の形や別の物との関係について聞くことは、そうした概念すべてに対する子どもの意識を高めるのでしょうか？　私から見ると、これは脳の驚異的な力の例にすぎません。言葉を抽象的な概念以上のものに変換して、より広く、より複雑な理解と能力につなげていく、脳の力です。

ただし、大切な「けれども」があります。子どもの脳に適切な「知識の栄養」を与えることは、数や形の理解を促すうえで効果的な第一歩ではありますが、4歳半の段階で空間的な関係を理解した子どもすべてがアインシュタインやニコラ・テスラ[訳9]になるわけではありません。ピアノの才能を持って生まれても、「ピアノの練習の時間だよ！」と言われた時に「お母さん、後で！」と言っていたのでは、30年後にまだ「チョップスティックス」[訳10]を弾いているだけでしょう。同じように、4歳半で卓越した空間認識能力を持っている子どもも、数学ではなくフットボールや小説書きをしていたのなら、数学者にはなりません。基礎はその子の中にあります。でも、興味や関心、練習、そしてさらなる練習が絶対に必要なのです。

［訳9］　ニコラ・テスラ（1856～1943）は、現在のクロアチア（旧オーストリア帝国）に生まれた科学者。人生後半は米国で研究と発明を続けた。

［訳10］　簡単なピアノ曲。原曲は1877年。

男女差
かすかな違いがどのようにして大きな影響をもたらすか

乳幼児期、数に関わる話をすることで子どもの数学の到達度が上がります。でも従来、女の子は数に関する話をされなかったと思われます。たとえば、経済的に中から中の上に属する家庭の母親を調べた研究によると、2歳以下の女の子は、同じ年齢の男の子の半分しか数に関わる言葉を母親から聞いていませんでした。同じ研究で、女の子は男の子に比べほぼ3分の1しか、大切な「基数」に関する言葉を聞いていなかったのです。

他のすべての研究が、この時期の数に関わる言葉について男女差を示しているわけではありませんが、女の子の数学力に関して言えば、数に関わる言葉よりもずっと強い影響を及ぼす言葉や話の特徴がありそうです。それは、算数や数学と女の子に関わる固定観念（ジェンダー・ステレオタイプ）です。数学に興味を持つ女の子がいたとしても、固定観念がその子たちをふるい落としてしまう可能性も十分あるでしょう。結果、女性が増えていけばいっそう価値が上がるはずの科学、テクノロジー、エンジニアリング、数学などの分野で女性の専門家が育っていかないのです。

この問題は乳幼児期に始まっていると、複数の研究が示しています。保護者も社会も数に関する女の子の能力に先入観を抱いており、それが周囲の励ましの欠如につながり、本人のやる気をそぐことにつながっていきます。かすかな意味合いではあっても、算数や数学は「女の子が得意なことじゃない」と聞いている女の子たちは、実際、算数や数学ができないのです。

なぜ、そうなるのでしょうか？ 持って生まれた能力があれば、意思の力でそれを引き出せるのでは？ 違います。自分自身をどう見るかという自己像（自己イメージ）に言葉が影響するように、言葉はスキルにも影響するからです。

あなたの持っている自分のイメージが「算数・数学は不得意」だとしましょう。算数、数学を勉強するよう言われると、あなたの脳は「私にできるわけがない」と自分自身に向かって反論をし、それだけで知的なエネルギーを使い果たしてしまいます。ゴールに向かう道の真ん中に、心理的なバリケードが置かれているようなものです。算数や数学を学ぶ能力をもともと持っていたとしても、自分自身に対する疑いが心をかき乱し、能力は損なわれていきます。算数や数学がよくできる女の子であっても「男の子に比べたらできない」と自身を評価する、自分自身に対するこの固定観念は7歳ぐらいですでに見られるのです。これが将来の到達度に影響することを考えれば、数学やエンジニアリング、コンピュータ関連の仕事に就く女性が比較的少ない現実と、幼い時の固定観念をつなげるのは難しいことではありません。

けれども、最近の研究によると、この傾向は変わりつつあるようです。数学の到達度で見ると米国人の男女差は縮まっており、算数や数学で男の子と肩を並べる女の子の数は増えています。STEM（78ページ）分野で働く女性の数も増えています。算数・数学の能力には性差があるという固定観念が変わり、家でも学校でも、算数や数学の学習において女の子に対する肯定的なアプローチが増えている、変化の背景にはこうしたことが影響していると考えられます。

皮肉なことに、男女差の固定観念は、母親から娘に渡される負の遺産でもあります。ある世代の自信のなさが次の世代に引き継がれている、それも何世代にもわたって。自分の子どもに対する母親の評価は一貫していて、男の子の算数・数学能力は過大評価し、女の子のそれは過小評価します。実際の点数を見せられても、この傾向は変わりません。さらに、女の子よりも男の子を算数・数学に関係した活動に参加させよう、算数・数学に興味を持たせようとする傾向が母親には見られます。

もう一つ、自分の子どもが数学に関連する仕事で将来、成功すると思っているかどうかを調べると、母親は女の子よりも男の子のほうが成功するだろうと予想します。自分の子どもの成績を見ても母親がこう予想するというのは、驚きでもあり、悲しいことでもあります。算数・数学がどんなにできても、女の子は母親の意識を心の中に取り込んでいきます。そして、言いならわされてきたように、女の子が成功すれば自動的に「勉強を頑張ったから」となり、失敗すれば「能力がなかったから」になります。ところが、男の子が成功すると「もともと持っているものだから」と言われ、失敗すれば「頑張らなかったから」と言われるわけです。

『なぜ本番でしくじるのか：プレッシャーに強い人と弱い人』（英語初版は2010年。日本語版は2011年）の著者シアン・バイロックSian Beilock博士（前シカゴ大学心理学部教授、現在はバーナード・カレッジ学長）は、ストレスと不安が学習と仕事のパフォーマンスにどう影響するか、あらゆる職業について調べてきた専門家です。バイロック教授はスーザン・レヴィン教授との共同研究で、算数に関する自信のなさを女性が女の子たちに伝えている事実を示す強力な例を明らかにしました。小学校教諭の先入観が算数の成績の伸びに及ぼす影響を調べたのです。小学校教諭の90%は女性ですが、数学専攻は10%しかいません。そして、小学校教諭は大学の学部専攻の中で数学嫌い（数学不安）の割合がもっとも高い傾向にあります。

実験対象は、1年生担任と2年生担任の教諭計17人とその生徒です。年度の始まりに教諭の数学不安を測り、担当するクラスの男子生徒52人、女子生徒65人の算数の能力を測りました。年度が始まった段階で、生徒の成績と教諭の数学不安はまったく無関係でした。

けれども、学年が終わるまでには、担任それぞれの数学不安のレベルがクラスの女子生徒に表れていました。「算数に不安がある（算数が嫌いな）」教諭が教えていたクラスの女子生徒は、学年の終わり、算数が得意な子の話をする時には男子生徒を多く引き合いに出し、本を読むのが得意な子の話をする時は女子生徒を多く引き合いに出しました。教諭が自分の自信のなさを男女差の固定観念として女子生徒に伝えていただけではありません。

否定的な先入観を取り込んだ女子生徒は、男子生徒に比べると算数の到達度テストの結果が明らかに悪かったのです。

一方、数学不安のない教諭が担任だったクラスの女子生徒は、男女差の固定観念を示すことも少なく、点数も男子生徒と同じでした。

私の祖母

私の母方の祖母サラ・グラックは貧しい移民の娘でしたが、1930年代、ピッツバーグ大学に入り、卒業しました。専攻は皆さんの想像通り、数学です。2つの仕事をかけもちしながら家族の中で初めて大学へ行き、卒業する年、教育学に専攻を変えました。祖父によると当時、女性が就ける仕事は教育か看護しかなかったからです。これも、男女差の固定観念の話です。

祖母と、同世代の女性たちの違いは何でしょうか？　今となってはわかりません。けれども、強く、意志が固かったという祖母の性格を聞くとわかる気もします。祖母は、もし生きていればキャロル・ドゥエックCarol Dweck教授がインタビューしたいと思ったであろう人だったのです。

キャロル・ドゥエックと「成長の心の枠組み」

スタンフォード大学心理学部のキャロル・ドゥエック教授は、『マインドセット：「やればできる」の研究』（英語初版は2006年。日本語版は2016年）の著者で、「成長の心の枠組み」[訳11]と呼ばれる概念の提唱者です。この革新的な概念は、教育分野に強い影響を与えています。能力は生まれた時から決まったものだという考え方を子どもたちに吹き込むのではなく、努力こそが目標到達の鍵であり、「能力のなさ」ではなく「諦めること」が失

［訳11］「成長の心の枠組みgrowth mindset」は「人間は成長し、能力や知性は伸びる」と考える「心の枠組み（マインドセット）」の意味。97ページ以降に出てくる「固定の心の枠組みfixed mindset」は「能力や知性は生まれつき固定されている」と考える「心の枠組み」の意味。

敗の原因だという感覚を保護者や教育者が子どもの中に育てなければと、ドゥエック教授は言っています。

ドゥエック教授によれば、持って生まれた能力をただほめるだけでは逆効果です。「算数がよくできるね」「数学はあなたが持って生まれた才能だ」、私たちがこう伝えることで、算数や数学は最初から備わった能力であり、持って生まれるか生まれないかで決まる「贈り物」だとする考え方を広めてしまっているわけです。この考え方では、粘り強さや情熱、努力といったものの不可欠さを無視してしまいます。あることを容易にできないなら、それはあなたが「頭が悪い」だけで、努力をしてもどうしようもない、という意味になってしまうのです。

『なぜ科学の世界に女性が増えないのか』（2007年。米国心理学会）に掲載された『数学の能力は贈り物？：女性を危機にさらす考え方』の中でドゥエック教授は、彼女自身の研究と他の研究者の研究から、科学における女性の役割を明解に論じています。男女差の先入観、それも女性が受け入れてしまっている固定観念こそ、数学で女性が力を発揮できない最大の原因だと科学的に示したのです。

中学2年までの段階で数学の成績には大きな男女差が見られますが、成績が男子よりも低いのは**「知性は男女差によって決まっており、変えられない」と思っている女子生徒だけ**なのです。「知性は柔軟であり、向上できる」と考える女子生徒には男女差の固定観念も見られず、その影響もありません。他方、男子生徒の場合、男女差の固定観念を信じているかどうかは成績とほぼ無関係でした。男子生徒は先入観のマイナスの影響を受けていないからでしょう。

「では、どうすればいいか？」、この疑問に答えるため、ドゥエック教授たちはこう考えました。生徒が持っている考えに対抗して、能力は最初から決まっているという考えは誤りだと証明してみせ、算数・数学の成績は与えられた才能ではなく、努力の結果だと思わせることができたら？ そうすれば、生徒たちの成績は変わるのか？ そこで、8回シリーズのブログラムを中学で実施しました。数学の成績がちょうど下がり始め、男女差がはっきりし始める時期です。実験対象になった生徒たちは、「脳は筋肉のようなもので、知性とスキルは時間をかけて獲得していく」と教えられました。一方、対照群［訳12］はスキル一般について学び、知性は伸びるという話はその中に出てきません。

男女差の固定観念が持つ影響を理解している人であれば、結果は想像通りです。知性は伸びる途上にあると学んだ生徒（介入群）の年度末の成績は、そう学ばなかった生徒（対照群）に比べて有意に［訳13］高く、介入群では数学の成績の男女差はほぼありませんでした。けれども、知性は伸びるものだと学ばなかった生徒たち（対照群）の中では、女子生徒が男子生徒よりも有意に成績が悪く、ドゥエック教授の理論を強く支持する結果でした。

この実験からは、もう一つ興味深い結果が得られました。実験後しばらく経ってから、生徒が学習に対して持っている意欲を教師たちに評価させたのです。評価対象となった生徒が先の実験のどちらのグループに属していたか、この教師たちは知りません。でも、教師たちは介入群にいた生徒のほうを「学ぶ意欲に大きな変化が見られた」と評価したのです。算数や数学も含め、特定のスキルが育つうえで言葉が潜在的に持つ影響力の大きさと同時に、学ぼうとする基本的な意欲に対して言葉が及ぼす影響の大きさもはっきりさせる研究結果です。

［訳12］　対照（コントロール）群とは、実験の対象になった集団（介入群）と比較するために実験の中で設定されるグループのこと。対照群には、実験とは無関係だが類似した働きかけがなされる。

［訳13］「有意に」とは統計学の言葉。偶然以上の、意味がある確率で結果に差が見られる、ということ。結果や数に違いや差が見られる場合、それは偶然によるものや単なる「ゆらぎ」である場合も多い。統計学的な手法は、違いや差に偶然以上の意味があるかどうかを見る目的で用いられる。

自己肯定感とほめ言葉

私たちは足し算もでき、句読点を打つこともでき、自分たちが宇宙のどこにいるかも知っています。では、これからどこへ向かうのでしょう？ そこへ到達するため、私たちはどれくらいの努力を注ぎ込むつもりなのでしょうか？

すでに書いた通り、禁止の言葉や否定的な言葉は、脳の発達と学びの障害となります。では、「あなたはすごい！」「頭いいね！」とだけ言っていれば、とても頭の良い子どもに育ち、どんなことでもできるようになるのでしょうか？ これは…、違うのです。

子どもをほめる方法の中には、逆効果のものがあるとわかっています。逆効果の言葉は、私たちの直感に反するものでもあります。「頭がいいね！」「才能あるよ！」と子どもに言い続ける理由は、つまるところ、「自分は頭がいい」と思えば頭が良くなるだろうと私たちが感じているからです。理にかなっていますよね。自分自身に対して前向きな気持ちでいれば、やりたいことは何でもできるはずです。

ですよね？

そうではない、とドゥエック教授は言います。「頭がいい」「才能がある」といったタイプのほめ言葉は、第二次世界大戦後の米国で流行した現象でした。経済の急成長に加え、子育ての面でも大きな変化が起きたのです。それまで子どもは自然に家族の「一員になる」と思われていましたし、保護者が子どもの要求通りに面倒をみることもほとんどありませんでした。当時起きた変化に多少なりとも拍車をかけたのは、アイン・ランド Ayn Rand［訳14］の弟子でパートナーでもあった心理療法家ネサニエル・ブランデン Nathaniel Brandenでした。

［訳14］ アイン・ランド（1905～1982）は、ロシア生まれ、1925年以降は米国に住んだ小説家で哲学者。

著書『自己肯定感の心理学』（未邦訳）の中でブランデンは、自分自身に対して肯定的な感覚を持つことが、個人の幸福と社会問題の解決の鍵になるという理論を提唱しました。彼の理論は、甘えが許されないそれまでの環境で育った当時のおとなたちの心の弱みを突いたのです。

このメッセージが、当時、カリフォルニア州議会議員だったジョン・ヴァスコンセジョスJohn Vasconcellosの目にとまり、「自己肯定感と個人・社会的責任を育成する」州の作業部会設立につながりました。この流れの大きな目的は、カリフォルニアに「社会的ワクチン」として「自己肯定感を注射」して犯罪を減らし、低迷する学業成績を上げ、10代の妊娠、薬物濫用などの社会問題をなくすことでした。保護者も学校も子どもの知性をほめるよう促され、子どもに「自分は頭がいいと感じ」させたのです。こうすることで学ぶ意欲が出るだろうと予測して。

この時期、たとえば野球チームに入っている子どもたちは勝とうが負けようが、ホームランを打とうが三振しようが、全員、賞をもらえました。子どもを批判すれば自我を恒久的に傷つけてしまうことになると、保護者たちも悩みました。

私の書棚には、このカリフォルニア州作業部会の最終報告書『自己肯定感に向けて』があります。この報告書は他の学術書にはさまれ、少しかび臭くなり、でも、動かぬ証拠としてそこに置かれています。あるアイディアが多くの人に感銘を与えたとしても、それが事実に基づかず、科学が有効性を立証していないのであれば、たとえそれが画期的に聞こえても結局は何も残さないまま、静かに永遠に書棚にしまいこまれるだけ、という証拠です。自己肯定感ムーブメントがどんなに良い話に聞こえても、まったく効果はありませんでした。なぜなら、自己肯定感についてまとめたある論文が書いている通り、自己肯定感の理論は「誤った科学によって毒されていたから」です。

そこに、キャロル・ドゥエック教授が登場しました。

「ほめるという行動は、適切になされなければマイナスの力にもなりかねない。一種の麻薬のようになってしまい、生徒を強くするのではなく、他人の意見に依存した受け身の人間にしてしまう」とドゥエック教授は言います。

ドゥエック教授の研究が示している子育ての道筋は、まったく違います。自己肯定感という、目が自分の内側を向いて自己満足で微笑んでいるような状態は、私たちが目指すものではありません。私たちが望んでいるのは、目の前の課題を見、それがどんなに困難に見えても、どうしたら成し遂げられるかをすぐに考え始める子どもです。課題がどんなに難しく、達成にどれだけ長くかかるとしても取り組む子ども。保護者が目指しているのも、安定していて前向きで意欲を持ったおとなに育てることでしょう。ドゥエック教授の研究からわかるのは、このようなおとなに育つ鍵は、生まれつきの能力にあるのではなく、根気強さが長い時間をかけて強化され続けるところにあるという点です。私たちおとなが子どもの心に育てたいと思っているのは、障害にぶつかった時、簡単に諦めることなく、障害を乗り越える道を探せる力です。

そして、これが「グリット grit」（取り組み続ける強さと意欲）です。

教育の世界で新しいスローガンとなった「グリット」は、粘り強さであり、子どもをあることに熱心に取り組ませ、ひたすら目標に向かわせる特徴です。ペンシルバニア大学心理学部のアンジェラ・ダックワースAngela Duckworth教授と、『成功する子 失敗する子：何が「その後の人生」を決めるのか』（英語初版は2012年。日本語版は2013年）を書いたジャーナリストのポール・タフPaul Toughが、グリットの概念を有名にしました。グリットは、白か黒か、あるかないか、ではありません。でも、あなたがどんなに頭が良くても、どんなに才能に恵まれていても、意思の働き、つまりグリットがなければ意味はないのです。

グリットの大切さは無視できませんが、これをどう育てるか、そもそもどうやってグリットを測るかなどは、まだはっきりしていません。けれども、取り組みは始まっています。グリットを育てる方法を積極的に探っているダックワース教授は、「成長の心の枠組みを強く持っている子どもほど、グリットも強い傾向にある」としています。グリットと成長の心の枠組みが完全に比例しているわけではありませんが、人間は成長し変化していくという成長の心の枠組みを持っていることで、「『もっと頑張れば、もっと良くなれるだろう』という感覚が生まれ、より粘り強く、意思の強い、努力する人へと育つ可能性がある」。ダックワース教授はこうも言っています。「（成長の心の枠組みを持っている子どもは）失敗してもやり遂げられる傾向にある。何をしてもいつも失敗する、とは思っていないから。」

ここに、「頭が良い」人と、グリットを備えている人の間の最大の違いがあります。

自分はもともと「頭が良い」と思っている人たちが何かでうまくいかないと、自分の頭が悪い、誰かが自分をワナにかけた、あるいは、そもそもこれは自分にとって大事なことではない、と諦めます。一方、グリットを持つ人たちが何かでうまくいかないと、初めてしてみたことだから、また何度も試してみようと、より真剣に取り組んでみるまでは諦めません。努力しさえすれば、たいていのことはできると信じているからです。

「頭の良い人たち」にとって、知性はもともとあるもので変えられません。けれども、グリットがある人たちは、とにかくなんとかやり遂げようとする意思を持っています。それがこの人たちを成功に向かわせる鍵なのです。

キャロル・ドゥエック教授が言う心の枠組みの違い、「成長の心の枠組み」対「固定の心の枠組み」も似ています。成長の心の枠組みは「知性は挑戦があることで伸びていく」と信じ、他方、固定の心の枠組みは、能力は絶対的で変わらないと信じています。頭が良いか、悪いか。できるか、できないか。「能力の贈り物」型のほめ言葉、たとえば「優秀だね！」「何でもできるんだ」といった言葉が育てるのは、固定の心の枠組みです。こちらの子どもたちが困難に直面した時には、固定の心の枠組みがさらなる努力を妨げてしまいます。

1998年の研究論文の中でドゥエック教授は、その人をほめるのか、その過程をほめるのか、ひと言の違いで、困難に直面した子どもが挑戦する気になるかどうかが大きく異なることを明らかにしています。

この研究の中では、小学校5年生128人がパズルをしました。パズルの完成後、子どもたちは皆ほめられましたが、ほめられ方は「頭が良い」か「頑張った」か、どちらか片方です。次に、前のものよりもずっと難しいけれど、取り組むことで「たくさん学べる」パズルをするか、最初のパズルと同じ程度の難しさのパズルをするか、どちらかを選ぶよう子どもたちは指示されます。すると、「頭が良い」とほめられた子どもたちのうち67%はやさしい課題（後者）を選び、「頑張った」とほめられた子どもの92%は難しい課題（前者）を選びました。

この先見的な研究は他の研究結果によっても支持されており、「人中心」対「過程中心」のほめ方によって起こる結果の違いは明白です。固定の心の枠組みは「人中心」のほめ方から生まれ、このタイプの心の枠組みを持った子どもは、できごとが難しくなっていくと諦める傾向にあります。さらに重要な点を加えると、このタイプの子どもは失敗すると、その後はうまくできず、失敗を重ねていきやすいのです。そして、この子どもたちにとっては、他人から「頭が良い」と思われることが大切なのでしょう。できるように見せたいと、成績について嘘をつく傾向も見られました。

最初の3年間のほめ言葉

私の師であり同僚でもあるシカゴ大学のレヴィン教授とゴールディン＝メドウ教授も、ドゥエック教授と共に、乳児期のほめ言葉の効果について研究をしています。シカゴ大学の言語発達長期追跡プロジェクトの一環として、リズ・ガンダーソンLiz Gunderson教授を中心とした研究グループは、1～3歳の子どもが保護者から受けるほめ言葉のタイプを検討しました。5年後、同じ子どもたちを調べ、１～3歳の時のほめ言葉がその後の子どもの心の枠組み（「成長」対「固定」）に相関しているかをみたのです。

結果は感動的です。

最初の研究からまず、子どもが14か月になるまでに保護者の「ほめ方のスタイル」はできあがっていることがわかりました。「頭の良さ」をほめる保護者と、努力の過程をほめる保護者です。

この子どもたちを5年後の7～8歳の時に調べたところ、過程をほめられる言葉の割合が高かった子どもほど、つまり、熱心さや努力を生後3年間ほめられていた子どもほど、そうではない子どもに比べて成長の心の枠組みを持つ傾向が強いという結果でした。さらに説得力があるのは、成長の心の枠組みの程度が小学２～４年時の算数と読解力の成績に相関した点です。過程をほめられることを通じて、成功が不断の努力と困難の克服の成果であり、努力によって能力は向上すると子どもは信じていくらしいことがわかります。

反面、すべての研究結果からではないものの、ほめ言葉の違いに男女差が見られたことは懸念材料です。男女差があった研究の中で比べると、男の子は過程をほめられる傾向が強いのに対し、女の子は14か月の時ですでに「持って生まれた」能力をほめられる傾向が強かったのです。そして、ほめ言葉に男女差が見られる場合、女子生徒は自分たちを固定の心の枠組みで考え、能力は変えられないと思う傾向にありました。この分野に関する詳細な検討は、現在も続いています。

ほめ言葉と男女差については今後の研究が必要ですが、まず、過程をほめることと人をほめることの違いは明らかです。どちらのほめ方であれ、肯定的な子育てをしようという保護者の意図は同じですが、子育てをより良い方向に持っていきたいのであれば、過程を中心にしたほめ言葉のほうが効果はあると科学は教えてくれます。

グリット対グリット

グリットについて語る時、私たちは、昔から言われてきたグリット（頑張り、辛抱強さ、勤勉、我慢など）すべてを取りあげているのでしょうか？　それとも、私たちが好むグリットと、なくてもいいグリットがあるのでしょうか？

この点についても、シカゴ大学チャーター・スクールのCEO、シェーン・エヴァンズに尋ねてみました。「生徒の心に染みついた『自分たちはダメで、できないんだ』という感覚を消す、つまり『信念の格差』をなくす取り組みの中で、あなたはグリットを身につけさせようとしているのか？」と。信念の格差とは単純に、グリットが子どもたちに欠けているという意味なのか？と思ったからです。

「まったく違う」とエヴァンズは言い、説明してくれました。彼の学校にいる子どもたちにはグリットが山ほどあり、生徒たちはさまざまな場面でグリットを使っていると言うのです。ただ、子どもたちがグリットを向けている先が、生徒たちを学業面で伸ばしてくれる部分だとは限らない、と。説明によれば、彼の学校の子どもたちに必要なのはグリットの向きを変えることで、エヴァンズたちはそれを手助けしているわけです。

こんな状況を想像してください。毎日毎日、犯罪の多い地域でバスを何度も乗り換え、学校に行かなければいけない。あなたを否定的な目で見る社会の中、あなたが誰であるかを知らなくてもとにかく否定的な目で見る人たちの間で暮らさなければいけない。将来を思い描いた時、暗くて分厚いカーテンが目の前にぶら下がっていて、そこには小さなドアがあるものの、あなたや「あなたのような人」たちだけは入っていくことができない。不十分で不公平な教育システムとヘルスケア制度の中で育ち、職業の機会も不平等。要するに、あなたが不公平な状況の中で生活していると想像してみてください。この子どもたちにグリットがある？　もちろん山ほどある、とシェーン・エヴァンズは答えます。グリットなしでどうやって生き抜いていける？

エヴァンズたちにとって、この生徒たちがすでに身につけているグリットの向きを変えることは、高校を卒業するだけでなく、大学に進み、さらにそれぞれの目標と夢をかなえる人生を送るよう動機づけることです。その前提が、成長の心の枠組みを育て、「自分はできるんだ」という感覚を身につけさせること。そして、自分の本当の目標に心を向けさせることなのです。突き詰めれば、この子どもたちをずっと差別し続け、これからも差別し続け、自分自身を信じないようひたすらに仕向けてくる社会から子どもたちが力を奪い返し、奪い返した力を自分のゴールに向けて使う、その方法を身につけさせることです。

エヴァンズの考えは、科学的な研究によっても裏づけられています。成長の心の枠組みがマイノリティ[訳15]の生徒の心に根づくことは、生徒たちが自分自身に持っている固定観念と闘ううえでも大切です。自分に対する固定観念は、学業に影響を与える重大な要因だとわかっていますから。自己に対するマイナスの固定概念が成績に及ぼす影響を調べた介入研究[訳16]によると、知性は伸びると教わったマイノリティの生徒は、そう教わらなかった生徒（対照群）に比べて学期の成績の平均点が高く、人種間[訳17]の成績格差も介入群では対照群よりも40％小さくなったのです。

そして、シカゴ大学チャーター・スクールで見ると、2012～2014年の大学進学率は100％、毎年、全員が大学へ進みました。

［訳15］　社会の少数派、少数でなくても社会的弱者の立場に置かれている人、集団。

［訳16］　介入研究とは、変化や効果があると考えられる介入を対象となる集団に対して行い、一方で、介入を行わない対照群を設定して変化や効果の有無を調べる研究方法。

［訳17］　米国の場合、人種差別の格差が歴史的に大きく、常に問題となるため、この研究では人種間の格差がテーマになっている。

重要な要因は実行機能と自己制御
ジェームズ・ヘックマン

知性、成長の心の枠組み、そしてグリット。何かをやり遂げるうえでは、どれも大切な要因です。けれども、他の研究者たちが言うように、もう一つ鍵となるものが欠けていたら知性も心の枠組みもグリットも意味がなく、何も達成できないでしょう。

ここで、2000年のノーベル経済学賞受賞者であるシカゴ大学経済学部のジェームズ・ヘックマン教授に登場してもらいます。ヘックマン教授の研究は、幼少期の子どもに投資することで社会が経済的にどれほど得をするかを示しています。生まれてから最初の数年間、1ドルの投資ごとに社会は7～8ドルの利益を得ます。間違いなく、意味のある投資です。

不平等を減らす方法と人づくりを進める方法を見つけ、それぞれが持って生まれた力を発揮できるようにするにはどうすればよいかを理解していく。これを生涯の目標としているヘックマン教授は2014年、シカゴ大学に「人間発達の経済学センター」を設立しました。センターでは、乳幼児期の各種プロジェクトの評価、子どもに対して保護者がさまざまな面から投資するよう勧める戦略の検討、正直さや粘り強さなどの非認知スキルの発達支援・測定法の開発、さらには遺伝と環境の相互関係の理解などのプロジェクトを進めています。事務局長のアリソン・バロス Alison Baulos と50人の熱心な研究者、スタッフは、学業の達成、仕事上の成功、健康、子育てといった人生の成果をより良い方向に向けるのはどんな要因なのかを明らかにしようとしています。

初めてヘックマン教授に会った時、彼の部屋の外にあるオフィスは世界じゅうから集まった博士課程の学生たちの話し声であふれていました。教授は印象的な人で、背が高く、真っ白な濃い髪、そして、魅力的な人柄です。私を自分の部屋に招き入れ、椅子を勧めると、ヘックマン教授は真向かいに座り、私たちは話し始めました。いえ、話し始めたのはまず私でした。ヘックマン教授はじっと集中して聞いていて、まるでコンピュータがデータを高速で引き出しながら処理しているかのようでした。

私が話をやめると、教授は椅子の背にもたれかかり、私が**尋ねるべきだった内容**を雄弁に話し始めました。子どもが学業で成功するかしないかを決める重要な要因は、自己制御と実行機能[訳18]だとヘックマン教授は言います。この２つがなかったら、子どもがゴールに達成するチャンスはまずありません。当然、おとなにもチャンスはないのです。幼い時期の子どもに対する投資が最優先されるべきなのは、すべての子どもがこの２つの力を持つように保障するため、です。

「キャラクター」や「ソフト」スキル[訳19]とも呼ばれる自己制御と実行機能は、どちらも自分自身の行動を観察し、コントロールするスキルです。マシュマロを使ってこのスキルを調べたのが心理学者のウォルター・ミシェルWalter Mischel教授（スタンフォード大学）です。

ミシェル教授は1960年代後半、子どもがご褒美をもっともらうために待てるか、それとも目の前にある小さなご褒美を今もらうことを選ぶか、調べる実験をしました。ご褒美はたとえば、目の前のマシュマロ１つか、しばらく待った後の２つかの違いです。数十年後、ミシェル教授は『マシュマロ・テスト：成功する子・しない子』（英語初版は2014年。日本語版は2015年）を出版、その中でこの研究の結果も示しました。それによると、

［訳18］　実行機能と自己制御について、ハーバード大学「成長・発達する子どもに関するセンター」のウェブサイトは、「計画し、注意を向け、指示を心に留め、作業を完遂するために必要な心理的プロセスに関わるスキルを指す。複数の滑走路を有する飛行場の航空管制システムが安全に離陸・着陸を行うのと同様、脳もよけいなことに注意を奪われないようにし、作業の優先順位をつけ、目標を設定して達成し、衝動を制御するスキルを必要とする」と解説している。実行機能は、個別の行動や思考の上位にあり、全体を統括する。

［訳19］　ソフト・スキルとは、対人スキル、社会スキル、コミュニケーション・スキルなどをまとめたもの。算数や読み書き、それぞれの仕事で必要なスキル（ハード・スキル）に対して、ソフト・スキルは集団、社会、職場の中で必要となるスキル。ハード・スキルもソフト・スキルも「身につけていくもの」であり、「知識や技術の応用力」。ここで使われているキャラクターの意味は、人が持っている良い特徴全体を指す言葉。

さらなるご褒美のために待った子どもは、待たなかった子どもよりも何年も後、学業成績が良かったのです。

自己制御と実行機能は「育てる」もの

目の前のマシュマロを一つ取らずに待てるかどうかは、もっと大切な行動のたとえでもあります。爆発的で不適切な怒りを抑えられる、誘惑に対する反応をコントロールできる、怒りで叫んだり誰かを叩いたりするような暴力的な反応を抑えられるなどの行動です。「抑制的コントロール」とも呼ばれるもの、つまり、私たちの「自然な」反応がマイナスだったり、問題を悪化させそうだったりする時に制御できるかどうかにつながっているのです。

実行機能と自己制御は、知性とは別の部分で私たちの安定を保ち、状況を悪化させかねない反応を無意識にしてしまうことなく、課題解決に向けてくれます。こうしたスキルは、生産的で安定した成人期を過ごすうえで不可欠ですが、これもまた生まれつき備わった贈り物ではありません。幼い時期の環境の影響を強く受け、新生児から成人初期の長い間をかけて身につき、上達していきます。大脳の前頭前野の一部と明らかに結びついているスキルですから、だからこそ、家庭環境が非常に重要なのです。

大脳の前頭前野は自然にプラスの方向へと育つわけではなく、自然に自己制御と実行機能を完璧にとりしきってくれるようになるわけではありません。もしそうだったら、人生はもっと簡単なはずです。現実には、脳のこの部分は生まれた瞬間から不安と脅威に対して弱く、場当たり的に反応しがちです。たとえば、保護者の話し方が否定的で不安定というような、感情的で慢性的にストレスがある環境で幼い時期を過ごすと、前頭前野の発達はマイナスの影響を受けます。それが自己制御と実行機能の働きを妨げ、子どもの時の、ひいてはおとなになってからの、ストレスに対処する能力を損なうのです。

そして、自己制御と実行機能の発達が不十分なまま幼稚園に入った子どもは、学びにも困難を生じます。その子の心が自分自身を鎮めることができず、目の前にある情報に集中できないのであれば、情報は吸収できません。とても単純な話なのです。結果的に、その時点で学べないばかりか、将来の学びの困難にもつながります。その子どもの本来のIQがどうであろうと、です。

もちろん、混乱はその子だけでは終わりません。その子の行動は他の子どもたちの活動を邪魔しますから、クラス全体にも影響を及ぼします。クラス全体への悪影響を小さくするために、その子は「バカな子」「悪い子」としてのけ者にされ、このレッテルはなかなか消すことができず、先の人生にもついてまわるでしょう。

こうなるリスクは誰にでもありますが、統計的に見れば、貧困層の子ども、特に男の子のリスクが高いとわかっています。なぜでしょう？　可能性はいくつも考えられます。貧困そのものもストレスですし、貧困ゆえに希望がなく生活自体がやたらとややこしいこともストレスです。子どもが生まれることは、考えうる最高の状況だったとしても親になる人にとってはストレスですから、貧困の影響を悪化させかねません。さらに、貧困層の人たちの居住環境も強いストレスにあふれています。たとえば、常に暴力の恐怖がある地域に住んでいるような場合です。

ストレスによって子どもがこうむる影響は、驚くことではありません。ストレスはどんな人にもあります。時々起こる低いレベルのストレスなら、良い影響もあります。けれども、慢性的で有害なストレスにさらされている子どもは、幼稚園へ入る時にはすでに自己制御と実行機能の問題を抱えている可能性が高いと考えられます。その問題はたいていの場合、その子が学校にいる間、おとなになって仕事をする中で続いていくのです。

大切なのは、この背景にある理由を理解することです。

家庭で慢性的なストレス下に置かれ、話し言葉のコミュニケーションもとげとげしく怒りに満ちていると、恐怖を感じている子どもの脳は「常に極度に警戒しておくこと」で平穏を保とうとします。いつ攻撃されてもいいよう、常に守りの姿勢をとっておくのです。「闘争か逃走か」[訳20]と名づけられたこの自然な防御システムは、脳が自分を守ろうとする働きですが、いつも防御の姿勢でいると、脅威がある状態とない状態を脳はだんだん区別できなくなってしまいます。何だかわからないものに対して守りの姿勢をとり続けようとしてすべてのエネルギーを費やし、発達に深刻な影響が及びます。

自分を守ろうとひたすらそれだけに没頭している結果、脳は発達を阻害され、抽象的な概念を学ぶ能力は著しく下がります。それこそ、「ABC」や「1足す1は2」のような基本的なことも、です。学べないことによる損失は年々積もり積もっていき、子ども、思春期、成人期と、まわりに比べてどんどん脱落していきます。この子どもたち、このおとなたちが潜在的に持っていた力は？ 決してわかりません。

子どもにとっての自己制御の鍵は、言葉

保護者の言葉かけは子どもの自己制御と実行機能に影響しますが、より大切なのは、外から促されなくても子どもが自分でできるようになっていくことです。たとえば、おとなが子どもに向かって「言葉で言ってごらん」と言う時、実際には、その行動をやめて自分で自分をコントロールして、と言っているのです。けれども、真の自己制御は子どもが自分自身に向かって同じように言えるかどうか、にかかっています。ここはとても重要です。なぜなら、行動をコントロールすべき時に自己制御が外からの命令なしに起きて初めて、脳は知的な成長のために必要な明晰な状態でいら

［訳20］ 人間以外の生物にとって、ストレッサーに対する反応は行動として「逃げるか闘うか」であるため、瞬時に判断して行動する防御システムが備わっている。しかし、人間にはどちらの選択もできない状況やストレッサーが慢性的である状況（貧困や暴力）があり、その場合、慢性的なストレスで防御システムが疲弊し、心身にマイナスの影響が起こる。

れるからです。そして、行動のコントロールは常に必要なのです。

「言葉で言ってごらんなさい」とおとなが言えば、子どもは言葉で表現するようになっていくのでしょうか？　言葉よりも良くない反応をする代わりに？

ある時はそうです。でも、そうではない時もあります。

1934年、37歳で亡くなったロシアの心理学者レフ・ヴィゴツキーは、自己制御の発達を理解しようとした先駆者です。日々のやりとりを通じて保護者が文化的規範を伝える中で子どもの自己制御が育ち、それが子ども自身の脳の中のプロセスになっていくとヴィゴツキーは提起しました。保護者の言う通りにする「環境の奴隷」だった存在が、保護者から与えられた道具を使うことで「自分自身の行動をあやつるマスター」になっていくわけです。ヴィゴツキーによれば、こうした道具の中には言語的なものも非言語のものもあります。ヴィゴツキー自身は、子どもが自己制御を学ぶ主たる道具は言葉だと考えていましたが。

今の科学は、自己制御において言葉のスキルが大きな役割を果たすとしたヴィゴツキーの仮説を支持しています。聴覚障害であれ、言葉が十分にない環境で育ったのであれ、または他の理由であれ、言葉が遅い子どもたちは自己制御の課題が多い傾向にあります。逆も同様です。語彙の増加に焦点を当てた介入は子どもの**言葉を伸ばし、社会スキルも伸ばす**とわかっています。幼稚園児の言葉のスキルを伸ばすことを目的にしたある介入研究では、介入プログラムに参加した子どもは参加しなかった子どもに比べて思春期初期の社会スキルが高い、という結果が得られました。驚くことに、介入の効果がもっとも強く表れたのは、女子よりも自己制御の側面で困難に直面する男子、また、課題の多い家庭の子どもたちでした。

自分自身に向かって話す

2歳から7歳の子どもはしょっちゅう、誰もいないのにぶつぶつ何かを話しています。これは良いことなのです。子どもの自己制御において鍵となる心理的な道具は、自分に向かって話すこと。未就学児のいわゆる「ひとり言（セルフ・トーク）」は、将来の社会スキルの高さ、問題行動の少なさと相関しています。また、ひとり言を言う子どもは、自己制御において教師から高い評価をされる傾向もありました。逆も真です。社会経済的に恵まれない場合、米国のアパラチア地域で行われた研究に参加した子どもたちのように、ひとり言が少なく、ひとり言の内容も貧しく、その後の自己制御と社会スキルはマイナスの結果でした。

一方、ニューヨーク大学のクレンシー・ブレアClancy Blair教授とシビル・レイバーCybele Raver教授は、子どもの自己制御と実行機能を育てるプログラムの有効性を調べるため、「Tools of the Mind（心の道具）プログラム」を用いて緻密な対照研究を実施しました。29幼稚園の園児759人を対象にしたこの有名な研究から、実行機能、論理的に考える力、注意力の制御、それどころか唾液中のコルチゾール濃度（53ページ）にまで、こうしたプログラムがプラスの効果を与えることがわかっています。同時に、読む力や語彙、算数の面でも改善が見られ、それが小学校1年まで続きました。

プラスの効果の中には、貧困率の高い学校でこそ特に必要とされるものがいくつもあります。小学校の最初の時期に実行機能と自己制御に関連する部分に焦点を当てることは、学業到達度の格差を縮めるうえで役立ちそうでした。ブレア教授自身、「このプログラムを導入した貧困率の高い学区の生徒たちが、いくつもの重要な側面で高所得層の学区の子どもたちと同じレベルになっていく結果が見られた」と驚いたぐらいです。

保護者の話し言葉と自己制御

子どもが行動をコントロールし、感情の反応をコントロールするスキルを身につけていくには、保護者や子どものケアをする人の言葉が中心的な役割を果たします。言葉が豊かな環境で育つと言葉のスキルは伸び、自己制御の能力も上がります。反対に、保護者の言葉が少ない家庭で育ち、言葉のスキルがあまりない子どもは、自己制御の能力も低くなります。

この過程は言葉を理解する前、乳児の時から起きていることが最近の研究からわかっています。自然な音の流れを**聞くだけ**で、赤ちゃんは自己制御と実行機能を身につける道筋に乗るのです。言葉を学ぶ過程の中で、赤ちゃんの脳はつながりあっている言葉を聞いていますが、実はここで、ものごとを順序立てて考える枠組みが育ち始めていくからです。この過程が、ものごとに対する自分の反応を考えて実行すること、つまり、実行機能と自己制御機能の重要な側面の準備段階になるのです。

たとえば、インディアナ大学のクリストファー・コンウェイ Christopher Conway 教授、ビル・クロネンバーガー Bill Kronenberger 教授、ディヴィッド・ピソニ David Pisoni 教授たちが人工内耳移植手術を受けた子どもを対象に行った研究の結果があります。言葉を聞くことは、言葉のスキルにももちろん大きな影響を与えたのですが、音を聞けないことは、実行機能と自己制御機能の両方にも、言葉のスキルに対するのと同じぐらい大きな影響を及ぼしました。

子どもを自立に向けて後押ししていくのは、保護者の適切かつ十分な話し言葉、特に、生まれてから数年間に話す言葉です。意識的なものでも、時に無意識のものでも、おとなが発する一つひとつのほめ言葉、行動をサポートして間違いを正す一つひとつのおとなの努力はすべて、まわりの助けなしでも子どもが「良い」状態にいられ、その子自身だけで前向きに取り組んでいける状態に育てていく方法なのです。子育てすべてに共通することですが、成功の前提は敏感で応答的な保護者の存在です。そういった保護者は、子どもが年齢に応じた行動スキルと問題解決方法を身につけていくよう促していけるでしょうし、子どもは自分一人でできることよりもわずかに上のレベルの行動がとれるようになっていくのです。

ヴィゴツキーは、子どもが能力ぎりぎりの範囲よりもほんの少し上で行動できるよう励ますことを「最近接発達領域」と名づけました。たとえば、行動を伸ばす方法を考えた時、幼い子どもに対する話しかけ方には2種類あります。1つは「おもちゃを片づけて。今すぐ」。もう1つは「遊び終わったね。さあ、おもちゃをどうすればいいかな？」。この2つは同じではありません。

前者は簡単です。そうしなければならない、「上から」の命令です。何も尋ねていません。後者は、芽を出しつつある自律性を後押ししています。後者のように言葉をかけることが子どもの自己制御や実行機能に及ぼす効果は大きく、研究からも明らかになっています。たとえば、子どもが1歳の時点で、行動の決まりを命令ではなく静かに伝え、子どもが自分で考えて行動を決められるように促していた母親たちと、単純な命令を伝え、子どもがその行動を「自分が決めたもの」と感じるように促さなかった母親たちを比べると、前者の母親の子どもは3歳の時点で実行機能と自己制御のスキルが高いという結果でした。

同じ研究でグレイズナ・コチャンスカGrazyna Kochanska教授とネイザン・アクサンNazan Aksan教授（アイオワ大学）たちは、自分の行動をコントロールしようとしている子どもを保護者がサポートし、決まりの理由を説明し、叱る時にも感情ではない理由を話すことで、自己制御は伸びるという結果を示しています。こうした保護者の子どもは、問題が起きた時、場当たり的で感情的な反応を即座にするのではなく、起きているできごとをしっかり考えられる傾向にありました。同じような時に保護者がしている行動を、子どもも「自分自身に向けたひとり言」として取り込んでいるのでしょう。そして、これが子どもの行動の基礎になります。

子どもをただ命令に従わせようとする行動には、保護者が支配しようとして及ぼすマイナスの影響もあります。圧力をかけ、力を行使して子どもの行動を抑えようとすれば、目先の服従は得られるかもしれません。でも、長期的に見れば、自己制御も実行機能も育ちません。その結果、自分自身をコントロールする部分で深刻な問題を持ったおとなを育ててしまうかもしれないのです。

命令するか、提案するか。大きな違い

保護者が子どもに向かって示す「決まり」は、大きく次の２つに分けられます。

命令：子どもの意見を制限する。叱責や命令。
提案と促し：子どもの意見や主張、選択を引き出す。

保護者が命令口調で怒鳴るその瞬間、その言葉や声のトーンが子どもの将来にどう影響するかなど問題ではない場合もあります。たとえば、母親が「屋根から降りなさい、今すぐ！」と叫ぶ時、さし迫った心配は子どもが屋根から落ち、おとなになるどころではないかもしれない、ただそれだけです。自己制御の話は、とりあえず横に置かれます。

とは言え、保護者の話し言葉のうち、「提案と促し」が長期にわたり、自己制御スキルを伸ばすことは研究からわかっています。逆に、命令する言葉の圧倒的多数は、このスキルを抑えてしまいます。ただし、命令を多少使うことの効果については、明確な答えが出ていません。実際、命令すべてが完璧にマイナスと定義されているわけではないのです。子どもが幼い時であれば、単刀直入でわかりやすい命令は、子どもが決まりを学び、適切な行動を育てていく方向につながるかもしれませんし、それは、ちょうど芽を出し始めた実行機能と自己制御にとって大切なことでしょう。

人間の成長・発達すべてに言えることですが、まずは、一人ひとりの子どもと環境の間の複雑な関わりのほうが大切で、一般論はその後です。完璧にまっさらな状態で生まれてきて、どんな人間か、何ができるか、どんな人間になれるかを世界が教えてくれるまで待っている人は、一人としていません。自己制御と実行機能の発達については、特にそうです。

遺伝的素因と生まれた時の気質だけで決まるわけではありませんが、この２つは重要です。そして、この２つは、私たちが目の前の環境に対して

どう反応するかを決める要因にもなります。たとえば、生まれた時から場の状態に反応しやすい子どもや「気難しい」子どもは、環境から過度に影響を受けると考えられています。ということは、こうした子どもが支配的な環境や悪意のある環境で育てば、反応はいっそう場当たり的で瞬発的になり、自己制御はさらに難しくなるわけです。けれども裏を返せば、こういった子どもも、あたたかく、支えてくれる環境に置かれれば健康に育つのですし、そのような研究結果もあります。

子どもにとって最適な環境は、あたたかく、育ちを促すもの、子どもに対して応答的な環境です。たとえ科学の裏打ちがなかったとしても、疑いの余地はありません。ストレスだらけで有害な環境はすべての子どもにとってマイナスで、実行機能と自己制御の発達を抑えてしまいます。そして、子どもの今と将来に影響を及ぼします。

「群れ集う人々を我に与えよ」[訳21]
バイリンガルの長所

私は3世代めの米国人です。又聞きではありますが、子どもの頃から「渡ってくる」のがどんなものだったかという物語をたくさん耳にしてきました。曽祖父は12歳で米国に来、ピッツバーグで毎日10時間、巻きたばこを巻いていました。母が言うには、「彼らは広い、波の高い海を、ネズミだらけの最下等船室に詰め込まれて渡ってきたけれど、貧しさが別の貧しさにとって代わっただけ」でした。

私の曽祖父とその父、最後には一族全員が米国に来たのですが、皆、スキルもなく、お金もなく、なにより10個の英単語も知らなかったのです。ところがそれから40年後、母が子どもだった頃には、皆、たった一つの言語しか話しませんでした。英語です。母によると、たとえ母語で話した

［訳21］ 自由の女神の台座に刻まれたエマ・ラザレスの詩の一行。

としてもほんの数フレーズ、たいていは鋭い皮肉のひと言ふた言だけで、それ以外、母語で「子どもら」に話したりはしませんでした。「子どもら」が英語以外の言葉を話したり聞いたりするのは、とても悪いことだと思われていたのです。

みんな間違っていました…。でも、今さらそれを曽祖父たちに言っても遅いでしょう！

2つ以上の言語を話す利点について調べた最近の研究によると、第2言語を話す子どもたちは、自己制御と実行機能のスキルが高いそうです。1960年代以前に行われた「社会通念」的な研究とは矛盾する結果です。昔の研究は、バイリンガルが知的発達とIQにマイナスな影響を与えるとしていました。ただし、これは文化に対する偏見という話にもつながるのですが、興味深いことに当時のバイリンガルに関する否定的な「社会通念」の中には、すでに流行していたフランス語は入っていなかったようです。ビヤン・シュール！[訳22]

それまでの研究の誤りを指摘したのは1962年に出た、エリザベス・ピールElizabeth Peal教授とウォレス・ランバートWallace Lambert教授（マギル大学、カナダ）の研究論文です。標準化された計測法を使い、研究対象を適切に選ぶことで、バイリンガルの人たちは一つの言語だけを話す人たちに比べて言語的にも非言語的にも優位だと示したのです。この論文が先陣を切り、その後に出た多数の研究では、バイリンガルであることが実行機能に及ぼすプラスの効果も示されています。当初これは、赤ちゃんが一方の言語の意味を理解するために他方の言語を積極的に抑えているせいだと考えられていました。脳は、邪魔なものを無視して集中できるようにしているのだと。でも、実はもっと複雑な話でした。バイリンガルの人たちは常に両方の言語を使っており、脳はどちらを使うか、いつも見張っ

［訳22］ Bien sûr! フランス語で「当然！」の意味。

ている状態にあるのです。

この分野の中心的存在であるエレン・バイルストックEllen Bialystok教授（ヨーク大学、カナダ）は、「バイリンガルの人の話し言葉は間違いだらけで、違う言語をつい使ってしまっていると思われているかもしれない」けれども、「それは現実には起きない」と言っています。バイリンガルの脳は常にどちらの言語も使える状態にあり、たとえば、ペルー生まれの祖母にスペイン語で返す返事と、算数のクラスにいる子どもに英語でする返事はごちゃごちゃになりません。自己制御同様、バイリンガルの人の脳はその場ですべき適切な反応は何か、常に管理しているのです。言語も分け、話の内容も分け…、脳がしている作業は同じです。

ところが、残念なことに100年前の信条はいまだに残っています。米国の歴史は大きな節目に来ており、人口の過半数がもうすぐヒスパニック系になろうとしているにもかかわらず、子どもに英語だけを話させようとする人も移民の保護者の中にいます。私の曽祖父がおそらく信じていたように、この保護者たちも英語、この国の言葉だけが自分たちの「子どもら」には必要だという考えにしがみついているのでしょう。

私たちのプログラムでバイリンガル・カリキュラムをつくっているイアラ・フンメイヤー・リヴァスIara Fuenmayor Rivasは、スペイン語版の研究に参加しようとしていた移民の保護者たちと話していて、この事実に気づきました。イアラですら驚いたぐらいです。保護者たちは、自分たちが子どもの一番身近な、もっとも大事な教師であることを完璧に理解していましたし、赤ちゃんたちの脳を育てていくうえで自分たちの言葉が役に立つともわかっていました。皆、科学を理解しており、受け入れていました。

一点を除いて。

この保護者たちは、バイリンガルであることが子どもの発達に及ぼすプラスの側面を受け入れませんでした。自分の子どもに母語で話すという考え方さえ、往々にして認めなかったのです。自己制御や実行機能に対して起こりうる効果を説明しても、考えは変わりません。この保護者たちの第一の目標は子どもが「本当の米国人」になることで、そのためには英語が子どもの唯一の言葉であるべきだと言うのです。

曽祖父、「ルーウィンターおじさん」がうなずいているのが私には見えます。

彼は間違っているのですが。

エリカ・ホフ Erika Hoff 教授（フロリダ・アトランティック大学）は、バイリンガルが子どもの言語発達に及ぼす影響の専門家です。ホフ教授が研究し続けてきたバイリンガル家庭の子どもたちは、5歳になったところです。

ホフ教授の研究によると、保護者の教育レベルとは無関係に、また、保護者がおとなになってから獲得した英語スキルのレベルとは無関係に、保護者が子どもに母語で話したほうが結果は常に良かったのです。理由は理にかなっています。新しい言語（この場合は英語）をおとなになって習得した場合、流暢さでは母語に決してかないません。語彙でも、構文でも、ニュアンスでも、全体の質でも。なぜなら、それまで人生の一部だった言葉で何かを表現しようとする時、人は言葉の意味以上の表現をするからです。そして、その表現は、心の奥から出てくる意味を持っています。感情の意味も深く、その言葉が母語ではない人たちにはピンとこない意味を。母語ではない言葉を話す保護者から母語ではない言葉を学ぶことは、生後24か月の段階で認知発達全体にマイナスの影響を与えるという結果さえ、複数の研究から出ています。

保護者の母語が英語でないなら、母語（英語以外の言葉）を保護者から学ぶ、これが子どもにとっては一番良いのです。もちろん（米国では）、英語を母語とする人とやりとりする関係も必要です。バイリンガルの場合、幼少期の語彙数がどちらの言葉についても少なめになる可能性があります。けれどもそれは、子どもが2つの言語を学んでいる事実によって相殺されます。どちらの言語の語彙数も子どもが育つにつれて伸びていくでしょう。この戦略の最大の強みは、2つの言語という、従来、米国では限られた人たちしか持っていなかったものを持てることです。私から見ると、それは大きな強みです。

ここまで、保護者の話し言葉が、知性、子どもの安定、粘り強さ、自己制御、さらにバイリンガルといったものに及ぼす大切さについて書いてきました。もう一つ、保護者の話し言葉は人間の別の側面にも影響します。私たち全員がこれを持っていたら、地球は本当に、本当にすばらしい場所になるでしょう。

共感と倫理観
善に対する科学的アプローチ

保護者の話し言葉の力についてこうして考え、取り組んでいく一つの理由は、すべての子どもが持って生まれた可能性を十分に開花できるよう促す方法をつくるためです。子どもの可能性の中には、学業成績や仕事の成功以上のものがあり、私たちのプログラムに参加している保護者たちから聞く話はこの事実を絶えず思い出させてくれます。私たちは、子どもたちに良くなってほしい、それも「誰かに服従する」という意味でではなく、共感と寛容さを持って他者を理解するという意味で良い人になってほしいと望んでいます。

そして、良い人になるというのは、現実的な判断でもあるのです。

アダム・グラントAdam Grant教授（ペンシルバニア大学ウォートン・スクール）の『GIVE & TAKE：「与える人」こそ成功する時代』（英語初版は2013年。日本語版は2014年）によると、親切で、見返りを求めることなく与える人たちは高潔さの恩恵を受けるだけでなく、ビジネスでも成功しやすいそうです。グラント教授は、「善良な人は競争に勝つ」と言っているのです。これは大切です。でも、善良さには理由が必要だから、ではありません。そうではなく、善良であることには長期的なプラスの効果があるとはっきりわかっているからです。

「倫理を持った子どもを育てる」（『ニューヨーク・タイムズ』紙）の中でグラント教授は、保護者の話し言葉の重要性について科学的な側面から書いています。たとえば、寛容な行動や倫理的な行動を促すうえで大切なほめ言葉の役割について。子どもがやり遂げるよう後押しする時には、その人中心のほめ言葉ではなく、「過程中心のほめ言葉」にプラスの効果があるとすでに書きました。ですから、「どんなタイプのほめ言葉が親切な子どもを育てるか」と聞かれたら、答えはおそらく「あなたがゲーム中、友だちを助けたやり方、私はあれが好きだったな」と子どもに言う、となるでしょう。ですが…、これまで慎重に積み重ねられてきた科学的な証拠によると、この場合は違うようです。課題を解決する粘り強さを育てるためであれば、子どもの行動（過程）をほめます。でも、共感と親切さの感覚を育てるために効果があるのは、その子自身という「人」をほめることなのです。

ある研究で、一方のグループはそれぞれの子ども自身が人としてほめられ、もう一方のグループの子どもたちは行動をほめられました。すると、人としてほめられた子どもたちは数週間後、寛容さを示す機会を与えられた時に、行動をほめられた子どもたちよりも寛容な行動をとったのです。

３〜６歳の子どもを対象にした他の研究も同様です。「ヘルパー（手伝う人）になって」と頼まれた子どもは、単に「手伝って」と頼まれた子どもよりも、研究者たちがしていた掃除を手伝ってくれました。そればかりか、「手伝って」と声をかけた子どもと何も声をかけなかった子どもを比べると、遊ぶのをやめて掃除を手伝ってくれた確率は同じでした[訳23]。

たったこれだけの違い、つまり動詞なのか名詞なのかが雑用を手伝うことに対する子どもの反応を変えると誰が思ったでしょう？　でも、子ども

［訳23］　日本語の場合、「人として」のほめ方は英語に比べて少ないと考えられる（「手伝って」とは言えても、「手伝う人になって」とは言えない）。これは言語自体の違いであり、では、日本語の場合は何が違いを生むのかを研究するのは興味深いことだと言える。

だけではないのです。おとなを対象にした別の研究によれば、「嘘つきになるな」と言われたグループと「嘘をつくな」と言われたグループでは、前者のほうが実験の中で嘘をつく割合は有意に低かったのです。実際、この実験で前者はまったく嘘をつきませんでした。

この違いはなぜ起きるのでしょう？ たいていの人は「良い人」になりたいと思っているでしょうから、名詞は鏡のような働きをして、自分がどんな人なのかを見せてくれるのだと思います。アダム・グラント教授はこう述べています。「自分の行動が自分というものの写し鏡になる時、私たちは、よりいっそう倫理的で寛容な選択に傾いていきやすい。そしてこれが続くと、その行動が自分自身になっていくのかもしれない。」

「おまえはダメだ」対「それはしてはいけないことだ」

保護者の話し言葉は、良い行動をほめて、良い行動を促すだけではありません。してはいけない行動に対しても応えます。間違ったことをしてしまった時の感情の両端にあるのが、罪悪感と恥ずかしさです。恥ずかしさは心の中心にまで染みこみ、自分がどんな人間なのかを自分に対して示す感情です。一方の罪悪感は自分自身に対するものではなく、ある特定の行動に関するピンポイントの感情です。つまり、**悪い存在だ**という感情と、**悪いことをしてしまった**という感情の違いです。

してはいけないことを子どもがした時に保護者が言う言葉は、子どもが自分自身に対して感じる感覚がどちらへ向かうのかを決めるうえで大切です。その感覚が恥ずかしさに向かうのか、罪悪感に向かうのか。子どもがプラスの行動に向かうよう促したければ、子ども自身ではなく、その行動を批判するべきです。自分は「悪い人間」だと感じる人を育てるのではなく、自分は「良い人間」だけれども修正可能な間違いをおかしただけだと理解できる人を育てる、その長い道のりを進んでいくことを考えると、この２種類の言い方は大きく異なります。

さらに、グラント教授は、親切で善悪の判断ができ、それに基づいて行動できる子どもを育てるには、**保護者の言葉**以上にずっと強力なものがあると、『ニューヨーク・タイムズ』紙の一文で見事に指摘しています。

親切で善悪の判断ができ、そのように行動できる保護者を持つこと。育っていく子どもにとって、倫理的な保護者の行動は言葉よりもずっとずっと意味があるのです。

第5章

3つのT

脳が十分に発達するための基礎を用意する

「失敗をしたことがないと言う人は、新しい何かに一度も挑戦したことがない人だ。」
——アルバート・アインシュタイン

パート1 科学から実践へ

シカゴ大学に移った2002年夏、最初の記憶の一つ。向こうから歩いてくるやせた大学院生のTシャツに書かれていた「何もかもうまくいっている。実践もOK…。でも、理論上は？」という言葉です。

シカゴ大学の名声が表れている言葉に、笑ってしまいました。シカゴ大学は理論にとても強い研究機関で、「実践的」という言葉はマイナスでさえあったのです。そんなユーモアが感じられるTシャツで、少なくとも私にはおもしろい言葉でした。当時、私自身は手術の世界に根をおろしていましたから、社会科学の世界は遠く離れた宇宙、手術室のビーム光と管理された流れとは違う惑星、違う文化、すべてが異なっていました。私の世界から社会科学の世界へ行くには、そのたびに「クアッド」の広い緑の芝生を横切らなければならなかったのです。

理論と実践はたいていの場合、まるで異なる軌道を回っていて、時々、気まずい感じで出会うだけです。まるで、紙の上では完璧に見えたカップルが、会ってみたら実はまったく違う言語を話しているようなもの。「介入」？「その言葉の意味がわからない」と基礎科学の人は言います。「科学的妥当性」？「はあ？」と現場の実践者は尋ねます。こう書くと、それぞれの側が私にどう反論、議論してくるかも想像がつきます。でも、それぞれの側がいる場所はと言うと、違う学術世界の、別のビルの、別の部屋の中なのです。違う宇宙、違う言語。

科学的な真実も意味のある形で実践に移されなければ、子どもたちを手助けすることはできません。同様に、厳密な科学の上にデザインされたプログラムでなければ、効果は出ません。

この章では、私たちのプロジェクト「3000万語イニシアティブ」のプログラムが科学を実践に移す際の基本的な方法を述べています。ゴールは、子どもたちの脳の十分かつ最適な発達です。プログラムの基礎となる信条は、「子どもの知性は伸びることができる」、そして、「親と保護者の言葉は子どもの認知発達に決定的な役割を果たす」です。3000万語イニシアティブのプログラムには、家庭訪問の際、保護者と一緒に使う目的でつくられたカリキュラム、乳児検診の時に使うカリキュラムだけでなく、産科病棟で使うカリキュラムなども含まれます。さらに、プログラムの開発と効果検証のすべてにおいて、科学的な手法が用いられています。

研究プログラムの組み立て方も知らず、それどころか行動介入プログラム[訳1]をどう開発するかさえ知らずに私は始めたわけですが、ゴールが何かはわかっていました。私のもとへ来る患者の中に、学習が難しい子どもとそうではない子どもがいる理由を知ること、そして、学習が難しい子どもたちの成績や到達度を上げる方法をデザインすること。そう簡単にはいかないだろうとわかっていましたし、一人ではできないともわかっていま

［訳1］「行動介入」とは、人間のある行動を変えるため、働きかけをすること。

した。でも、効果的な行動介入プログラムの開発がいかに複雑か、当時の私は理解していませんでした。私自身、山ほど学ばなければならなかったのです。

実際、学術論文を読むのは楽しいものです。なぜなら、私たちが論文を読む時には、その人たちの仕事、つまり問題を見つけて仮説を立て、その問題が起きている理由を考え、それだけではなく、たいていの場合はその問題に対して何ができるか、答えを出す、そういう作業はほぼ終わっているからです。そして、医学やテクノロジーの分野なら、科学を実践に移そうと医療の専門家たちや起業家たちが新しい知見の登場を待ちかまえています。

ところが、社会科学の分野は違います。社会科学者の仕事がどんなにすばらしく、厳密に検証され、最高の結果が出ていたとしても、医学やテクノロジーに比べると、結論を実践に移すのは容易ではありません。理由は複雑です。まず、社会的な問題を改善するための支援プログラムはお金がかかりますが、お金を生みません。少なくとも当初は、利益がないのです。そればかりか、「では、どうすればいい？」に対する社会の答えは推測に基づきがちで、政治的な議論にも巻き込まれがちです。これは、信頼できる科学的な結果が「人間の直感」とは一致しない、という証（あかし）でしょう。最後に、こうした問題はたいてい別のさまざまな問題と長年にわたってからまりあっており、革新的な解決方法は、たとえそれが科学に裏づけられていても実行に移すのがずっと難しいのです。

私が社会科学の世界に足を踏み入れた時、最初に学んだ一つがこれでした。でも、この部分はまだ簡単な話だったのです。社会科学の複雑さを学べば学ぶほど、そして、私が手助けをしたいと思っている世界に関わる研究やデータを見つけ出し、実践に変えていくべく働こうとすればするほど、難しさがわかっていきました。

力を合わせなければできないこと

「私たちはこれに取り組むべき？」と問うたことは一度もありません。常に「**どうやって**取り組もう？」でした。

3000万語イニシアティブは、勤勉で思いやりにあふれ、創造的な人たちが見事に力を合わせて働いているチームです。シカゴ大学や全米各地にいる第一線の研究者、実践者とも密接に協働しています。

たとえば、3000万語イニシアティブの「ポリシーとコミュニティ・パートナーシップ」のディレクターであるクリスティン・ラフェル Kristin Leffel は、ノースウェスタン大学で社会政策の学士号を取ってすぐ、このチームに加わりました。まだ証拠のない状態で私たちが活動を始めた時、クリスティンはプロジェクトのすべてを担当していました。カリキュラムをつくり、家庭訪問をし、データの整理をし、グラフィック・デザイナーもしたのです。鋭い知性と創造的な心に加え、クリスティンにはすばらしい思いやりの心があります。

ただし、クリスティンの最初の選択肢は私ではありませんでした。これは書いておきましょう。彼女はまず、私の夫で小児外科医のドン・リューに手紙を送り、健康における格差の研究に携わる仕事はないかと尋ねたのです。クリスティンはドンに、公衆衛生に興味があり、「社会を変えたい」と話しました。ドンはクリスティンの手紙を私に渡し、結局、こうなったわけです。

私は運に恵まれていました。そして、3000万語イニシアティブも。

次の幸運は、私の兄弟[訳2]であるマイケルがベス・サスキンド Beth Suskind（サスキンドは現在の苗字）と恋に落ちたことです。当時すでに名の知れたテレビ・プロデューサーだったベスは、私のおがみ倒しも功を奏して、3000万語イニシアティブの共同ディレクターに就任しました。学習

［訳2］ 英語の brother は兄なのか弟なのか不明なので、「兄弟」としている。

目標に到達することを促すプロジェクトをデザインするうえで、ベスは鋭い感覚を発揮し、その結果は入念に検討された使いやすいカリキュラムに表れています。参加する保護者にとってわかりやすく、習得しやすい内容です。

ありがとう、マイケル。

クリスティンとベスは3000万語イニシアティブのチーム・メンバーの典型で、人間にとってきわめて重要な問題の一つ、つまり、私たちの国の子どもたちに起きていることを解決しようとする視点を共有しています。

プログラムづくりに参加した保護者たち

3000万語イニシアティブのカリキュラムは、保護者たちがつくり、保護者たちのもとで効果が検証され、保護者たちに向けられています。最初の研究グループは、シカゴ大学病院のカフェテリアで働く母親と祖母[訳3]たちでした。寛大なことに、この女性たちは休憩時間を使ってプロジェクトを詳細まで検討し、自分たちの考えを私たちに伝えてくれたのです。

他の母親や父親は、病院の待合室、スーパー、さらにバス停でも勧誘しました。この間、何千人、それ以上の保護者たちが、何ページにもわたる、それも、どんどん変わっていくプログラムの内容例を検討して、質、わかりやすさ、実用性について意見やアドバイスを提供してくれました。熱心な保護者たちから得られる意見、批評、提案は、カリキュラムの開発と改良にとってかけがえのないものです。ていねいにつくりあげ、私たちのチームが良いと思ったアイディアの中にも、保護者たちの鋭い観察眼のもと、ごみ箱行きになったもの、全面的に見直されたものがたくさんあります。この過程を通じて、3000万語イニシアティブは科学に基づくだけでなく、使う人たちにとってわかりやすく利用しやすいプログラムになった

［訳3］　米国の場合、祖母が孫の親代わりというケースは少なくない。

のです。

3000万語イニシアティブのプログラムの基本を議論する前に、このプログラムは科学の上に成り立っており、科学に支えられている以上、常に改善し続けるものだという点を強調しておきたいと思います。3000万語イニシアティブは私たちが真実だと「信じている」ことや、真実であってほしいと願っていることに依拠してはいません。そうではなく、私たちが事実として慎重に学んできた科学の上に成り立っています。きちんとデザインされた研究によって私たちの理論が支持されるよう力を尽くしていますし、そうすることで、私たちが使っている方法は統計学的に立証できるわけです。反対に、理論づけた内容がデータによって裏づけられないのであれば、私たちの考えは再検討されるか破棄されるか、です。

私たちが全力を尽くしているのはたった一つ、子どもの脳を育てる保護者の言葉の力という、科学がすでに明らかにしていることがらについて、保護者の理解を促すことです。次のステップとして、保護者が自分の持っている力を効果的に使う助けとなるプログラムをデザインすることです。これが3000万語イニシアティブの基礎です。

赤ちゃんは生まれつき頭が良いわけではない。
保護者が話しかけることで、赤ちゃんは頭が良くなっていく

3000万語イニシアティブのもう一つの基礎は、何度も繰り返しますが「赤ちゃんは生まれつき頭が良いわけではなく、頭が**良くなっていく**」存在だという、科学的に示された事実です。知性は伸びるものなのです。

私たちは皆、多様な側面でさまざまな可能性を持って生まれてきます。けれども、その可能性が十分に発揮されるには、努力が必要です。花のタネが、バラやペチュニアやアジサイになる可能性を持っていても、それぞれの花の最終的な美しさと強さは、育つ途中の世話によります。タネを暗い地下室にまいて、水をほとんどあげないでみてください。そうすればわ

かるでしょう。

脳も同じです。脳の発達に関する科学、たとえば、脳の最適な発達が環境に依存するという点をすでに書いてきました。3000万語イニシアティブのプログラムはこうした科学の結晶です。プログラムで使っている、きれいなアニメーションやビデオも科学に基づいています。アニメーションでは、初期の最適な言葉環境について保護者にポイントを教えるだけではありません。子どもの知性は生まれた時に決まっているのではなく、知性が十分に発達するためには、保護者のつくる言葉環境がとても大切だと理解できるようになっています。

たとえば、「あなたの赤ちゃんの脳の中で言葉が育っていく」様子を示したアニメーションでは、言葉が耳から脳に入っていき、実にかわいらしい様子で脳の神経細胞を刺激する様子が描かれています。本当に、脳の中でこんなことが起きているのでしょうか？　確かに、科学的にも理にかなった表現です。けれども、実はこのイメージ、私が大好きなエピソードから生まれたのです。家庭訪問に行った先で、家庭訪問スタッフに母親があいさつ代わりに言った言葉、「今週は私、赤ちゃんの脳の中につながりをたくさんつくったと思うよ！」。この母親は笑顔でそう言い、自分の言っていることがユーモアであると同時に事実だともわかっていたのです！

豊かな言葉環境を幼い子どものためにつくる

幼い時期の言葉環境の豊かさが乳幼児の脳の発達にとってどれほど重要かは、わかっています。このプログラムにおける大切な問いは、豊かな言葉環境の利益を子どもたちが最大限に受けられるよう、私たちは保護者の環境づくりをどう支援できるか、でした。

結果が、3000万語イニシアティブの核となる「3つのT」、つまり「チューン・イン Tune In」「トーク・モア Talk More」「テイク・ターンズ Take Turns」です。言葉を耳にすることが脳発達に及ぼす効果について科学は明らかにしていますが、科学自体の内容は複雑です。そこで、乳幼児の脳発達にとって最適な環境をつくるため、科学をわかりやすく使いやすいプログラムにしたのが「3つのT」です。「3つのT」は日常生活の中で自然に、保護者と子どものやりとりを豊かにします。

「プラスの言葉環境をつくる」とは、単に語彙を増やすだけではないという点はここで強調するべきでしょう。「プラスの言葉環境」とは、あたたかく、育てていく関係の表れです。たくさんは話さないけれども愛情にあふれた保護者ではダメだ、と言っているわけではありません。でも、言葉は、今、やりとりしていることに対して興味を持っていると誰かが伝えてくれる方法です。そして、言葉は、真摯かつ前向きに誰かが私たちとつながりを持ちたいと思っている気持ちを表す方法です。これは確かです。

豊かな言葉環境をつくることは、ただでさえ忙しい生活の中に特別な時間をひねり出すという話ではありません。「3つのT」は、どんなに平凡な作業であっても、日常の活動のごく自然な一部になるようデザインされています。親や保護者が言葉を足すことで、ベッドを整えたり、リンゴの皮をむいたり、床を掃除したりといった日常を脳づくりの一部に変えられます。こうした言葉は保護者と子どもの関係を豊かにする大切な役割を果たすでしょうし、同時に子どもの脳も豊かにするのです。

3つのT

チューン・イン	Tune In
トーク・モア	Talk More
テイク・ターンズ	Take Turns

保護者がおむつのにおいのことを言う時であっても、花の色について話す時であっても、三角形の話をする時であってもかまいません。「3つの

T」は、子どもが生まれたその日から、脳を育てるために不可欠な豊かな言葉環境の基礎を提供することを目的としてデザインされました。

最初のT：チューン・イン Tune In

チューン・イン[訳4]は、「3つのT」の中でもっとも繊細です。乳児や幼児が集中している対象に保護者が気づき、適切な場合にはその対象について**子どもと一緒に**話すという意識的な行動です。子どもが集中していることに保護者も集中する行動、とも言えます。おとなの言葉をまだ理解できなくても、あるいは、子どもの意識があちらからこちらへと次々に変わっても、子どもの注意が向いているものやできごとに保護者がついていき、子どもの働きかけに対して反応を返すことがチューン・インです。チューン・インは、脳を育てるために保護者の話し言葉の力を使う最初の一歩であり、保護者がチューン・インしていないのであれば、後の2つのT(トーク・モアとテイク・ターンズ)には意味がありません。

例を挙げてみましょう。

母親であれ父親であれ、愛情にあふれて子ども思いの保護者が床に座り、子どもが好きな絵本を持っています。ジョリー・ロジャー・ブラッドフィールドJolly Roger Bradfieldの『巨人と言っても大きさが違うGiants Come in Different Sizes』ではどうでしょう？ 私が好きな絵本です。親は子どもの横の床をパタパタとたたき、微笑みます。子どもにとっては、リラックスしてお話を聞こう、というサインです。でも、子どもは反応しません。ちらかした古い積み木で塔をつくり続けています。親はカーペットをもう一度たたき、「おいで。ここに座って。いいお話だよ。お父さん(お母さん)が読んであげるよ」と言います。

良い場面ですよね？ 愛情にあふれた母親、父親。良い絵本。これ以上

[訳4]　チューン・イン Tune inは、ラジオやテレビの周波数を合わせることでもある。楽器のチューニングtuning（調律）も同じ動詞。

の何を子どもは望めるでしょう？

いえ、たぶん、この子が望んでいるのは、自分の子どもがしていることに興味を持つ母や父です。それこそ、子どもがカーペットをたたいて「おいで、ママ。おいで、パパ。ここに座って。積み木を積むの、すっごくおもしろいよ」と言っているところへ入って、一緒に遊ぶ親、保護者です。

これが、チューン・インです。

3000万語イニシアティブでデザインしたシナリオが、まさに後者です。保護者は、子どもがしていることに注意を向けるよう学びます。子どもがしていることに自分も参加し、関係を豊かにし、遊びの中で使われているスキルを伸ばせるよう助け、さらに、言葉のやりとりを通じて脳の育ちを促すのです。

なぜこれが大切なのか、強調させてください。子どもが集中している世界の中で保護者が一緒に遊べば、たとえそれがたった5分間で終わって子どもの気持ちは次に移ってしまったとしても、脳の発達には役立ちます。なぜなら、別のもの、それも今、たいして興味がないものに注意を向け変えるエネルギーを子どもの脳が使わずにすむからです。

母、父は「絵本を読んでほしい？」と子どもに尋ねてもよいでしょう。それもプラスの方法です。でも、大事なのは、子どもの答えにチューン・インすること。子どもの答えが言葉ではないとしても、答えが保護者の期待に沿わないとしても、です。チューン・インの、もっとも価値がある核の部分はここです。

おとなと子どもの本質的な違いを認識すると、よくわかるでしょう。違う作業に意識を向け変えるようおとなが言われたら、今していることからそちらへ自動的に焦点を移します。今していることが自分のしたいことだったとしても、言われたらそうするのが、判断力のあるおとなですから。けれども、子どもの実行機能はまだ発達途上にあるので、自分が興味を感じた時だけ集中し続けます。子どもが関心を持たなければ言葉は宙に浮いてしまい、どんなに良いお話の言葉だったとしても脳発達にはほとんど、またはまったく効果がありません。これは、語彙の記憶についても言えます。ほとんど興味のない活動やまったく興味のない活動に参加している時、子どもはそこで使われている言葉を学ばない傾向にあることが研究からわかっています。

チューン・インは、保護者が物理的にも子どもと同じ高さになることで、よりいっそう効果が上がります。遊ぶ時には子どもと一緒に床に座る、絵本を読む時には子どもを膝に乗せる、食事の時は子どもと一緒にテーブルにつく、保護者の視線から見える世界を見せるために子どもを抱きあげる、などです。

反対に、デジタル機器はチューン・インを邪魔します。コンピュータ、タブレット、スマートフォンは依存を引き起こし、おとなの注意を奪います。保護者の注意の中心が子どもに向いている時、その時だけ、子どもは最適な脳の育ちにとって必要な集中をします。

子どもが集中しているものごとに保護者も向き、自分も関わりながら、豊かで思いやりのこもった言葉で話していれば（これがチューン・インです）、つまり、このように環境が最適であれば、言葉を学ぶ以上の点で保護者は助けになります。一貫性のあるチューン・インを受け取っている子どもは、より長い時間そのことやものに集中し、コミュニケーションを自分から始め、より容易に学ぶ傾向があるからです。

赤ちゃん向けの話し言葉

チューン・インは、双方向が基本です。赤ちゃんが声を出して注意をひこうとするように、保護者もトーンや音程を変えてこちらに注意を向かせようとし、訴えかけます。「赤ちゃん向けの言葉」、赤ちゃん言葉や親語とも呼ばれるものは、先に書いた通り、赤ちゃんの脳が言葉を学ぶうえで役立つのです。生後11～14か月の子どもを対象にした研究によると、赤ちゃん言葉をより多く聞いた子どもは、おとな向けの言葉をより多く聞いていた子どもに比べ、2歳の段階で2倍、言葉を知っていたそうです。

子ども向けの言葉には、これ以外にも大切な働きがあります。赤ちゃん言葉は世界じゅう、ヨーロッパ、アジア、アフリカ、中近東、オーストラリアなど、構造的にも異なるさまざまな言語で使われています。歌うような音程、明るいトーン、単純な語彙、そして通常の声よりもオクターブ高い歌うようなリズムは、保護者が注意を向けているほうに子どもを引き寄せます。赤ちゃん言葉では決して話さないと自負している保護者、おとなに向かって話すように乳児に話している保護者は、とても大切な点を忘れているのです。子ども向けの話し方は、内容の質を下げているわけではありません。赤ちゃんの耳に受け取られやすくすることで、今、聞こえている言葉、その言葉を言っている人に赤ちゃんの注意を促し、子どもが集中できるよう、没頭できるよう、やりとりできるよう促しているのです。つまり、子どもがチューン・インできるように、なのです。

もう一つ、子ども向けの言葉の特徴は「繰り返し」です。繰り返しが子どものチューン・インをどう促すかを理解するため、私たちが実施している2週間家庭訪問プログラムのうちの10日間、生後9か月児16人を対象にしてジョンズ・ホプキンス大学の研究者たちが調べました。介入群の子どもたちは毎回、同じ3つの物語を聞きましたが、どの話の中にもふだんの赤ちゃんの生活では耳にしない単語が含まれています。結果を比較するための対照群の子どもたちは10日間、何の物語も聞きませんでした。

訪問が終わって2週間後、どちらのグループの子どももジョンズ・ホプキンス大学へ行き、録音された言葉のリストを2種類、聞きました。最初のリストには、介入群に話した3つの物語に入っていた言葉が含まれ、2つめのリストには、物語の中に出てきた言葉に似てはいるものの、違う言葉が含まれていました。結果、家庭訪問の時に3つの物語を聞いた介入群の赤ちゃんは、物語で聞いた言葉が含まれたリストのほうに**より長く**耳を傾けました。物語を聞かなかった対照群の赤ちゃんでは、2つのリストを聞く時間に違いは見られませんでした。結論は？ 赤ちゃんは繰り返し聞く単語を「学び」、聞いたことがある音をより長く聞くのです。これが子どもの側のチューン・インです。

チューン・インの一番の目的は、保護者が反応すること、です。子どもの認知的発達、社会・感情的発達、自己制御、身体的な健康、それ以外のすべて、すなわち子どもの将来の健康や幸福は、母親[訳5]の反応性と結びついています、それも人生最初の5年間の反応性です。思いやりのある、適切な反応が行動と脳の発達にとって必須であることは、研究から実証されています。

保護者であるということは直感的なもので、誰にでもできると長い間みなされてきましたが、実は違います。日々、疲れ果てている母親、父親の皆さんはおわかりでしょう。反応性、つまりチューン・インも直感的なものではなく、次の具体的な3つのプロセスに集約できます。

1. 観察
2. 解釈
3. 行動

↓

赤ちゃんや幼児が必要なもの、ほしいものを伝える時に使う方法には、言語も非言語もあります。赤ちゃんが泣くのを聞いたことがありますよね？ では、2歳児が泣いているところは？ 子どもの泣き声ぐらいまわりの注意をひき、聞いている側の胸を痛ませることはありません。

泣き声の解釈はそう簡単ではありません。けれども、解釈は3つめのステップである行動、すなわち「観察したことに対して何をするか？」へと続く鍵です。子どもは疲れている？ おなかがへっている？ 飽きた？ お

［訳5］ 保護者の反応性と子どもの発達の関係は、従来、母親の反応性を中心として研究されてきた。しかし、ここ数年は父親の反応性と発達の関係、重要性についても論文が出始めている。

むつが濡れている？　保護者なら誰でも知っている通り、解釈は経験によって磨かれていくスキルで、100％正確ということはまずありません。100％正確ではない以上、子どもに合わせておとなの解釈を正していくプロセスも不可欠です。

赤ちゃんや子どもの行動の理由は何であっても、または行動の理由がわからなくても、そして、赤ちゃんや子どもの行動に対しておとながどんな対応をするにしても、大切なのは反応の「あたたかさ」です。保護者やケアをする人の愛情に満ちた肯定的な反応が、人間として育っていくうえでは欠かせません。国や文化にかかわらず、子どもの気質にかかわらず、愛情と反応性を持って子どもと向きあうことが、その子の最終的な安定性につながります。これは科学からも明らかになっている点です。

ペアレンティングのストレス

赤ちゃんが泣く背景には無数の理由があるのでしょうけれども、泣いている裏に共通することが一つ。その赤ちゃんはストレスを感じているのです。

そして、保護者もストレスを感じます。

大事な問いは、「では、どうする？」。

大事な答えは、「反応しましょう」。それだけです。反応する。

赤ちゃんが泣いている理由は何であれ、この新しくていまだに慣れない世界、そうです、ここはっきり認めましょう、赤ちゃんにとっては怖いくらいに得体の知れない世界、そこで赤ちゃんはまず、「自分は安全なんだ」と理解しなければなりません。「大丈夫だよ、○○ちゃん。お父さんはここにいるよ。お母さんはここにいるよ」。これが人生最初のレッスン、それもとても大事なレッスンであり、一生にわたって影響するものです。「いつもそんなふうに簡単にはいかない」とあなたは言うかもしれません。でも、**つらい時には誰かしらがそこにいて、あなたを受けとめてくれているはずです**。

たいていのストレスは「あたりまえ」、時には良いものでさえある反面、子どもが常にストレスにさらされると、長期にわたるマイナスの影響を及ぼすことも明らかです。

誰もそこにいなかったら？：アタッチメント理論

新生児が泣いたままの状態で放っておかれると「有害な」ストレスの影響をこうむる、そう示唆する研究結果が次々と出ています。この状態が続くと、子どもの脳神経のつながりは永久的にマイナスな影響を受け、学習だけでなく、感情や行動のコントロール、他者に対する信頼といった面でも困難さを抱えやすくなります。また、こういった子どもたちは、肥満、糖尿病、心血管疾患、自己免疫疾患などにかかりやすいこともわかっています。

一方、生まれてからの数年間、保護者がチューン・インをし、即座にプラスの反応を返していた子どもは正反対です。こうした保護者は、子どもの脳の発達を促しているだけではありません。研究者が「アタッチメント(愛着)」と呼ぶものの基礎をつくる助けもしているのです。アタッチメントの概念はさまざまな文化で研究されており、親子の関係がどのように育つか、社会的、感情的な成長と認知発達がどう形づくられるかを説明しています。

アタッチメント理論は1951年、イギリスの心理学者、ジョン・ボウルビィが仮説として出したのが始まりです。感情面に課題を持つ子どもたちのケアをする中で、ボウルビィは母親との関わりが子どもの社会的、感情的、認知的発達に及ぼす影響をくわしく調べました。母親が子どもを捕食者から守る重要性という点で、アタッチメント理論の基本には生存の進化仮説もあり、理論そのものはボウルビィが提唱した内容から変わってきています。いずれにしても、乳幼児の感情面の発達にとって母親または主にケアをする人との関係が大切である点は、数多くの研究が支持しています。

赤ちゃんの言語を学ぶことそのものがチューン・イン

本当の言葉を使い始める前でも、子どもはさまざまな方法でコミュニケーションしています。新生児は泣きます。そうでなければ、子どもが空腹であること、疲れていること、飽きていること、寂しいことに、どうやっておとなが気づけるでしょう？ もう少し育つと、自分を見て楽しそうにしているおとなに反応して、子どもは喉をならしたり、声を出したり、指をさしたり、顔をしかめたりします。新生児の原始反射がなくなってくると、背中をそらしたり、足を曲げ伸ばししたり、からだをよじったりして保護者の注意をひこうとするでしょう。ほぼ間違いなく、保護者に向けた行動です。なぜなら、こういう時には視線も合わせようとしているでしょうから。

赤ちゃんがいかに頭の良い存在であるか、考えてみてください。ついこの間、子宮から出てきたばかりなのに、もう保護者の注意をひくために効果的な方法を使っているのです。手足を伸ばしたり、笑ったり、声を出したり、口をとがらしてみたりすることで、赤ちゃんはかわいらしく見えます。このかわいらしさという策略の裏には実のところ、自分がほしいものを得るための賢く、効果的で、実際的な言語が隠れているのです。

そして、保護者もいかに頭が良いか、考えてみてください。保護者としての役割をし始めた時、まず必死になるのは、赤ちゃんのこの言語をよくよく学ぶことだからです。

もちろん、そう容易に学べる言語ではありません。喉をならす音や泣き叫ぶ声、これ以外のさまざまな音の組み合わせに隠されたコミュニケーションの意味は何でしょう？ 子どもが言葉を使い始めるまで、こうした言語を読み解くのは言うほど簡単ではありませんし、長い時間と試行錯誤を要します。全力を傾けたとしても、確実に理解するのはほぼ不可能でしょう。でも、理解しようと努めることは大切です。その努力自体がしっかりした安全の感覚を赤ちゃんに提供するだけでなく、保護者と子どもの関係を確立する要素にもなり、脳の最適な発達にとっても鍵となるからです。これが、チューン・インの基礎です。

２つめのＴ：トーク・モア Talk More

２つめのT、トーク・モアは単語の数だけの話ではありません。どんな単語を使うのか、単語をどのように言うかも大切です。

脳を貯金箱だと思ってください。そこに入れるのが全部1円玉だったら、貯金箱がいっぱいになったとしても、大学の学費ほどにはなりません。ましてや医学部の学費にはならないでしょう。同じように、あなたが赤ちゃんの脳に注ぐ言葉が「3つで1円」程度の言葉だったら、それではやはり大学の学費はまかなえないのです。一方、多様な言葉を毎日毎日、赤ちゃんにあげていれば、脳はとても豊かになり、その脳自身で学費ぐらいは払えるようになるかもしれません。

トーク・モアはチューン・インと同時並行するプロセスで、**子どもと話す**保護者の言葉を増やすことを指します。特に、子どもが今、集中しているものやことに関する言葉です。保護者が**子どもに向かって言う**言葉を増やす、ではありません。たいした違いではないように聞こえるかもしれませんが、「子どもと」であって「子どもに」ではない、ここは3000万語イニシアティブのアプローチの基本になります。子どもとトーク・モアする（たくさん話す）には、子どもと保護者の双方向の関わりが求められます。チューン・イン同様、こちらも親子のアタッチメントと脳発達にとって不可欠です。

ナレーションをする

あなたが何かをしながら、していることを映画のナレーションのようにずっと物語っていたら、聞いている人はかなり奇妙に思うでしょう。けれども、ナレーションは子どもを言葉で包み込む方法の一つです。語彙を増やすだけでなく、音と音の間の関係、つまり言葉の間の関係を伝え、同時に、その言葉に関係する行動やものも示します。洗う。乾く。オムツ。手。保護者にとってはいつもの作業にすぎないことも、幼い子どもにとっては大事です。一つひとつの言葉、一つひとつの記述。語らなければ日常のできごとでしかないことが、言葉にすることで脳育てとアタッチメント形成に変わるのです。

「お母さんに、オムツをはずさせてね。あら、びっしょり。くっさいねえ！」

「じゃあ、新しいオムツをしましょうか。」

「ほおら、見てごらん、新しいおむつ。外が青で、中が真っ白だね。」

「こっちは濡れてないよ。ほら、さわってみて。乾いていて、とっても柔らかい。」

「こっちのほうがずっと気持ちいいでしょう？」

「はい、かわいいピンクのパンツをはき直して。」

「おむつが濡れていても乾いていても、お母さんはあなたが大好き！」

ナレーションは、幼い子どもが日常の活動の流れに慣れていく方法でもあります。この時期、たいていは保護者が子どもにしていることでしょう。でも、子どもが自分自身でその行動をできるようになる、それが最終的な目標です。

「歯を磨く時間だよ。まずは何をする？」

「歯ブラシを持って。○○の歯ブラシは紫色。お父さんのは緑色。」

「じゃあ、歯磨き粉をブラシの上に乗せて。」

「ちょっとだけ、ちょっとだけだよ。よし、できた。」

「さあ、用意ができた。シュッ、シュッ、シュッ。上へ、下へ、後ろから前へ。舌も磨いてみようか。おっと、くすぐったい？」

この過程で、保護者は語彙を育て、自立を促し、おまけとして、将来の歯の治療代も節約しているわけです。

並行トーク

もう一種類のトーク・モアは、並行トークです。ナレーションでは保護者が自分のしていることを話しますが、並行トークは子どもがしていることの実況中継です。そして、チューン・インは、並行トークに必須な要素です。

「お母さんのお財布を持ってるのね。」

「財布、とっても重いでしょ。」

「中に何が入っているか、見てみる？」

「あ、お母さんの鍵を見つけたね。」

「お口には入れないの、ね。鍵は噛まないで。鍵は食べるものじゃないから。」

「あなたのトラックをその鍵で開けてみようとしているの？」

「その鍵は、ドアを開けるためのものだよ。」

「おいで。その鍵でドアを開けてみよう。」

ナレーションも並行トークも、生まれた瞬間から使えます。ただし、条件があります。どちらも、何度も繰り返す質問になったり、長い、複雑な文章になったりしてはいけません。一番良いのは、視線を合わせ、今、まわりにある物について話すこと、できれば子どもを抱っこして、子どもが言葉とあたたかさの両方を吸収できるようにすることです。

「こそあど」を除く

代名詞は、おとなにとっては空気のようなものです。確かに大切ですが、でも、代名詞で言っていることはあなたの心の中でしか見えません。それも、代名詞が何を指しているかがあなたにわかっている時だけ。彼…、彼女…、それ？　子どもには、あなたがいったい何のことを話しているのか、さっぱりわからないでしょう。マイケルおじさん？　おばあちゃん？　それとも台所のシンクのこと？　ああ、やっと、わかった！　子どもだけの話ではありません。私があなたに、「あそこへ行ってあれを取ってきてくれる？」と頼んだら、あなたはどこへ行きますか？ 何を取ってきますか？ 同じ理由で、「家」「車」「道」「ピザ」といったラベルは、語彙を増やすうえでも言葉を理解するうえでも大切なのです。

たとえば、あなたの子どもが自由に描いた絵を持ってきました。あなたはどう思いますか？

「これ、大好き！」

いいえ、そうは思っていませんね。

「あなたの絵が大好き！」

はい、そう思っているはずです！

物やことの名前は、それぞれが別々の言葉であり、別々の知識であり、子どもの脳にとってはそれぞれが別々の学び、育ちの後押しになります。こうした単純な方法のすばらしさは、子どもが何歳であっても、何の話題であっても応用できる点です。豊かな言葉に囲まれれば囲まれるほど、子どもはいっそうたくさんの言葉を聞き、言葉の意味をいっそう学び、学んだ言葉を、いっそう難なく使えるようになるでしょう。

状況から切り離された言葉：
「ここ、今」の話をしないということを
恰好よく言ってみただけ

話し始める時期、子どもが言う典型的な言葉は、ここ、今、の情報です。子どもが見ている物に名前がつけられます。「わんわん」「うんち」「ママ」。または今、自分がしていること。「転んだ」「トイレ行く」「寝ない」。こうした言葉は目に見える物や行動を指しており、「状況の中にある言葉」とも呼ばれます。通常3～5歳の間で、子どもは今見ているのではない物や、今している行動ではないことに関する言葉を使い始めます。これが「状況から切り離された言葉」です。

言葉がこのレベルに上がることは、知的な発達にとって重要な指標です。状況の中にある言葉は、今、目の前にある物や行動に焦点を当てていますから、ジェスチャーや表情、イントネーションなどが単語の意味を伝える助けをしてくれます。でも、状況から切り離された言葉には、そういった助けがありません。学んできた単語だけにほぼ頼らなければならず、助けをしてくれるはずの目に見える物もないのですから、話をするのにも反応をするのにも、より高いレベルの思考が要求されます。子どもの脳の発達にとって大きな意味のある変化だと感じられるのは当然でしょう。

トーク・モアをしつつ、状況から切り離された言葉を使うのは、難しくありません。子どもと保護者が一緒にしたことについて、慣れ親しんだ言葉を使うだけです。最近、一緒に遊んだおもちゃの話や子どもが知っている誰かの話。そうすると、子どもは内容を理解するために、自分が持っている語彙を使わなければなりません。それも今、まわりにある物やことの助けを借りずに。状況から切り離された言葉を理解し、それに反応できるようになる。このスキルは学校にあがった時、学習を大きく後押しします。学問の大部分は状況から切り離された言葉で行われ、説明してくれる保護者は横にいないからです。

ふくらませ、伸ばし、足場をつくる

ジェスチャーは、幼い子どもと保護者のコミュニケーションを特徴づける方法の一つです。抱っこしてほしい時、子どもは保護者にどうやって伝えますか？　両方の手を挙げますね。こういう時に単語が使われるとしても、基本的で短いものばかりです。他にも、「座って」「ミルク」「ダメ」など。でも、乳幼児にとって言葉を学ぶことは受け身のできごとではありません。私たちは皆、言葉を学ぶ能力を持って生まれますが、言葉の構造が複雑になっていく過程は子どもが育つ環境に依存します。その場に合った意味のある言葉をいつも聞いている子どもは、自分でもその言葉を使うようになっていくでしょう。

「抱っこ、抱っこ。」
「お父さんに抱っこしてほしいの？」
この会話が何度も繰り返されると、こうなっていきます。
「抱っこして、お父さん。疲れちゃった。」
一方、話すことを学ぶ中で、子どもは断片的な言葉と不完全なセンテンスを使います。トーク・モアの意味合いの中で言うと、「言葉をふくらます」とは、子どもが言っている内容を穴埋めして言い直すことです。たとえば、
「わんわん、悲しい」は、
「あなたの犬が悲しんでいるんだね」とふくらますことができます。
言葉をふくらます方法を使うと、「間違いを正す」方法に伴うマイナス面を伴わずに、より良い言い方をスムーズに伝えることができます。
子どもが大きくなると、言葉を伸ばすことは複雑さを増していきます。
「ねんねだね」は、こうなります。
「眠いんだね。もう遅いし、疲れているよね。」
言葉を伸ばす時には、子どもがすでに知っている言葉を使い、それを積み木のようにして、いっそう精巧な文章にしていきます。動詞を加えたり、形容詞を加えたりする方法です。
たとえば、「このアイス、おいしい」は、「この苺アイスはとてもおいしいね。だけど、すごく冷たい！」になります。
さらに、足場づくりは、子どもの反応に単語を足すことで言葉のスキル育てを助けていきます。子どもが単語を１つ使ったら、保護者は2語または3語で応えます。子どもが2語、3語を使ったら、保護者は短い文章を使うのです。
ふくらます、伸ばす、足場をつくる、いずれも子どもが持っているコミュニケーションのスキルからほんの一歩または二歩先にいる手法です。そうすることで、より複雑な、詳細なコミュニケーションを促す。トーク・モアの大切なゴールです。

3つめのT：テイク・ターンズ Take Turns

最後のT、テイク・ターンズは、子どもを対話のやりとりの中に引きこんでいく方法です。親子のやりとりの究極の部分であり、脳の発達を考えた時には「3つのT」の中でもっとも大事です。会話のやりとりで行ったり来たりを成功させるには、保護者と子どもが自主的、積極的に関わることが必須です。どうすれば、できるのでしょうか？ まず、子どもが集中しているものやことに保護者がチューン・インし、それについてトーク・モアします。そして、保護者がやりとりを始めたのだとしても、子どもの言葉に保護者が応えたのだとしても、保護者は子どもが反応するまで待ちます。この「待つ」が鍵で、とても大切なテイク・ターンズの場を提供します。

保護者と子どものテイク・ターンズのしかたは、子どもが育つにつれて変わっていきます。話し始める前であっても、赤ちゃんは効果的なコミュニケーターです。泣いている赤ちゃんは、オムツを替えてほしいと言っています。目をこすって、もう寝る時間だと言います。赤ちゃんとの会話は、コミュニケーションの手がかりを読み解くことであり、手がかりが何を意味しているのかをおとなが解釈し、応えることです。いわゆる会話とはみなされないかもしれませんが、こうしたコミュニケーションの行ったり来たりは、脳の発達と同時に、保護者と子どものアタッチメントを築くうえでも重要です。

幼児になると、テイク・ターンズはもっと多様になります。乳児期から使われてきた表情とジェスチャーが、次第に自分で勝手につくった単語、単語のようなもの、そしてだんだんと本当の単語で飾られるようになります。保護者がこうしたシグナルに応え、子どもの反応を待つ、この時期は特に重要です。話し始めたばかりの子どもは、言葉を探さなければなりません。言葉を見つけるまでの時間があまりにも長すぎて、保護者はつい本能的に子どもが応える前に言葉を先取りしてしまうことがあるでしょう。

子どもは、より多くの言葉にふれられるかもしれません。でも、保護者が話してしまうと、会話はそこで終わってしまいかねないのです。自分で単語を探す時間を子どもにあげるかどうかが、テイク・ターンズが続くか、会話がそこで終わるか、この違いを生みます。

テイク・ターンズをする時、効果が限られている言葉の一つが「何？」です。「このボールは何色？」「牛は何と言った？」など、「何？」の質問は、会話のやりとりを広げ、語彙を育てる方法としてはレベルが下です。なぜなら、こうした質問は、子どもがすでに知っている単語を思い出すよう促しているだけだからです。「はい」「いいえ」で答えるような質問もこのレベルに属し、会話を続けたり、子どもに新しいことを教えたりする効果は限られます。

一方、答えが決まっていない質問、いわゆる「開かれた質問」は、テイク・ターンズの目標に合致するお勧めの方法です。特に、幼い子どもにとって開かれた質問は会話を始めるために役立ち、会話を続けるのにも最適です。簡単な「どうする」や「なぜ」を使えば、子どもはたくさんの単語、考え、アイディアで答えることができます。「なぜ」の質問には、うなずきや指さしで答えられないからです。「どうやって？」と「なぜ？」は思考のプロセスが始まるよう促し、問題解決スキルへとつながっていくでしょう。

「3つのT」にテクノロジーを活用する

デジタル技術のマイナス面、特にメールを書いたり電話に応えたりニュース速報を読んだりすることが親子の間の邪魔になってしまう点については、すでに書きました。けれども、デジタル技術は3000万語イニシアティブを正しい方向に進めていくうえで重要な道具でもあるのです。

LENA

LENA（Language Environment Analysis System：言葉環境分析システム）は、幼い時期の言葉環境を見せてくれる窓です。簡単に言えば、特別にデザインされた「単語数計」で、子どものTシャツのポケットに入れられるようつくられた小さな録音機です。LENAは最長16時間、録音できます。録音ファイルをコンピュータにアップロードし、以前の録音や介入開始後の録音と比較できます。

LENAを開発したのは、起業家テリー・ポールTerry Paulです。妻のジュディ・ポールJudi Paulと2人でテリーは以前、小学校における算数とリテラシー・スキルを伸ばすためのテクノロジー企業「ルネサンス・ラーニング」をつくりました。この会社は成功したのですが、子どもへのインパクトを考えるとこの時期では遅すぎると感じたそうです。聞くところによると、ハートとリズリーの『意味のある違い』を読んで、テリー・ポールは子どもの言葉環境を測る道具をつくろうと考えたのだそうです。彼の口癖は、「測れないものは、変えられない！」でした。

LENAは、言葉環境に関する情報を研究者に提供してくれるだけではありません。歩数計がエクササイズを続ける後押しになるのと同じく、LENAも子どもの言葉環境の改善を促す道具になっています。LENAの設定のしかた、数値の読み方、目標達成の評価方法を保護者に教えることで、努力が足りない時に保護者を励ますことができ、逆に目標が達成されたり目標値を超えたりして改善が確認された時にも保護者を励ますことができるのです。保護者を動機づける大切な道具です。

最初にLENAを使ったのは、当初のカリキュラムによって保護者が子どもに話す言葉の数が増えるかどうかを調べるためでした。言葉が増えるとわかった反面、増加は一時的であることもわかりました。グラフにすると線はぐんと上がるのですが、急に下がります。プロジェクトを諦めるか考え直すか、どちらかが必要でした。私たちは考えました。まず出てきた疑問が、「LENAで集めたデータを見るべきなのは、私たちだけなのか?」でした。これは簡単に答えが得られる話でしたから、早速、カリキュラムに参加している保護者たちと話し合い、考えとアドバイスを求め、保護者もLENAを活用することになりました。3000万語イニシアティブのプログラムを改善していくうえで、大きなプラスの一歩となったできごとです。

母乳がないのなら、赤ちゃんの命を維持し、健康を保つために必要な栄養の代替物を開発する方法がいくつもあります。けれども、人間の脳がその可能性を最大に活かせるようにするための栄養となると、生まれてからの数年間、あたたかく、敏感に反応するおとなの言葉だけです。科学も今のところ、これに代わるものはないと言っています。脳を育てる栄養がすべての子どもたちにいきわたるようにする、これが3000万語イニシアティブを進める私たちの動機です。「私たち」とは、研究者たちであり、保護者たちです。私たちの目標は、子どもたちそのものです。

パート2
「3つのT」の実際

すでに書いた通り、3000万語イニシアティブの信条は、「子どもの脳は伸びる可能性を持っている」です。そして、イニシアティブの核を成しているのは「3つのT」、その目的は、すべての子どもたちの最適、最大限な知的発達を保障することです。3000万語イニシアティブのカリキュラムは、生後すぐから3歳までの幼い子どもの言葉環境を豊かにするためにデザインされています。でも、「3つのT」の効果は語彙を育てるだけにとどまりません。たとえば、算数の考え方を導入する、リテラシーを育てる、自己制御と実行機能を育てる、さらに、クリティカル・シンキング[訳6]や感情洞察力、創造力、粘り強さを育てるなど、効果は多岐にわたっています。

3000万語イニシアティブは科学をもとにして、そこから脳を育てる実践につなげていきます。

子どもと一緒に本を読む

生まれたその日から子どもと話すことは、子どもが話し始めるはるか以前からコミュニケーション・スキルの基礎を育てていくことになります。同じように、生まれたその日から子どもと一緒に本を読むことは、子どもが読む能力を身につけるずっと前から、リテラシー・スキルを育て、本に対する愛情を育てることにつながります。保護者がどのように、どのくらい、生後最初の数年間、子どもに本を読むかは、学校入学時の準備度に影響を与え、最終的にはその子の人生の道筋にも大きな影響を及ぼします。

子どもと一緒に本を読むことの大切さは、今さら言うまでもないでしょう。Reach Out and Read（医療クリニックで医師、看護師が子どもに本を読み、読書行動を保護者に勧めていくなどの活動をしているプログラム）、Raising Readers（出産後の退院時や健診時に子ども向けの本をプレゼントするなどの活動をしているプログラム）、Reading Rainbow（米国のパブリック・テレビで放映されていた読書プログラム）といった団体はその価値を何十年も言い続け、勧めてきました。2014年には米国小児科学会が、保護者は生後すぐから子どもに本を読むべきだと勧告を出しています。

この考えは数多くの研究によって支持されています。生後最初の数年間におとなが本を読んだ子どもは、幼稚園の段階において語彙がより豊かで、算数のスキルも高いという研究結果が複数あります。また、読書熱心な保護者は、読むことに対する子どもの興味を高め、子どもがより良い読み手

［訳6］　クリティカル・シンキング critical thinkingは、「批判的思考」と訳されるが、「批判」というマイナスにとられがちな意味ではない。あることについてさまざまな側面から積極的かつ自主的かつ客観的に情報を集め、観察し、情報を分析し、評価し、その作業をしている自分も客観的にとらえつつ考え、行動していく作業全体を指している。

になる方向づけをしているという研究もあります。

大切さは知っていても、3000万語イニシアティブに参加した多くの母親は当初、子どもと本を読むことに抵抗を示しました。

「うちの子は、じっと座ってないから。」

「自分で本を持ちたがってしまって。」

「私がそのページを読み終わる前に、めくってしまう。」

「本の中で起きたことを話し始めて、いつも私の邪魔をして。」

母親たちの意見はわかります。彼女たちの心の中にある「正しい読書」の前提条件は、静かに耳を傾けている子どもであり、そうでなければ本を読むことに意味はない、と思っているのでしょう。母親たちが理解しなければいけないこと、そして私たちの多くが学ばなければいけないことは、実はこれがチューン・インのための最高の時間だという点です。

本を読む時、「3つのT」がどう役立つか

従来の「お話の時間」では保護者が本を読み、子どもは静かに聞きます。でも、グローヴァー・ホワイトハースト Grover Whitehurst 教授（ニューヨーク大学ストーニー・ブルック校心理学部）のプロジェクトをもとにした「対話的な読書」では、この役割が少し変わります。このプロジェクトの目的は、話を物語る中で質問をし、見たり考えたり感じたりしたことを話すという、これまでよりも主体的な役割を子どもが果たすよう促すところにあります。そうすることで子どもは話し手になっていき、保護者は聞き手の立場に近づきます。3000万語イニシアティブで「ブック・シェアリング」（本を共有する）と名づけている方法も、このアプローチに根ざしています。

たとえば、こういう形です。

子ども向けの本が保護者の膝の上に乗っていて、1ページめが開かれています。従来ならここから読み聞かせが始まり、保護者が最初から最後まで読みます。けれども、「3つのT」では少し違います。本を読んでいる間、

何が子どもの注意を急にひくか、保護者はずっと敏感でいます。そして、子どもの注意が変わる向きに従っておとなの注意の向きも変えていきます。チューン・インです。結果として、子どもは興味のないものに注意を向けさせられることもなく、学ぶための、開かれた、邪魔のない道筋を得られるわけです。

トーク・モアは、ブック・シェアリングの2つめの側面です。脳を育てるためにトーク・モアが果たす利点は、容易にわかるでしょう。子どもが大きくなるにつれて物語の内容は細かくなっていきますが、物語の中で何が起きているのか、これからどうなっていくのか、できごとが登場人物にどんな影響を与えるかについてたくさん話す（トーク・モア）ことで、子どもの心の中では物語がよりいっそう大きな意味を持つようになります。また、本には日常的な聞き慣れた単語だけでなく、豊かで複雑で、日常はあまり使われない単語もたくさん出てきます。たとえば、「疾走する」「いたずら好きな」「摩訶不思議な」といった言葉です。会話の中でこうした言葉を繰り返すと、子どもの心の中にも言葉が根づいていくでしょう。

「赤ちゃんグマがテーブルに座っているよ。」

「クマちゃんのおかゆから出てる湯気を見てごらん。すっごく熱いんだね！ クマちゃんが今、おかゆを食べたらどうなると思う？」「冷めるまで待ったほうがいいかもね！」

「あれ！ 女の子（ゴルディロックス）が赤ちゃんグマの椅子に座っちゃった！ 何が起きたのかな？ 椅子がバラバラに壊れてしまったね。大変！」（絵本『3びきのくま』）

子どもがもう少し大きければ、トーク・モアにテイク・ターンズを加え、物語に関連して子どもの頭に浮かんだできごと、考え、感じたことなどを開かれた質問で尋ねましょう。開かれた質問を通じて、よりいっそう考えさせたり、「もし〜だったら」と推測させたりすることは、より高いレベルの想像的な考えを求めることにつながります。なぜなら、そういった質問に対する答えは本の中だけを見ていたのでは見つからないからです。そして、状況から切り離した言葉を使う絶好の機会にもなります。

「女の子（ゴルディロックス）が赤ちゃんグマの椅子に座った時、何が起きたんだろうね？」

「これ、してよかったのかな？ どうして、してはいけなかったの？」

「クマの家族が家に帰ってきたら、どんなことが起きると思う？」

「赤ちゃんグマ、自分の椅子が壊れているのを見たら、どうするかな？」

「クマの家族がゴルディロックスを見つけたら、なんて言うと思う？」

ブック・シェアリングのもう一つの側面であるテイク・ターンズは、赤ちゃんや子どもが絵を指さすたび、本のしかけを開けるたび、ページをめくるたび、質問するたび、問いかけに応えるたびに起きます。

言うまでもありませんが、3000万語イニシアティブのブック・シェアリングは、保護者が子どもに本を読むことをやめさせようとしているわけではありません。子どもが保護者の膝の上に座りたがり、静かに話を聞いているのなら、何はともあれ、子どもに本を読んであげるべきです。子どもを抱っこして本を読む、これほど楽しいことは他にあまりないのですから。子どもがしたがっているのであれば、そうしてあげること自体が完璧なチューン・インなのです。

赤ちゃんに本を読む

ブック・シェアリングには0歳児も含むべきだという3000万語イニシアティブの考えに、米国小児科学会も多少の修正つきで同意しています。赤ちゃんには単語の意味がわからないでしょうけれども、保護者の声の音色、話のリズム、触れているあたたかさに安心するでしょう。赤ちゃんにとって本を聞くことの最初の魅力は愛情のこもった保護者のやさしい声かもしれませんが、単語のリズムがつながって文章になっているその音を聞くことは、言葉の働きを学ぶ最初の学びにもなります。

生まれたばかりの赤ちゃんに本を読む時、内容の理解は目標ではありません。だから、子ども向けの本を選ぶ必要もないのです。読み損ねていたニュースを読むチャンス、または6か月間、ベッドの横に置いたままにしてあったベストセラー本をついに開くチャンスかもしれません。ページを開いて、声を出して読みましょう。

赤ちゃんは、4か月ぐらいになると本に興味を示し始めます。ただ、興味の対象はお話を聞くことよりも本そのものかもしれません。保護者の役割は、子どもの注意をひいているものが何なのか、チューン・インすることと、子どもが注意を向けている対象についてトーク・モアすることです。

「本を持ちたいの？　そうしたら絵がもっとよく見えるね。これは犬だよ。これは何かな？ 猫だね。ね？」

「本を手でたたいている時の音を聞いてごらん。音がすると、嬉しいんだね。笑ってる。お母さんもたたいてみるよ。今度はお母さんが嬉しくてニコニコするね。」

「本を床に落とすのがおもしろいの？　お父さんがかがんで拾っているのを見てごらん。おもしろいね。もう一回落としてみよう！」

文字に気づき、文字を意識する

子どもと一緒に本を読むことで語彙を育てる大切さは、多くの研究結果からわかっています。でも、読み手としての最終的な能力を高めるうえではもう一つ、重要な要素があります。印刷された文字に対する意識づけです。

幼児にとって文字はごちゃごちゃした線の塊で、意味を持ちません。読むことを学ぶには、この線の集まりが音を生む文字であり、文字が集まって単語になるという理解が基本になります。ここで大切なのがジェスチャーです。本を読みながら保護者が文字を指さすと、幼児は話されている言葉とページの上の特定の線の集まりの間に関連があると理解し始めます。同時に、その言語特有の文字の読み方もわかっていきます。英語であれば左から右へ、上から下へと読み、それぞれの単語はスペースと句読点で隔てられている、という読み方です。子どもが大きくなり、本に見慣れない単語がある時には、その単語をおとなが指さすことで、子どもは耳にした音とページの上の文字につながりがあると学ぶでしょう。この過程は、子どもが文章と絵の関係を理解するためにも役立ちます。高いレベルの読解力に向かう最初のステップとしてだけでなく、印刷された文字に対する意識づけもできます。

印刷された文字に対する意識づけの重要性、これは研究によっても支持されています。たとえば、文字を指さす行動をおとながたくさんしながら本を読んだ子どもは、おとなが指さしをせずに本を読んだ子どもに比べて、文字に対する意識が上がり、読み、綴り、さらに理解のスキルが高いという結果でした。

物語を語る

語彙やプレリテラシー[訳7]など、子どもが本から受けとる利益の多くは、言葉で語られる物語からも同じように得られます。保護者が物語を語ることと、後の言葉スキルや学校入学時の準備度の関係は、研究から明らかです。たとえば、3～4歳の子どもの保護者が物語を語るトレーニングを受けると、状況から切り離された語彙が子どもの間で増えるとわかっています。物語を使うことで、保護者は子どもの将来の語彙が増えていくのを助けているわけです。

「物語を語る」とは、本を読むだけではありません。想像上の王国や美しいお姫様たち、宇宙を漂うスペース・ドッグの話だけでもありません。どれも物語ではありますが、幼い子どもにとっては特に、数日前、スーパーへ出かけた時に起きたことも物語なのです。公園を歩いている時のこと、町へ車で出かけた時のこと、浴槽の中の泡のことかもしれません。つ

［訳7］ プレリテラシーとは、リテラシー（読み書き、読解）の前提になるさまざまなスキルの総称。文字や数、形の理解のみならず、音、文章を書く時のルールなどを広範に含む。

まらない話に思えるかもしれませんが、自分が話の中の主人公であるなら、子どもはどんな話も大好きなのです！

そして、「3つのT」がここでもサポートしてくれます。親子で一緒に体験した話であれば、子どもにとってわかる話ですし、語りに参加するよう子どもを促すこともできます。一緒にした体験についてたくさん話す（トーク・モア）ことで、子ども自身が物語に情報を加え、自分の考えも加えていくよう助け、子どもがチューン・インし、テイク・ターンズすることを助けます。開かれた質問、たとえば「次には何が起きたと思う？」「みんな、どこへ行ったのかな？」「どうしてみんな、こうしたんだと思う？」といった問いかけが役に立ちます。こうした語りは、想像力を育て、語彙を増やし、深く考える方向へ子どもを支援していきます。

大きくなるにつれて、子どもは物語の語りにどんどん参加してくるようになるでしょう。赤ちゃんに対しては保護者が物語を語っているわけですが、子どもが参加できるほどに育つと、日々の物語は脳を育てるもう一つの方法になります。子どもは、スージーおばさんの家へ遊びに行った時の物語をくわしくしてみたり、話を加えたりして、テイク・ターンズをするかもしれません。どんな内容であっても、掘り下げた質問、たとえばそのテーマに関連する「考えや気持ち」を尋ねることで、物語はずっと身近になります。チューン・イン、トーク・モア、テイク・ターンズは、子どもが自ら関心を持って積極的に参加するための鍵となるのです。

物語を語ることは、子どもが「気持ち」を理解していくうえでも役立ちます。滑り台から転げ落ちた子どもは、そこで遊ぶのを怖がるかもしれません。大好きだったぬいぐるみをなくしてしまった子どもは、とてもとても悲しいけれど気持ちを表せないかもしれません。起きたできごとを表現し、感情を話す道具として物語を使うことで、おとな同様に子どもも何が起きたのかをより良く理解できるのです。さらに、苦しみや悲しみをやわらげるプロセスが始まる助けにもなります。この方法を一貫して適切に使うことは、自分の感情を理解し、こういう気持ちなのだと名づけ、表現するにはどうしたらいいかを子どもが学ぶ助けとなるでしょうし、自己制御を育てることにさえつながるでしょう。

算数と「3つのT」

3000万語イニシアティブの中で保護者の高い評価を得ているのが、算数プログラムです。保護者の言葉の力で乳幼児期、算数の基礎を培えるようデザインされたこのプログラムは、実践も簡単です。あまりにシンプルなので、多くの保護者が実際、「前から自分でもしていた」と気づくぐらいです。ですから、保護者がもっとも驚くのは、幼い子どもに算数の話をすることが学校へ入る時点の算数のスキルを上げておく基礎づくりになるという点でしょう。

子どもが小さい時期、算数の基礎づくりをするうえで大切なのは、数そのもの、数を操作すること、形、空間的推論、測ること、そしてデータです。こうした基本的なことがらは、意識しないような形でではありますが、とても幼い頃から学んでいるのです。

たとえば、知らない人に抱っこされて、いやがって泣く赤ちゃんも算数を使っています。比較、相関、区別を用いて。こう考えてみてください。

慣れているにおい＝良い
知らないにおい＝悪い

情報を集めて整理するには、算数のスキルが必要です。これがその後、ものごとを分けて分類するスキルに育ち、子どもが論理的に考え、まわりの世界を合理的に理解する助けとなります。

また、「アイスクリーム、もっと！」と言う子どもは、算数の別の概念、比較測定（間接測定）[訳8]を使っています。

『マクドナルドおじさん』を歌っている時、「イーアイイーアイオー」のたびごとにぴったり声を合わせて歌い始める3歳の子どもは、パターンという算数の概念を使っています。パターンを認識できることは、問題解決スキルを身につけるためや、予測のスキルを上達させていくために役立ちます。

算数の基礎を育てるスタートとして一番わかりやすいのは、もちろん数そのものであり、数えることです。数えることは最初、丸覚えから始まります。いち、に、さん、よん…、こうした言葉が全体の数量を表しているとも知りませんし、全体の数量の中の相対的な位置を示しているともわかっていません。10が6や2よりも大きいのは、単純な話、言葉で言った時に6や2よりも後に10が来るからです。ところが、時間が経つにつれて、数はまとまり全体の数量を表しているという理解、つまり、4は今、皿に乗っているクッキー全体の数を示しているという理解が生まれてきます。この理解、「基数概念」はすでに書いた通り、その後の算数、数学のスキルにとってきわめて重要です。

なぜなら、数は足し引きのためだけにあるのではなく、物の全体数(量)、いろいろな集まりの中の相対的な位置、計測量も意味するからです。一つひとつの物やことがらの識別に、数が使われる場合もあります。算数や数学でつまずかないようにするには、それぞれの文脈の中で数がどう機能しているかを理解しなければなりません。「3つのT」の力を使うと、この複雑な過程も容易になります。

数、数、どこにでも数
そして、数があなたに考えさせること

数はどこにでもあります。封筒、靴の内側、テレビのリモコン…。数をたくさん目にすればするほど、「ここに数があるよ」と指さして教えられれば教えられるほど、子どもはいっそう早く、自分で数を見つけられるよ

［訳8］ 比較測定とは、物の大きさや量を直接、ものさしや秤で測る（直接測定）のではなく、ある基準に対して測ること。

うになるでしょう。

オムツを替える時には、赤ちゃんの足の指の数を数えます。もう少し大きくなったら、お皿の上に乗っているチーズを一つひとつ指さしながら数えます。4、5歳になったら、階段をのぼっている時に「ひと足ごとに数えてごらん」と言います。もっと大きくなったら、全体の数を言い、そして、一つひとつを指さし、数えていきます。「おもちゃの車が10個あるね。1、2、3、4…」、これが基数概念を教えることになります。それぞれの物は一度ずつだけ数えていき、最後の数がその物の「セット」全体を指していると教えるのです。

食事の時間、遊びの時間、それがどんな時であっても、子どもにとって楽しい学びの経験にするために必要なのは、「3つのT」と数える対象です。

チューン・イン：朝、子どもが服を着ようとしている様子に目をとめる。

トーク・モア：「あなたのロンパースには、スナップが5つついているね。お母さんが数えるのを手伝ってくれる？ 1、2、3、4、5。5つのスナップをとめて、はい、準備完了。」

テイク・ターンズ：子どもがスナップをとめながら、母親と一緒に数える。1…、2…、3…。

大きい子どもの場合、単純な足し算、引き算も加わります。

「あなたが持っているクラッカーは2枚、お母さんが持っているのは2枚。一緒にすると、4枚のクラッカー。」

「じゃあ、お母さんが自分のクラッカーを1枚、あなたにあげたら？ あなたは3枚、クラッカーを持っていて、お母さんはたった1枚。」

この単純な方法が子どもの算数の概念を増やしていきます。

形（幾何）

嘘だと思うかもしれませんが、子どもにとって形（幾何）はとてもおもしろいものです。木の積み木で塔を建てる、パズルをする、鮮やかな色のついたお手玉をバスケットに投げ入れる…、どれも幾何だからです。そして、なによりすばらしい点は、幾何学と呼ばれるこの楽しい経験は、形や空間、場所をいろいろに変えてみる活動すべてを指し、そのどれもが幼い子どもの算数の基礎づくりにつながるところです。

形と、形同士の関係について話す時は、「3つのT」で始めるのが一番です。子どもは、学びの材料に囲まれています。キッチンのドアは長方形。夕飯のお皿は丸。絵の額縁は四角。タイルは三角。形の中にも形があります。枕は四角ですが、枕カバーには渦を巻いた水玉模様。冷蔵庫は縦長の長方形で、そこに長方形のドアが2つ。生活の中にあるすべての物が、子どもと一緒に数と形を探検する素材になります。公園のベンチ、2階建てバス、スーパーの棚の缶詰、そして、アイスクリームのコーン。

幾何を学ぶうえで不可欠なのは、すでに書いた「空間的推論」、つまり形がそれぞれにどう関係しているか、です。空間的推論とは、形や物を違う方向から視覚化できるスキルで、言い換えれば、心の中で形や物を「操作」し、動きをそれぞれのつながりの中でイメージできる力。たとえば、靴のヒモを結ぶ時や、残った料理をプラスチック容器に入れる時、高速道路の路線に合流する時などに私たちは空間的推論を使っています。子どもはパズルをしている時、おもちゃをしまう時、遊具に登る時などに、同じスキルを使っています。

空間の単語には、「長方形」や「正方形」といった形そのものの言葉だけでなく、形を表現する「曲線の」「まっすぐな」「背の高い」「低い」「ジグザグな」といった言葉も含まれます。これは、言葉の大切さを示すもう一つの例です。すでに紹介したスーザン・レヴィン教授の研究によると、2歳の時点で空間に関連する言葉をより多く知っていた子どもは、4歳半の時点で空間のスキルが高いという結果でした。

空間的推論は、外科医の手術スキルを予測する鍵の一つでもあります。手術室に入っていく外科医は、ほぼ間違いなく、頭の中で人体の内部に入り込み、手術を成功させるために必要な特定の道筋を描いているはずです。こうしたすべてが実は3歳、あるいはもっと幼い時のパズルのようなものから始まったのかもしれない。そう考えるとおもしろいですね。

子どもが外科医になろうとはしなかったとしても、ピースをパズルの中にあてはめていく過程、ブロックで砦を組み立てる過程、本棚の本を並べ換える過程などは、空間的推論が育つ大切な機会です。空間的推論を身につけることは、問題解決力全体を上げることに結びつくだけではありません。空間的推論はその後の読解のスキルを予測する要素であり、その後、科学、テクノロジー、エンジニアリング、数学の領域の到達度にも相関するとわかっています。空間に関する思考はおとなになるにつれて精緻化していきますが、早いうちから始めることが子どもの算数の基礎を固める大切な第一歩です。

「3つのT」と空間スキル

空間に関わる話の中で「3つのT」を応用することは、子どもの空間スキルを育てる効果的な方法の一つです。どんな時が適しているのか、探してみてください。たとえば、「大きい」「小さい」といった大きさを表す言葉を使う時、「四角」対「丸」のような形の言葉を使う時、「平ら」対「曲線」などの形の特徴を示す言葉を使う時。積み木を積んだり、絵を描いたり、年齢に合ったパズルをしたりという遊びの時間以外に、ベッドを整えたりおもちゃを片づけたりといった日常の活動も、空間に関する言葉を使う絶好の機会です。

お風呂の時間も、「3つのT」を使って子どもの空間推論力を伸ばすには最適です。

チューン・イン：子どもは浴槽の中の泡（バブル・バス）が大好きです。

トーク・モア：「泡が大きい白いブランケットみたいだね。腕を見てごらん、泡の線がついているよ。まっすぐな線。ほら、ここに小さな丸い泡の島があるよ。まわりは水だね。泡の島、あなたの手の近くにあるよ。でも、つま先からは遠いなあ。ほら、丸だよ。水に丸を描いてみて。四角をつくれる？　難しいね。じゃあ、高いお山は？」

テイク・ターンズ：「手が泡だらけ。泡がたくさん、ね！　泡はどんな形？　そう、当たり！　泡は丸！　ほら、せっけんが泡の中に浮いているよ。せっけんはどんな形？　長方形だね。あなたのタオルは正方形。タオルにせっけんをつけよう。ね、正方形の中に長方形！」

子どもとこうしてやりとりをした成果は将来、間違いなく形になって表れます。幼い子どもの算数・数学、空間的推論の力を伸ばすことは、さまざまな職業につながるドアを開けるためのスキルとなっていくからです。

測る

「測ること」は生活にとって欠かせませんから、その基礎を早くから伝える大切さも理にかなっています。料理の時、掃除の時、または、何歩歩けばいいのか、夕食の皿にどれだけ盛ればいいのかといった時に計測が使われます。棚をつくる時、バスケットでダンク・シュートをする時、駐車料金の機械にお金を入れる時も計測のスキルを使っています。

現実の経験と結びついた言葉が導入になります。

「汽車をすごく早く走らせることができるかな？」

「うわあ、あなたが建てたタワー、とっても高い！」

「この箱はすごく重くて、私は持ちあげられないな。」

「このスパゲッティ、すごく長いね。」

子どもが長さ、重さ、高さ、速さなど、特徴に対する感覚を持ったら、比較のレンズを通した計測も学ぶことができます。

「どっちの汽車が速く走れる？」

「あなたが建てたタワー、ランプより高いね。」

「小さい箱を持ったほうがいいね。こっちは重すぎて私は持ちあげられない。」

「このスパゲッティは、お皿より長いよ。」

さらに、

「ずいぶん大きくなったね。おサルさんのシャツは小さすぎるよ。もっと大きいシャツがいるね！」

「朝ごはんの前は、カップがいっぱいだったね。今は空っぽ。あなたが全部、飲んだんだよ。」

「遠くまでボールを投げられたなあ！ 私はそんなに遠くまで投げられなかったよ。私のボールのほうが近いよね。」

「あなたが手伝ってくれたら、ケーキをつくれるんだけどな。カップはここ。カップいっぱいに小麦粉を入れられるかな？ できた！ 次はお砂糖。小麦粉より少なくてよくて、今度はカップの半分だけ。カップの半分、入れられる？ 今度もできたね。あなたとケーキをつくるの、大好き。」

「大きい」「小さい」「いっぱい」「空（から）」といった比較の言葉は、子どもが「同じ」や「違う」、「より多く」や「より少なく」のような比較の概念を理解するのにも役立ちます。

子どものための、データ収集とデータ理解のガイド

「データの理解」と言うと、子どもにはほとんど関係ないように思えるかもしれませんが、実はデータは子どもの生活の一部です。だからこそ、

データの理解は幼い時期の算数の基礎、大切な一部となるのです。世界を理解するため、情報に注目して情報を集めるよう子どもは生まれついています。出会う人々、動物、天気、部屋の中にあるもの、マカロニの味、すべてがデータであり、自分が生きている世界を理解し、自分がいる場所を理解する方法です。

たとえば、赤ちゃんが何かを初めて食べて、いやな顔をして、吐き出した。これはデータ収集と分析の結果です。幼児が大きさの異なる2つのクッキーのうち1つを選ばなければいけない時も同じです。オレンジ色のグミと緑のグミを分けて、少ないほうを弟にあげた時も、自分が持っているおもちゃのトラックと友だちが持っているトラックの大きさを比べた時もそうです。

チューン・イン：父親の靴を履いて、子どもがリビングを歩き回っています。

トーク・モア：「お父さんの靴を履いているの？ 大きいに決まっているよね！ お父さんの足は大きいから、大きい靴じゃなきゃダメなんだよ。お父さんの足と○○の足を比べてごらん。あなたの足はずっと小さいでしょう。」

テイク・ターンズ：「誰の靴が大きい？ お父さんの？ それともあなたの？ 正解！ お父さんの靴のほうが○○の靴よりずっと大きいね。でも、○○の足も大きくなっているんだよ。だから、先週、新しい靴を買ったんだ。古い靴ではきつかったものね。古い靴はもう小さすぎたね。」

パターン

ニュアンスとは、情報のセット（＝データ）の中にある微妙な違いや揺れです。ニュアンスの認識とは、日々の生活の中で、できごとやものがパターンの中にどうあてはまるかを理解するよう学んでいく部分です。パターンに気づき、どのパターンにあてはまるかがわかり、パターン分けをできることは、子どもが論理的に考え、予測を立てていくうえで役立ちます。パターンのスキルは算数の学びにおいて重要なだけでなく、日常生活を理解するためにも大切になります。さらにパターンは、数える、読む、演奏や歌、そして、時計を読むといったことを子どもが学ぶ時にも役立ちます。

おとなは、常にパターンを使っています。販売戦略をデザインする時、経営者は売上パターンを分析します。ソフトウェアをプログラムする時、情報技術の専門家はコードの約束（パターン）を使います。ゴミ収集の人たちは道順に沿うよう、方向の決まり（パターン）を使います。医者は病気を診断するために健康や病気の基準（パターン）を使います。

子どもも、ほぼ同じようにパターンを使います。きれいなオムツに替わったら、今度は父親がパジャマを替えるだろうと赤ちゃんは予測できます。昼食の後は昼寝だと幼児は予測します。大きくなれば、保護者が仕事から帰ってきたらすぐに夕食だと予測するでしょう。できごとが予測可能なのは、たとえ赤ちゃんであっても日常生活のパターンを認識しているからです。パターンに対する慣れは、毎日の習慣の中に子どもが安心を感じることにもつながります。次に起こるできごとがわかっていると、子どもの脳は急な変化や動きに注意を奪われたり、ストレスを感じたりすることなく、目の前の学びに集中できます。

「3つのT」は、子どもにパターンを教える場合にも役立ちます。赤ちゃんは繰り返される音が好きですから、赤ちゃんがバブバブと言っている時には、その声に応えるやりとりをできるだけ続けてみましょう。もう少し大きくなったら、子どもは歌ったり踊ったりが大好きですから、耳慣れた、繰り返しのある歌を歌いましょう。特に、飛んだり跳ねたりのダンスがついている歌を一緒に歌い、踊ります。子どもと一緒に公園へ遊びに行き、テイク・ターンズを使って遊具や公園のあちこちにあるパターンを見つけましょう。洗濯をしている時、夕飯の食卓、動物園、歩道、車の中、パターンはどこにでもあり、パターンについて話す機会もどこにでもあるのです。

結局のところ、算数は基本的なスキルの一つなのでしょう。デボラ・スタイペック Deborah Stipek教授（スタンフォード大学教育学部）は、こう書いています。「複数の研究から、小学校入学時点の算数のスキルが後のその子どもの学業的成功と強く相関するとわかっている。ある研究によると、就学前プログラムに入る時の読字スキル以外に、算数スキルも小学校3年時の読解スキルと相関していた。就学前プログラムに入ってからでも初歩の算数スキルを学ぶことはできるかもしれないが、それではすでに不利だ。」

逆に、算数を理解する種がすでにまかれた状態で学校にあがれば、子どもはとても良い学びのスタートを切れるでしょう。

過程を基本にしたほめ言葉

私たちが子どもに望むことははっきりしています。その子の可能性を発揮するための能力とスキル、安定性、生産性、共感性、前向きさ、困難に直面した時の粘り強さといったものです。では、何度でもトライする子どもと、トライして失敗したらやめてしまう子どもの違いは何でしょうか？

すでに書いてきた通り、それはほめ言葉です。

3000万語イニシアティブに参加する保護者が、「ほめすぎると子どもがうぬぼれるのではないか」と心配する時もあります。そんな時、子どもは保護者に後押しを求めている、つまり、自分がしていることに対するサポートと、自分がどれだけできているかに対するサポートを求めているのだと説明してきました。けれども、私たちおとなは皆、すべてのほめ言葉が同じように最高の結果を生むわけではないと学ぶ必要があります。キャロル・ドゥエック教授の研究から学んだことの繰り返しになりますが、ほめ言葉には2種類あります。

人を基本にした、子ども自身をほめる言葉。たとえば、「あなたは頭がいい子だ」。

過程を基本にした、子どもの取り組みをほめる言葉。たとえば、「○○はすごいね！ 頑張って、パズルを完成させたんだ」。

過程を基本にしたほめ言葉をより多く聞いた子ども、つまり努力をほめられた子どもは、難しい状況になっても諦める確率が低く、その粘り強さが学校でも生活の中でも良い結果につながると研究は示しています。

子どもがパズルをしているところを考えてみましょう。母親が加わり、床に一緒に座って、チューン・インします。子どもはピースを一つ持って、あちこちの穴にあててみて、ようやく正しい場所を見つけます。母親は、過程を基本にした励ましで応えます。「ぴったりあてはまる所を見つけるまで何度も試してみたあなたが大好き！ 諦めなかったね。できた！」

この子は、諦めないことは強みなのだと学び始めます。

過程を基本にしたほめ言葉を日々のやりとりの中にたくさん入れていくには、どうすればいいのでしょうか？ 子どもが良い行動をした姿や良い行動をしようとした姿を見つけましょう。ただし、ここで思い出してください。幼い子どもはまだ、良い行動の基本を学んでいる段階です。ですから、「明らかに良い行動」ではなくても、それらしい行動であれば、できる限り見つけてほめることが後押しになります。そうなると、チューン・インが不可欠です。子どもが今まさに正しい行動をしたという瞬間であっても、保護者の注意が子どもに向いていなければすり抜けてしまうのですから、「良さそうな行動」はもっと気づきにくいのです。一方、悪いことはいつでもはっきりしていますから、保護者は気づき、子どもは怒られるのです。「良い（それらしい）行動」をほめることで、その行動は習慣に育っていきます。

「食事をしている時、ちゃんと座って、とてもよくできているね。お父さんは、○○のことがとっても誇らしいよ。」

「絵を描くのにすごく集中しているんだね。○○が使っている色、どれも大好きだな。」

「○○がやさしく撫でてあげると、ネコは嬉しいんだ。気持ちがいいから、喉をならしているよ。」

ほめ言葉が具体的であればあるほど、そして一貫していればいるほど、子どもにはわかりやすく、それ以上に、良い行動がどんな行動であるかを子どもは学びやすくなります。

自己制御、実行機能

知性は重要です。でも、静かに座っていられなかったら、指示に従えなかったら、感情をコントロールできなかったら、その子がどんなに頭が良くても学ぶことはできません。実行機能も、子どもが幼い時の言葉環境の大切さを示す例です。保護者の言葉は子どもの脳が育つのを促すだけではなく、子どもの行動も形づくっていくのです。

実行機能は当初、3000万語イニシアティブのカリキュラムに入っていませんでした。これがカリキュラムに入ったこと自体、母親たちの存在がプログラムの形成と発展にとってどれほど不可欠だったかを示しています。幼い子どもの言葉環境を豊かにするという点で、母親たちはこのプログラムの戦略を100％理解していましたが、それ以上のものも求めていました。子どもがより良い行動をできるように支援していく方法です。

母親たちのアドバイスは示唆に富んでいました。実際、学業で成功するには、頭の良さ以上のものが必要だからです。50まで数えられて、ABCの歌が歌えて、簡単な単語が読めても、座っていられず、指示に従えず、感情をコントロールできないのなら、幼稚園[訳9]に入った日、学ぶ準備が

［訳9］ 21ページの訳注の通り、米国の場合、「幼稚園」は通常5～6歳の子どもが小学校の準備のために1年間通う場所。学校システムの一部とみなされている。

できているとは言えないのです。しっかりした実行機能と自己制御がなくては、せっかくの知性も苦しい闘いを強いられるばかりでしょう。

では、子どもの実行機能と自己制御を育てるため、保護者には何ができるのでしょうか？

言葉です。

言葉が子どもの脳を育てるように、言葉は行動を形づくる手助けにもなります。

どんな人でも、実際には決してしないことを、実はしたいと思っているものです。内心で思っている失礼なことをこっそりでもいいから言ってみたい、冷蔵庫に入っているチョコレート・ケーキを一気に食べたい、高速道路で割り込んできた男に「この野郎！」というジェスチャーをしてやりたい。これが人間ですから。でも、現実にそんな状況になれば、私たちは自分の感情をコントロールでき、たいていは「したい！」と思う衝動を止められます。大変な事態につながりかねない衝動を実行に移してしまうことと、実際はせずに自分を落ち着かせ、プラスの行動に変えていくこと、両者の違いが自己制御です。

自己制御が呼吸のように自然なものだったなら、世界はまったく違っていたかもしれません。けれども、ある人は破壊的な衝動をコントロールできる可能性が高く、他の人はそうではない、この違いはどこから生まれるのでしょう？ 家庭にある慢性的なストレスの影響についてはすでに述べた通りです。ストレスが赤ちゃんや子どものコルチゾール（ストレス・ホルモンの一つ）のレベルに及ぼす影響は、子どもが自分自身をコントロールできない大きな理由です。ただし、恒常的なストレスが家庭になかったとしても、自己制御は自然に身につくものではなく、学習から身につけるものです。ここで、またもや言葉が重要なのです。

子どもが自分で自分をコントロールできない時期は、保護者がその役目をします。友だちから取ったおもちゃを返す、怒った子どもが兄弟姉妹に暴力をふるわないよう止める、子どもがリビングルームの壁にフィンガー・ペイントするのを止める。でも、最終的に子どもが自分で自分をコントロールするスキルを身につけることは、それこそ命に関わるほど、生涯を通じて大切です。子どもが必要に応じて注意を向け、指示に従い、問題を解決し、衝動を止め、感情をコントロールするには自己制御が不可欠ですし、学業面で可能性を発揮するにも入学初日からこうしたスキルが必要になります。ここでも「3つのT」がうまく使えるのです。

「3つのT」は、自己制御を育てるために開発されたわけではありません。他のプログラム、たとえば、子どもの認知・社会・感情的スキル、学習の基本などを伸ばす方法を保育・教育者に伝えるためデザインされたTools of Mind（「心の道具」）とは違います。けれども、日々、自己制御のさまざまな側面を育てていく手法としても、「3つのT」はほぼすべての子どもに使えます。

自己制御を育てる手法の一つは、子どもに選択肢を与えることです。意思決定をおとながすべてしてしまうと、子どもは自分の行動について考える必要も、その行動の結果について考える必要もなくなってしまいます。でも、選択肢を与えられれば、子どもは止まって考え、選択肢を天秤（てんびん）にかけ、選び、そして、自分の決定を言うか行動に移すかします。

チューン・イン：ベッドから出たばかり。祖父の家へ遊びに行くのでワクワクしている。

トーク・モア：「さあ、着替えよう。後でおじいちゃんの所へ行くからね。紫のドレスとピンクのドレスがあるよ。紫のドレスはかわいい花がついてて、ピンクは袖にレースがついてる。ピンクのほうはポケットもあるね。」

テイク・ターンズ：「どっちを着たい？」「ピンク？」「あなたは紫を選ぶと思ってた！」「どうしてピンクにしたのか、教えてくれる？」「ポケットがついているから？」「そうか。おじいちゃんにキャンディをもらったらポケットに入れられるね！」「私は、ピンクが一番だと思うな、クルクル回って遊ぶには完璧だものね。すごくいい選択だと思う。」

選択は、前向きな形で行動を変える方法にもなりえます。

チューン・イン：食事中、子ども用の椅子に座りたがらず、文句を言っている。
トーク・モア：「おなかがすいているのかな、だからちょっと機嫌が悪いんだと思うけど。お昼ご飯にしよう。棚の中を見てみるね。パスタとピクルスがある。ピクルスはほしくないと思うんだけど、どう？」
テイク・ターンズ：「ピーナッツ・バター・サンドイッチとパスタ、どっちがいい？」「パスタ、パスタ、パスタ！ はい、大好きだよね」「お椀とお皿、どちらに盛りつける？」「お母さんが箱を振ると、パスタがおかしな音をたてるね。聞こえる？ 自分で振ってみる？ はい、シャカ、シャカ、シャカ！」

選択肢を示すと、子どもは自分で考えざるをえなくなります。そこで「3つのT」も一緒に使うと、子どもの脳の自己制御の働きに対しても良い練習になります。

自己制御を教える最良の方法は「保護者がして見せる」

自己制御を教えるもう一つの方法は、おとながして見せることです。日常生活の中で見るおとなの行動を真似するのが、行動を学ぶためには一番ですから。保護者自身がイライラしたり怒ったりしたら、適切な言い方、適切なトーンで、今、自分がどう感じているのか、その感情を自分がどう扱っているのかを子どもに話すべきです。保護者がうっぷんを晴らすためではありません。そうではなく、もっとも適切でもっとも前向きに問題に反応する方法を子どもに教えているのです。ここでも「3つのT」が使えます。

チューン・イン：母親はドアから出ていこうとするが、鍵が見つからない。いらだっている様子、ストレスを感じている様子が表面に出ないようにして子どもに説明をする。

トーク・モア：「また鍵をなくしてしまったなんて、信じられない。鍵をどこかに置いてしまったのは、今週3回め。自分に腹が立つなあ。仕事に遅れちゃう。お母さんの鍵を探すのを手伝ってくれる？」

テイク・ターンズ：「テーブルの下に鍵がある？ お母さん、時々テーブルの上に鍵を置いておくから、そこを探すのはいいアイディアだね。落ちているかもしれないから。キッチン・カウンターも見たほうがいい？」

この方法を使うと、子どもとやりとりしているうちにあなた自身も落ち着いてくるでしょう。

チューン・イン：子どもが皿の中のレーズンをカーペットにぶちまけ、その上を行ったり来たりしてつぶしている。父親が静かに言う。

トーク・モア：「レーズンの上を歩かないで。カーペットが汚れてしまうし、○○の靴下がすごくくさくなってしまうよ。拾って、捨てよう。レーズンはもうおいしくないよ、汚れてしまったから。濡れタオルを持ってきて、カーペットを拭こう。○○のタオル、お父さんのタオル。2人で拭こう。」

テイク・ターンズ：「掃除をするのがとてもうまいね。靴下を脱いでくれる？ くさい足跡がつかないように。よし。手を洗ってこよう。そうしたら、別のおやつをあげるよ。」

こういった形で子どもに応答しようと思ったら、保護者は脳のエネルギーをものすごく使うでしょうし、保護者自身、大変な自己制御を要するのは間違いありません！ けれども、前向きな問題解決の例を保護者がはっきり見せることで、目の前の課題に対処する時に役立つ一生もののスキルを子どもに教えているのです。自己制御はすべてにおいて前向きな基礎をつくっていきます。もちろん、この「すべて」の中には子育ても含まれます！

命令は、自己制御も脳も育てない

命令と短い指示は、脳を育てる効果が一番低い方法です。命令や指示は、ほとんど、またはまったく、言葉による反応を要求しないからです。

「座りなさい。」

「静かに。」

「帽子をかぶって。」

「その本、こっちにちょうだい。」

「それ、やめて。」

直感には反しますね。してほしいことをはっきり言えば、それで**済むはず**です。確かにその時はそれで済んでいるように見えます。「やめて！」と元帥なみの言い方で言えば、はい、子どもはやめます。「帽子をかぶって」、はい、子どもは帽子をかぶります。でも、そこで子どもが止まったのは、または、あなたの目的が達成されたのは、その場その時の行動にすぎず、習慣ではありません。

子どもに話をする方法は無数にありますが、脳を育てるという点でみると、すべて同じではありません。その代表例が命令です。命令形の言葉は「３つのＴ」の真逆にある言葉で、だいたいはきついトーンで言われ、単語自体もきつい言葉で、子どもの反応を要求することはほぼありません。言葉はそこにあっても、脳の育ちはまったくありません。

「なぜなら思考」

命令形の代わりに3000万語イニシアティブが使う方法は、「なぜなら思考」です。

おとなの日常は、てんてこまいです。幼い子どもが日常に加わると、かなり我慢強い保護者でもやりくりは難しくなります。そして、イライラした時に命令が出てきます。

たとえば、保護者が子どもを送り出そうとしています。

「あなたの靴を持ってきて。」

子どもは何も考える必要がありません。保護者がラッキーなら、子どもは自分の靴を持ってくるでしょう。

3000万語イニシアティブの代替案：

「ディヴィッドおじさんの家へでかける時間だよ。靴を履いたほうがいいね。なぜかと言うと、そうしないと足が雨でびしょびしょになってしまうから。寒いしね。靴を持っていらっしゃい。」

「なぜなら思考」は、命令ではないだけではありません。何かをする時には理由があるのだと子どもが理解していく手助けをします。「なぜなら思考」は因果関係、つまり、ある行動の結果を考え、判断する学びにもつながります。そして、ものごとはなぜ、決まった方法で、決まった時間になされなければならないかを学ぶことでもあります。これは、クリティカル・シンキングを学ぶ方法の一つでもあり、さらに高度な学びのためにも不可欠です。

子どもの悪い行動もまた、怒りに満ちた命令を引き起こすかもしれません。

子どもが父親の電話を持ち、べたべたの指でスクリーンを押しました。それに対する反応は、

「僕の電話、置きなさい！ 早く！」

3000万語イニシアティブの代替案：

「僕の電話をテーブルの上に戻して。落とすと壊れるかもしれないから。そうすると、シドニーおばさんが今日、僕たちに電話をしてきてくれたとしても話ができないよ。」

「朝ごはんを食べなさい」と言えば、子どもは食べるかもしれません。でも、子どもに**その理由を話せば**、健康でいるためには食物が必要だという一生にわたる理解につながります。「階段で遊ばないで！」と言えば、子どもは降りてくるかもしれません。でも、**その理由を話せば**、ある活動に伴う危険を自分で考える必要性がわかり、それは一生、役立つでしょう。こうした理解は、一朝一夕では起きません。けれども、保護者が一貫していれば、「なぜなら思考」に基づいた日々の繰り返しが子どもの思考プロセスの一部になっていくでしょう。そして、言われなくても子どもが自分から靴を履く日が来るのです。

ただし、すでに書いた通り、命令の言葉しかありえず、それが必要な時もあります。

たとえば、ボールを追いかけて、子どもが車道に向かって走っています。落ち着いて、「○○ちゃん、交差点に駆け出してはいけないよ。車がぶつかってきて、ケガをするかもしれない」なんて言っている場合ではありません。「止まれ！ 車が来た！」が適切な命令です。もちろん、脳を育てはしません。でも、こういった状況では許されます。

こうした場合の命令には、プラスの側面もあります。保護者がいつも使っている「なぜなら思考」によって子どもにクリティカル・シンキングの

スキルが育まれていけば、最終的には分析力と判断力のある脳へと育ちあがり、こういう事態が起きた時に脳は「ダメ！」と自分で自分に言うようになるからです。結局のところ、これが私たちの目指すゴールです。

創造力

いわゆる美術や芸術は、子どもにとって最重要なことがらとはみなされていません。確かに、クレヨンとノリはいつでもそこにあります。でも、医学やエンジニアリングに向かう道筋にとっては、またはコンピュータのコードを学ぶうえでは、二の次にされてしまいます。

けれども、科学においてさえ、創造力は必須です。新しい世界を見つけ、新しい方法を見つけ、これまで誰も考えなかったアイディアを思いつくために。実際、とても幼い時に創造的に考えるよう励まされて育った子どもは、学校にあがる段階で学びのためのより強固な基礎を持っているのです。創造力は持って生まれた能力ではなく、後から身につけるスキルでもありません。創造力は、探求、発見、想像へと向かう傾向のことです。

では、探求し、発見し、想像するよう子どもを促すには？ 芸術は3000万語イニシアティブの正式な一部ではありませんが、「3つのT」のテクニックはここでも役立ちます。

「3つのT」と音楽

音楽はさまざまな面で、子どもの脳の発達にとって大切です。言葉とコミュニケーションを教えます。からだの動きを刺激し、運動発達と身体発達を促します。聞くスキルを育てます。抽象的な思考、共感、そして算数に関わる脳の神経経路も強化します。考えや感情を表現する創造的な方法にもなります。想像力に富んだ考えを後押しします。子どもは全身で音楽の中に入り込み、その子のあらゆる側面が音楽から恩恵を得るのです。

「3つのT」は、ここにたやすくあてはまります。

チューン・イン：歌は声の調子を自然に変え、聞いていておもしろいので、歌がない時よりも長く、子どもはその活動に取り組むでしょう。

トーク・モア：好きな歌を選び、歌います、歌います、歌います。

テイク・ターンズ：踊りの一つひとつの動き、一つひとつの手拍子、一緒に歌う歌詞の一つひとつが、すべて相互のやりとりになります。

たとえば、"Ring Around the Rosy"[訳10]や"Sing a Song of Sixpence"、"I'm a Little Teapot"には、日常会話であまり使われない単語が出てきます。"Five Little Monkeys"や"One, Two, Buckle My Shoe"、"This Old Man"は、数と数え方を伝えられます。"Open Shut Them"、"The Noble Duke of York"、"Hokey Pokey"には空間の概念が、"Old MacDonald Had a Farm"（マクドナルドおじさん）や"Bingo"にはパターンが出てきます。こんなに楽しく、子どもの脳を育てられると誰が思ったでしょう？

子どもは音楽が大好きです。木製スプーンで鍋をたたくにしても、おもちゃのギターをかき鳴らすにしても、ピアノの鍵盤をたたくにしても。音楽を通じた表現に良い悪いはありませんから、自信と自己肯定感を育てる完璧な機会です。

「3つのT」と視覚芸術

絵画、スケッチ、彫刻などの視覚芸術も、子どもの発達において効果を発揮します。運動発達を助け、言葉にならない考えや気持ちを表現する手

[訳10] すべて子ども向けの歌のタイトル。いずれもインターネット上でビデオを見ることができる。

段にもなります。考えや気持ちを表す言葉がまだない、とても幼い子どもには特に大切です。視覚芸術にも、良い悪いはありません。芸術家にとっては、これが嬉しいのです。必要なのは、何も書かれていない紙、クレヨン、そして想像力。こうした活動に日常的に参加していた子どもは、読字・読解の面でも自己制御の面でも、より高い傾向にあるという研究結果もあります。

子どもが芸術的な表現に取り組んでいる間じゅう、「3つのT」が使えます。

チューン・イン：活動、方法、アイディアが何であっても、子どもがしたいようにし、保護者は子どもについていきます。宝石のようなさまざまな色を全部まぜこぜにして、つまらない茶色にしていくことかもしれません。紙に何本もまっすぐな線や波の線を引くことかもしれません。指先にノリをべったりつけて、ボール紙に指紋の跡を線状につけていくことかもしれません。子どもの芸術性の流れにまかせましょう。

トーク・モア：子どもがしていることを言葉にします。芸術的な活動について話している時は、ふだんの会話ではあまり使わない形容詞や動詞を取り入れる最高の機会になります。

テイク・ターンズ：使っている物、選んだ色、形になりつつあるもの、芸術家の心の中にある何でも、について開かれた質問をします。

評価や批判はせず、創造のプロセスにだけ焦点を当てていれば、子どもは自分自身の言葉で自由に、つくっている物を説明できます。分析し、アイディアを伝えるスキルを育てると同時に、自分で考えることを促し、自信にもつながります。

ごっこ遊び

「ごっこ遊び」は、子どもの発達のかなめです。自分の想像力を存分に使っていいとなれば、その子は世界を探求する新たな方法を手にしたことになり、ある意味、世界にその子自身の証を残すことにもなるのです。「ごっこ」は安全な世界へと続く門のようなもので、その門をくぐれば考えや気持ちを自由に表現できます。コミュニケーションを学び、プレリテラシー・スキルを身につけていきます。社会スキルも豊かになり、高度な、もっと大切な考えへと結びついていくでしょう。

ごっこ遊びでは、子どもがすでに持っている語彙だけでなく、耳にはしているものの完全にわかっているわけではない言葉のバリエーションも使われます。ごっこ遊びに保護者を招き入れることで、子どもは自分でリードする「ふり」をしつつ、保護者とのやりとりから学んでいるのです。

チューン・イン：おとなは、おまけの役をしましょう。そうすれば、子どもがリードできます。自分自身が創造した世界の中で責任を任されるほどすばらしいことが、他にあるでしょうか？

トーク・モア：進んでいく話の内容を変えずに、会話をふくらませたり、伸ばしたりしましょう。

テイク・ターンズ：ごっこを続けていくために、開かれた質問をしましょう。「次はどうなるの？」「私は、彼女になんて言ったらいい？」「お城はどんなふう？」「僕、今、何をしたらいいかな？」

子どもが育つにつれて、想像遊びは変わっていきます。幼い時はまだ一人で演じていることが多く、おもちゃのティーカップから想像上のお茶を飲んだり、電話に応えるふりをして木のブロックを耳にあてたりします。学校へ入る前ぐらいになると、ごっこ遊びは双方向になり、ロールプレイや衣装が加わってきます。ここに保護者が加われば、脳を育て、関係を育て、創造的なスキルを育てる方法になり、ついでに楽しさというボーナスもついてきます。

ここまでのまとめ

赤ちゃんがおもちゃをキーキー鳴らそうとするのは、創造的な考えの表れです。幼い子どもがプラスチックのカップで電車をつくろうとするのも、創造的な考えの表れです。大きな子どもがスーパー・ヒーローのマントをつけて劇の役割を演じるのも、創造的な考えの表れです。

創造性を表現する自由を与えられると、子どもの脳の中ではたくさんの、たくさんのことが起こります。でも、一番は自分で考える、という点でしょう。算数も読字・読解も、すでにできあがっているルールを学ぶことです。ところが、芸術はほぼルールに縛られません。自由に表現できる場を持つことで、芸術は子どもが世界のありようを理解するのを助け、この世界の中にいる自分という感覚をつくりあげていきます。これが何年も何年も後になって、その時の世界の前向きで革新的な変化につながるかもしれません。子どもに芸術の活動が勧められるべき、もう一つの理由です。

4つめのT：デジタル機器と「3つのT」

注意を向けるべきものに注意を向けていない人を表現する時、これまでは「ゾーンド・アウトzoned out」[訳11]という言葉が使われてきました。でも今は間違いなく、「デジタルド・アウト digitaled out」でしょう。人と人の間のつながりが切れている状態で、脳の発達にも影響しますが、プラスの影響ではありません。保護者が子どもに対して「あ…、うん」「ちょっと待って」と反応していたら、あるいはまったく反応しないでいたら、チ

[訳11]「範囲（ゾーン）の中にいない」というニュアンスで、うわの空の状態を指す。「デジタルド・アウト」は、デジタル機器に没頭した状態で注意が外に向いていないという意味で使われている本書の造語。

ューン・インもトーク・モアもテイク・ターンズもないからです。ですから、おそらく「4つめのT」を、ターン・オフ（スイッチを切る）とするべきなのでしょう。

デジタル時代が来るまで、保護者は子どもに何を与えて遊ばせていたでしょう？ 塗り絵？ 積み木？ おもちゃの太鼓？ 人形？

今は？

スーパーで、ショッピング・カートの中に商品を次々と入れていく保護者を見ていてください。カートには小さな子どもが座って、デジタル機器で遊んでいます。たぶん、保護者のスマートフォンです。子どもを見ないで。横を通り過ぎるおとなたちを観察してください。ショックを受けた様子に気づきましたか？ 驚いていませんか？ この様子を見て、「うーん」と反応した人は？ 子どもと保護者の間にひと言のやりとりもないことに気づいた人は？「うわあ、大切なチャンスが無駄になっている」と、誰か言いませんでしたか？

日々の生活をこなしていくには、莫大な時間、莫大な努力が必要です。誰もこれには異議を唱えないでしょう。山ほどある日々の作業をやり遂げようと思うのは、生活を楽にしていきたいからです。棚の中に食べ物があり、請求されたお金は期日までに払い、車にはガソリンが入っている、そうしていきたいのです。けれども一方で、学ぶことができ、安定していて、自分の保護者にあたたかく、かつ、わかって共感できる子どももまた、生活を楽にするための長い道筋を歩んでいるのです。結局、これが保護者にとって一番大切なゴールでしょう。つまり、前向き、かつ知的に人生の挑戦に取り組める安定した子ども。子どもがとても幼い時に、一貫して肯定的にやりとりすることが、このゴールに向かう長い道のりです。

先ほどのスーパーで、保護者は子どもが注意を向けているものにチューン・インできるでしょう。それがショッピング・カートであってもリンゴであっても。トーク・モアを使えば、子どもがその時その時、興味を持ったものについて情報を伝えられるでしょう。テイク・ターンズを使えば、シチューに入れる野菜をどう切るかを子どもと一緒に考えたり、どのシリアルを買うかを一緒に考えたりできるでしょう。子どもの言葉に耳を傾け、聞くことは、子どもと話すのと同じくらい大切、いえ、たぶん、話すこと以上に重要です。幼かった頃の子どもの話に耳を傾け、子どもと一緒に話した保護者は、それから15年後、目の前の結果に満足するはずです。そして、はい、その通り、その時の生活はきっと楽なはずです、子どもにとっても保護者にとっても。

もちろん、これはスーパーだけの話ではありません。レストラン、公園、本屋でも同じです。

テクノロジーの使いすぎが子どもにとって悪いと信じているのは、3000万語イニシアティブだけではありません。米国小児科学会も、2歳以下の子どもにはテレビもテクノロジーもいっさい不要だと勧告しています。2歳以上でもテレビやスマートフォンを使う時間は1日1～2時間以内、内容に関する縛りもあります。この勧告はスクリーンのあるものすべて、コンピュータ、タブレット、スマートフォン、子ども向けにデザインされたゲームも含みます。

~~チューン・イン~~：テレビは子どもにチューン・インできません。子どもはスクリーンに映っているものに夢中になっているように見えるかもしれませんが、そこでは何の学びも起こっていないと研究結果は示しています。脳にとって、テレビは一方通行なのです。

~~トーク・モア~~：シーッ。トーク・モアどころか、何か話そうというのですか？ デジタル機器に夢中になっている人に？ 無理です。

~~テイク・ターンズ~~：デジタル機器はテイク・ターンズをしません。こちらの注意を奪ってしまうだけです。やりとりは決められていて、変えられません。「質問」に正しく答えるとは言っても、それは子どもが指示に従っているだけで、言葉のやりとり（ギブ・アンド・テイク）ではありません。

もし、テレビ番組が会話の中に質問を盛り込んでいるとしても、子どもが質問に答えた時の反応は最初からプログラムされており、子どもにチューン・インしていませんし、子どもの答えにもチューン・インしていません。テレビは会話を続けられないのです。テレビはおもしろいかもしれませんが、親子のやりとりとは質が違います。

第3章で取りあげたパトリシア・クール教授の研究では、9か月児を2つのグループに分け、片方は生身の人間からマンダリンを、もう片方はDVDに録画された動画からマンダリンを聞きました。DVDを見た子どものほうが明らかに集中している様子でしたが、生身の人間から聞いた子どもよりも少ししか新しい言葉を学ばなかったばかりではなく、英語しか聞かなかったグループ（比較のための対照群）の子どもと比べてもマンダリンの記憶に差がなかったのです。生身の人とのやりとりでマンダリンを聞いた子どもたちだけが、言葉を学ぶことができました。

この研究結果はその後、ジョージタウン大学で行われた別の研究でも裏づけられました。今度は、今まで経験したことのない新しい作業を学ぶ実験です。12～24か月の子どもを2つのグループに分け、おとながネズミの人形から手袋をはずすシーンを何度も見せました。クール教授の研究同様、片方のグループは生身の人が手袋をはずす様子を、もう片方のグループはDVD上の映像で同じ様子を見ました。

結果は基本的に同じでした。生身の人間がしている姿を見た子どもたちは、たいした困難もなく、またはまったく難なく、同じ行動をまねることができました。でも、DVDで同じ様子を見た子どもたちは、行動をまったくまねられなかったのです。

結論：子どもの脳が一番学ぶのは、社会的な相互作用、やりとりから。

今の現実をどうするか

では、テクノロジーを私たちの生活からなくすことができるでしょうか？ おわかりの通り、私は今、この文章を自分のコンピュータに入力しています。後で、原稿を見てもらうためにメールで送ります。その前にiPhoneから電話をして送り先の人たちがいるかどうか確認するでしょう。もしも相手が電話に出なければテキスト・メッセージを送り、原稿を送ると知らせておくわけです。

息子のアッシャーは今、下の階にいます。金曜日なので、毎週お決まりの「学校が終わったから午後はリラックスするぞ！」の時間、「Madden 2015」というコンピュータ・ゲームで6人の親友たちと遊んでいます。ザック、ノーラン、ガラブ、ジョニー、ジェイソン、ベン。あなたが想像する通り、絶叫と歓声がしょっちゅうあがり、アドバイスの声が聞こえ、それもたくさんのアドバイスがあり、やりとりは絶好調です。私は彼らが外でタッチ・フットボールをするほうが好きですが、ゲームであっても子どもたちがやりとりをしていることは明らかです。

ですから、テクノロジーは役立ってもいます。けれども、デジタル機器の使い方は注目に値しますし、デジタル機器が幼い子どもと保護者のやりとりを阻むのであれば、悪影響は減らすべきです。3000万語イニシアティブのプログラムには、「テクノロジー・ダイエット」と呼ばれるものも含まれています。まず、デジタル機器をどれくらい摂取して（使って）いるか、明確にします。1日のうち、どの機械を、何のために、何時間使っているか。それはプロテイン？ ブロッコリー？ それともチョコレート？[訳12] 機器だけでなく、フェイスブック、ツイッターといったソーシャル・メディアの使用時間や、20年会っていない友だちが今、何をしているのかネット検索する時間も含まれます。次に、デジタル機器を使うこと

［訳12］「ダイエット」なので、食物になぞらえ、健康的かどうかを判断している。

が、自分の人間関係をどのように邪魔しているかを見ます。ここに子どもとの関係も含まれます。最終段階では機器の使用をあらかじめ決め、いつ、どのように、どれだけの長さ、使っているかを監視する意識的な努力をします。

未来はどうなるのか

1870年代初め、アレキサンダー・グラハム・ベルは父親に「家を離れずに、友だち同士で会話ができる」機械をつくったと書き送りました。そして、1876年3月10日、世界最初の電話の会話でベルは助手を自分のオフィスに呼んだのです。「ワトソン君、ちょっと来てくれないか。用があるんだ。」

ベルは、驚くような現代社会を連れてきたのです。

まず意識しておかなければならないことは、今、私たちが「現代的」と言っているものも、すぐに現代的ではなくなってしまうという事実です。長髪で「Make Love Not War」のTシャツを着ていたヒッピーが、(もちろん、「Make Love Not War」は今でも良いアイディアだと思いますが) 私たちにとっては「現代的」ではないように。私たちは、デジタル社会の氷山の片隅にいるだけです。明日のデジタル社会は今日とはまったく違うでしょうし、デジタル技術は生活の中にもっと入り込んでいくでしょう。

興味深い話ですが、アレキサンダー・グラハム・ベルは電話を自分のオフィスに置こうとはしませんでした。電話があったら研究が邪魔されると、ベルは考えたのです！

テクノロジーを友だちにする術を学ぶ

リサ・ガンズィー Lisa Guernsey とマイケル・レヴィン Michael Levine [訳13] は、親子のやりとりを豊かにし、子どもの言葉とリテラシー [訳14] を育てるためテクノロジーはどのように使われうるか、数多くの考察を示しています。

2人の著作、『タップ、クリック、読む：スクリーン中心の社会に育つ読み手たち』（未邦訳）は、デジタル時代の学びという宇宙空間の旅に私たちを連れ出します。この本は、今世紀について細かく検討しつつ、子どもたちを助けるような新しい考え方と教え方を開発していったなら未来はどのような社会になるかを描いています。ここでガンズィーとレヴィンが焦点を当てている「子どもたち」とは、生後すぐから8歳までです。

双方向のデジタル世界において、「子どもが読み書きできるよう教えるとは、どういう意味か」を2人は考えようとしています。その世界には、「スマートフォン、タッチスクリーンのタブレット、そしてオン・デマンドのビデオがあたりまえにある」。2人の問いは、新しいテクノロジーのどの特徴や習慣が幼い子どもの読み書きスキルに役立つのか、逆に、どの特徴や習慣は避けられるべきなのか、さらに、こうした問いに対する答えが個々の子どもによって、または異なる環境のもとでどれほど違うのかをはっきりさせることです。

デジタル技術の広がりを避ける方法はありませんから、今の段階でこうした問いが示されているというのは、希望を持てる話です。けれども、リテラシー自体が生活にとって不可欠である一方、幼い子どもにリテラシーを育てていく時の人間同士のやりとりには、より広い意味があります。子どもが親や保護者と一緒にいる発達初期は、特にそうです。生まれてから3歳までの言葉環境は、リテラシー以上のものに影響します。私たち自身がそれぞれに私たち自身である、個性の核の部分に影響を及ぼすのです。影響を与えるのは言葉以上のものです。言葉がどう話されたか、どんな環

［訳13］　ガンズィーは「アーリー・エデュケーション・イニシアティブ」と、公共政策シンク・タンクであるニュー・アメリカの「ラーニング・テクノロジー・プロジェクト」のディレクター。レヴィンはセサミ・ワークショップ（セサミ・ストリートの製作母体）の独立研究施設「ジョアン・ガンズ・クーニー・センター」の設立ディレクターで、子どもの発達と政策の専門家。ジョアン・ガンズ・クーニーはセサミ・ストリートの制作者。

［訳14］　ここでの「リテラシー」は文字の読み書きだけでなく、あらゆる形の情報や知識を集め、使い、クリティカル・シンキングをし、コミュニケーションをしていくスキルを意味する。

境の中で話されたか、そして、親、保護者、子どもをケアするおとなの、あたたかい人間の受容力です。これを人工的につくり出そうとするなら、とんでもない量と質のデジタル発明が必要になるでしょう。

第6章

社会に及ぼす影響

脳の可塑性の科学は私たちをどこへ導くのか

「世界をより良くしたいと思った時、誰でも、すぐにとりかかれるとしたら、どんなにすばらしいことだろう。」　――アンネ・フランクの言葉とされる

この研究の最終ゴールは？ 3000万語の格差を埋めていく、最終的な目的は何でしょうか？ 社会的に見た時の最終目標は？ 言うまでもなく、すべての子どもたちが学業においても、社会的にも、日常生活でも、生産性の面でも、その可能性を発揮できるよう保障する方法を見つけることです。これは、米国が依って立つ哲学だというだけではありません。もっと基本的な部分で、人間の強みと安定性を保障する一つの方法です。科学的な裏づけは明確です。人生を始める時点では皆、だいたい同じようなもの。皮膚の色、保護者の経済的な豊かさ、生まれた国など…、それがどうであろうと皆、何も育っていない可能性の塊として生まれてきます。ところが、生まれた後に達する地点がこれだけ違ってしまうのは、なぜでしょうか。

この本を読んでいる時や研究論文を読む時、書かれている内容があなたの子どもや私の子ども、あるいは誰かの子どもの話だと思わないでください。これは、私たちの子どもたちすべてが将来、生きていかなければならない世界の話です。可能性を発揮できないまま成人を迎える子どもがどんどん増えていく、そういう将来像なのか。それとも、圧倒的多数が教育を受け、生産的で安定して、課題を前向きに解決していこうとする感覚を持っているおとなたちで成り立つ未来社会なのか。ユートピア？ 違います。常識的で、現実的で、実際的な話です。

問題は大きくなっている

過去40年間、米国では収入格差が急速に広がり、影響は子どもたちにも表れています。まず今日、3200万人以上、米国のほぼ2人に1人の子どもが低所得世帯で暮らしています。そして、この格差が学業の差として表れているという証拠をもとに、就学前の教育プログラムに巨額の予算が投入されています。こうしたプログラムは歓迎すべき、大切なものだと私は思いますが、希望通りの結果は得られていません。なぜなら就学前プログラムは、格差を広げる原因、つまり生後3年間という決定的な時期に起きていることをターゲットにしていないからです。つぎこまれるお金の大部分は、教育そのものではなく、すでに生じてしまった遅れを取り戻すために使われています。

でも、問題は単純な「社会経済的要因」ではありません。ここは強調しておきます。言葉の環境を決めるのは、富裕層か貧困層かの違いではなく、その家庭と保護者です。デジタル機器があふれる今、保護者の収入にかかわらず、親子の関わりが脅威にさらされていることは明らかです。それがパソコンであろうと、スマートフォンであろうと、タブレットであろうと。近くの公園へ行って、子どもたちがジャングル・ジムにぶらさがって遊んでいる間に何が起きているのか、見てみてください。私の言っている意味がおわかりいただけるでしょう。

社会経済的なレベルや学歴とは無関係に、ほぼすべての保護者が本来、子どもを正しい方向へと送り出すために必要な語彙を持っています。ですから課題は単純で、自分たちがつくり出す言葉環境の大切さを保護者が理解するかどうか、そして保護者が必要とする時には、いつでもすぐそこに支援体制があるかどうか、なのです。

人生をその人自身が主人公の物語だと考えると、第１章の１ページめはその後に続くページのお膳立てです。１ページめで起こることは、子ども自身ではどうにもできません。けれども、ハートとリズリーの研究も含めさまざまな研究からわかっているのは、子どもがこの時期に何を、どのように言われ、その言葉が子どもから何を引き出したかが、その後の子どものありようを決め、一人ひとりが人生をどう生きていくかを大きく決めるという事実です。物語を100％、決めるわけではありません。でも、かなりの部分がここで決まります。

保護者、子どもをケアする人たちを支援する

新生児は、可能性の塊です。その子どもは、どのようにして可能性が現実の形になったおとなへと育っていくのでしょうか？　ここに親、保護者、子どもをケアする人たちの役割があります。

表面的に見れば、この本は子どもの話、子どもの知性の柔軟性の話に見えるでしょう。ところが実のところ、この本の核心は、保護者が果たす大切で強力な役割の話なのです。保護者がその役割にまったく気づいていないわけではありません。気づいています。気づいているからこそ、自分が子どもにしていることすべてを心配して、これでいいのかと悩むのです。

つい最近まで、保護者の役割をより良くしていくために役立つ科学はほとんどありませんでした。でも、今は科学的な研究がたくさんあります。自分の子どもだけでなく、すべての子どもの生活の質を上げ、子どもたちが将来生きる世界を良くすることにつなげる、そのために視野を広げて考えていく、科学は今、役立つ知恵を提供してくれているのです。

「3000万語の格差」は、初期の脳発達に及ぼす言葉の大切さを表す象徴的な比喩でもありますから、これを知ることで、新たなチャンスが生まれます。保護者は自分自身の力、つまり、持って生まれた可能性を最大限に

発揮できるよう子どもを後押しする力が自分にあるという事実に気づきます。さらに、子どもが持っている力を高めていくステップもわかります。「3000万語の格差」から始まる知識は、すべての子どもが置かれている状況を変える一歩にもなるでしょう。この点では、科学の答えは明らかです。到達度の格差を縮め、米国の子どもたちすべてが可能性を発揮するよう進めていくには、科学に基づいてデザインされ、綿密に追跡・検討されたプログラムが欠かせません。目的は子どもを助けることですが、親、保護者、子どもをケアする人たちの存在がなければできないのです。

このねじれを、タルサ（オクラホマ州）のコミュニティ・アクション・プロジェクトのディレクター、スティーヴン・ダウ Steven Dowは「大きなパラドックス（逆説）」と呼んでいます。幼い時期の話というのは実は保護者の話であり、子どもの知的発達にとって保護者の役割は重要だとわかっているにもかかわらず、到達度の格差を縮めるプログラム開発や制度改革となると、保護者はたいてい付け足しなのです。議論の中に保護者が出てきたとしても、結局、保護者はおまけとして扱われ、必要な変化を起こす鍵とはみなされません。ここに歴史の皮肉があります。ハートとリズリーが子どもの学習に対する保護者の影響を調べる長期追跡研究を始めたのは、そもそも就学に向けて直接、子どもたちを支援しようとした2人のプロジェクトが失敗したから、だったのです。

就学前クラスは、もちろん大切です。けれども、学ぶために必要な条件を満たさないまま就学前クラスに入ったのでは、それは就学の準備ではなく遅れの取り戻しにしかなりません。このクラスを最大限に活かせるよう、そして、学校で「なんとかついていく」状態や落伍状態にならないよう、就学前クラスに入る子どもは学ぶ準備ができていなければなりません。つまり、今よりももっと早い時期の子どもを対象に、保護者も参加するプログラムをつくり、追加の支援が必要な子どもも学校にあがる準備ができるようにする必要があるのです。

こうしたプログラムは生後最初の3年間という重要な脳発達が起こる時期、保護者が子どもにとって最適で十分な言葉環境をつくれるようサポートします。専門家による家庭訪問をすれば、保護者が言葉環境のゴールを設定する手助けになるでしょう。過程と成果を細かく追跡・評価することは、保護者が設定したゴールに到達するうえで役立つでしょう。成功を確実にし、正確に評価・検討するため、プログラムには評価と改善の手順を組み込んでおきます[訳1]。

こうしたプログラムが成功するかどうかは、保護者向けの強力な支援システムの有無にかかっています。保護者を対象にした介入プログラムには以前から課題が指摘されてきましたから、今後も研究を続け、証拠に基づいたプログラム開発に取り組んでいく必要があります。でも、取り組み自体の重要性は研究結果からも明らかです。なぜなら、保護者や子どもをケアする人が生後最初の数年間、主体的な参加者として関わって初めて、子どもたちの将来は良くなるからです。

これは、私たちの国全体についても言えます。保護者の主体的な関わりの重要性が理解され、必要な時に適切な支援が保護者に提供されなければ、無数の子どもたちの人生が「遅れをとらずにとにかくついていく」だけのものになってしまうのです。

私たちに、これが本当にできるでしょうか？

今の時代、体内を移動して特定のがん細胞を攻撃する抗体をつくれるのです。ボタンをいくつか押せば、マンハッタンで見ているショーの話を上海にいる人にできるのです。そして、12人もの人間を月面に送り込むことができるのです。だから、私たちにはできます。

［訳1］ 欧米の場合、研究や介入の大部分は政府や民間団体から出る助成金によって実施されるが、どのような効果が短期・長期に見込まれるかを数量的にはっきり示し、効果評価の方法や尺度を示すことが、助成金申請の段階で必須である。そのため、申請書の段階、それ以前のプログラム・デザインの段階で、評価方法もプログラムの中に組み込まれるのが一般的。

「ペアレンティングの文化」研究

ペンシルバニア大学社会学部のアネット・ラレウAnnette Lareau教授は、『不公平な子ども時代』（未邦訳）の中で、社会階層によるペアレンティング[訳2]・スタイルの違いを比較しました。ラレウ教授も他の研究者も、ペアレンティングの違いには社会階層の違いが刻み込まれていると言います。「米国では、社会階層が個人の行動の枠組みとなり、行動を決める」、「だから、私たちの人生の道筋は、平等でもなく、自由に選択されたものでもない」とラレウ教授は書いています。

ラレウ教授の研究結果は、9～10歳の子どもがいる、さまざまな社会経済的条件の家庭で研究者が一緒に生活をし、得たものです。「小学生がいる家庭で、日々の生活リズムの現実を描き出すこと」が目的でした。単なる観察者だったハートとリズリーとは異なり、この研究チームは、「その家の飼い犬」のようになろうとしたと言います。「私たちの上をまたいで歩き、私たちの存在を無視してほしい、でも、一緒にいさせてほしいとその家族の人たちに頼んだ。」

データを数で集める代わり、ラレウ教授のグループは各家庭の毎日に生まれる社会学的なストーリーを研究対象とし、社会経済的な条件によって特徴づけられるパターンがあるかどうかを調べました。対象は88家族、うち12家族については特に研究者が生活の中に積極的に入り込み、集中的に研究しました。野球の試合や礼拝、親族の集まり、買い物、美容室や理髪店にも一緒に行き、時にはその家に泊まりさえしたのです。

研究結果は？：類似点

社会経済的な背景や家族の伝統にかかわらず、すべての家族が、自分たちの子どもに同じような希望を抱いていました。

［訳2］「子どもの保護者（parent）」としてすること、考えることなど、すべて。

「どの家族も、自分たちの子どもが幸せになってほしい、育って成功してほしいと望んでいた」とラレウ教授は言います。

分かれ目：同じ目標へ向かう方法がどのように違うか

中流階級の保護者は、大変な熱心さで「子どもの才能、意見、スキルを育てて」いました。ラレウ教授はこれを「協同した子育て」[訳3]と呼んでいます。保護者は、ある活動から次の活動、また次の活動へと何時間も車を運転して子どもを連れていきました。さらに「このレベルの家庭では会話にかなりの時間が費やされ、これが言葉の巧みさ、語彙の多さ、権威を感じさせる人に対する気安さ、抽象的な概念に対するなじみといった側面の発達（におそらく貢献している）」。中流階級の保護者の言葉は「論理を強調し」、「論戦をし」、中には「言葉遊び」もありました。「健康や安全に関する以外」、命令はめったに使われませんでした。

一方、これよりも低い社会経済的レベルの家庭のペアレンティングをラレウ教授は「『自然な育ち』の成果」と呼んでいます。中流階級に比べると、子どもの生活はしっかり組み立てられていません。唯一絶対なのは、権威に対する服従と敬意。それ以外は中流階級よりもずっと不干渉だったのです。子どもたちは保護者からの指示なしに皆で自由に遊び、自由に育っていました。そして、無意識に少しずつ「親のやり方」を受け入れていました。

言葉にも階層の違いが反映されていて、こちらの保護者の場合、議論をしたり、いろいろ考えたりするよりは単純な命令のほうが多い傾向でした。たとえば、「お風呂場！」と言われてタオルを渡されたら、子どもは手を洗うという具合です。なぜ、このような違いが起きるのかを分析する研究者もいるでしょう。分析すれば、必要以上の言葉や活動に、時間、お金、エネルギーを費やせるかどうかといった階層間の違いもはっきりわかるの

[訳3]　協同（concerted）とは、子ども、保護者やまわりの人たちが「力を合わせて協調しあって」という意味。

でしょう。けれどもまず、教育上の到達度に関して子どもの間に見られた違いは明らかでした。

必要だと知らないことに、誰が取り組むでしょうか？

ラレウ教授が言うペアレンティング・スタイルの違い、「協同した子育て」対「自然な育ち」の違いは、私の頭の中でキャロル・ドゥエック教授の研究につながりました。「協同した子育て」と「成長の心の枠組み」は、似ている面が多いからです。どちらも子どもが知的に伸びていくことを信じ、粘り強さを育て、スキルの習得を拡げていくために意識的な努力をしています。

同様に「自然な育ち」は、はっきりそうとは言っていないものの、「固定の心の枠組み」に共通する感覚、もともと備わった能力は変わらないという信念を含んでいます。能力は決まっているという感覚が「協同した」ペアレンティングをしない方向に向かわせ、一方で、権威としての保護者の役割だけは強調する形になっているのでしょう。

つまり、私たちがペアレンティングの「文化」の違いと定義していることは、少なくともあるレベルでは、子どもの成長・発達に関して保護者が無意識に「絶対」と感じていること、反対に「絶対ではない」と感じていることの反映だと言えると思います。言い換えると、こういうことです。「私の子どもの未来は私が変えられる」と気づいていなかったら、あなたは何も変えたりしないでしょう？ ラレウ教授が強調している通り、研究チームが追いかけた保護者たちは、社会経済的な条件とは無関係に全員が似たようなプラスの目標を子どもたちに対して持っていました。違いは、その目標に向けて「保護者が自分の見方をどんな行動に移すか」だったのです。

障害となる他の要因を無視するわけではありませんし、社会経済的な違いが子どもの将来に及ぼす影響を考えた時、単純に「信念」がすべてだと言うつもりもありません。ラレウ教授が指摘するように、社会的階層の影響は長期にわたり、どんどん蓄積していきます。ヘルスケア、職業の機会、刑事司法制度[訳4]、政治などの部分で。実際、社会的階層が将来の生活に落とす長い影を理解し、人々が階層を上昇していく点について理解することは、この民主的な社会の未来にとって社会科学者が果たすべき大事な仕事だと思います。

そうか…、ここで私は考えたわけです。

知性は伸びるという保護者の心の枠組みが、子育てに影響する。結果、子どもの知的な発達にも影響する。そこははっきりしています。ラレウ教授の研究を読んで、考え始めました。子どもが生まれたその日から、母親の心の中にはすでにその枠組みがあったのではないか、それも子どもが生まれる前から確立したものとして。これは調べられるのでは？ そこで、シカゴ大学医学部の産科病棟で行った3000万語イニシアティブの研究を見直してみました。心の枠組みがすでにあったかどうかを知るため、子どもを産んだ母親に「赤ちゃんがどのくらい頭が良い子に育つかは、生まれた時のもともとの知性によってほぼ決まる」という文章に同意するかどうかを尋ねていました。

社会経済的なレベルとは関係なく、大半の母親が「そうは思わない」と答えていました。でも、「そう思う」と答えた人たちの中では、大きな違いが見られました。社会経済的なレベルが低い家庭の母親は、高い家庭の母親よりもずっと「そう思う」と答えたのです。

子どもの知的な可能性に対してプラスの影響を与えることなど自分には何もできない、そう保護者が信じていたら、知的発達にとって必要な助けを子どもが受けられる可能性は低くなるでしょう。ここが一番の問題です。

［訳4］　米国の場合、個人が属する人種、民族、社会的階層によって、警察の態度や裁判における扱いなどが大きく異なる。刑事司法制度の中に制度として差別が存在するわけではないが、警察に銃撃される確率、逮捕の確率、保釈の確率などのデータや研究結果から、違いは明らか。

ではなぜ、社会経済的な背景がこの信念に関係するのでしょうか。

この問いは複雑ですし、推測だけで答えを出すわけにはいきません。でも、私ははっきり、こう感じています。個人としても集団としても何度も何度も繰り返し、いろいろな場面で「おまえには学ぶ能力もない。何をする能力もない」と言われていれば、その人の核の部分にはこの信念が根づいてしまうでしょう。知性は伸びるものだという概念が入り込む余地はありません。社会が課した重荷を背負って育ち、その重みになんとか打ち克とうとしている人たちを見下して言っているのではありません。ただ、多くの人たちにとって荷はあまりにも重すぎ、現実的な障壁になるほどまでエネルギーを奪いとってしまうのです。

私たちの心の中にはたいてい、「私にできるわけがない」とつぶやく小さな声があるものです。粘り強さという贈り物を持っている人たちは、このつぶやきを乗り越えられるでしょう。けれども、この心のつぶやきが長い歴史のコーラス付きで「おまえには無理。頭が悪いだけだから。絶対、おまえにできるわけがない」とささやき続け、さらに、乗り越えられない社会的な障壁まで上乗せされていたら、前に進もうとする気持ちはまったくなくなってしまうでしょう。

だからこそ、次に起きたことには、とても元気づけられました。

保護者の「心の枠組み」を変える

「子どもが生まれた時点の介入方法」を開発するため、新しく母親になった女性たちにもう一度会いました。そこで目にしたのは、驚くような変化でした。生まれたばかりの我が子をすでに書きあげられた本のように考えていたあの同じ母親たちが、赤ちゃんをかわいい、愛すべき、そして伸びる可能性のある存在として見ていたのです。さらには、その可能性を、母親である自分が育てていけるとも感じていました。これはあくまでも私たちの観察に過ぎず、まだ統計学的には証明できませんが、希望を抱くには十分でした。

このできごとをきっかけに、私は研究論文を探し始めました。保護者の「心の枠組み」が変わることでペアレンティングの「文化」も変わる、そう示した研究を見つけたかったのです。つまり、保護者の見方が「固定したもの」から「伸びるもの」に変わると、ペアレンティングの方法は変わるのか、子どもの育ちに意識的、積極的に関わるようになるのか、これを調べた人はいないのか、と考えたわけです。

ネブラスカ大学リンカーン校の「子ども・若者・家族・学校研究センター」でポスドク[訳5]をしているエリザベス・モーマン・キム Elizabeth Moorman Kim 博士と、イリノイ大学心理学部のエヴァ・ポメランツ Eva Pomerantz 教授が研究をしていました。7か月半の子どもを持つ母親79人を対象に調べたのです。

２人の仮説は、次の通りです。固定の心の枠組みを持った保護者は、知的な発達を支援しない傾向があるだろう。すなわち、「知性は変わらない」と信じている保護者が学びの困難に直面している子どもの姿を見たら、これ以上は伸びられない「固定された能力」の印ととらえるだろう、ということです。この母親たちは、子どもが学べるよう前向きに促すのではなく、子どもが「(頭が) 良く見える」ように仕向けるのではないか。たとえば、子どもを後押しするのではなく、失敗の刻印を避けるために目の前の問題をどう解決するか、答えを言ってしまうのです。同時にこうした母親は、自分の子どもに対して明らかにいらだっているはずです。

２人はまた、保護者に成長の心の枠組みが生まれれば、子どもの能力を固定されたものとしてではなく、伸びるものとして理解できるようになるだろうとも仮説を立てました。そうすれば、子どもが苦労しているのを見た時には、学び方を学ぼうとしている子どもの手助けをできる機会ととらえ、一つひとつ前向きに進めていけるだろうからです。たとえ、その一歩

［訳5］ Postdoctoral researcher。博士号取得後、研究施設などで研究に従事する場合の立場を指す。現在、エリザベス・モーマン・キム博士はエモリー大学心理学部の教員。

一歩は難しかったとしても。

モーマンとポメランツの研究

実験の中で、母親は「成長の心の枠組み」グループと「固定の心の枠組み」グループにランダムに分けられ、「レーヴン・マトリックス・テストで子どもの知性を測ります」と告げられました。固定の心の枠組みグループに入った母親たちは、「このテストは、あなたの子どもが**持って生まれた知性**を測るもの」と説明を受け、成長の心の枠組みグループの母親たちは、「このテストは、あなたの子どもの**知性の可能性**を測るもの」と説明を受けました。さらに、どちらのグループの母親も「テストの間、好きなだけ子どもを助けてかまわない」と言われます。助けたくなければまったく何もしなくてもよい、と。

実は、使われたテストは偽物で、子どもには解けない難しさです。子どもが苦戦している間、母親がどう反応し、行動するかを研究者は観察しました。

最初の説明で「固定の心の枠組み」の方向へ引っ張られ、自分の子どもは「生まれつきの」能力を持っていると信じた母親は、前向きではありませんでした。そのかわり、外からもはっきり見てとれるコントロールをし、子どもが自分で答えを見つけるよう励ますのではなく、どうすれば正しい答えを出せるかを子どもに伝えようとしました。最初の説明が「成長の心の枠組み」だった母親たちと比べると、明らかにこうした行動が多かったのです。中には、子どもから鉛筆を取りあげ、自分で問題を解いてしまった母親さえいました。逆効果のペアレンティング法を使う傾向も強く、子どもが無力感やいらだちを見せた時に叱りつけた母親たち、まるで倒れている人を打ちのめすような行動をした人たちもいました。

興味深いのは、固定の心の枠組みグループで多く見られた逆効果のペアレンティング法に対して、もう一方のグループが「前向きな」ペアレンティング法を**したわけではなかった**という点です。つまり、保護者に成長の心の枠組みを示せば、自動的に前向きなペアレンティングが起こるわけではなかったのです。成長の心の枠組みグループでは、コントロールや逆効果な方法が固定の心の枠組みグループよりも若干、少なかっただけでした。

なぜでしょう？

子どもの知性は伸びるものだと頭ではわかっていても、その知識を実践に移す方法を保護者が知っているわけではないからです。「頭の良さは生まれつきではない」が、自動的に「赤ちゃんは、語りかける保護者の存在によって賢くなっていく」になったりはしません。知識があることで正しい方向には向いているのでしょうけれども、目的地へ向かうには、現実にその道をたどっていく必要があるのです。

スリーシャの物語

「失敗を打ち負かせるものはない、努力以外は。」

――ポーティアの母親、スリーシャの言葉

スリーシャは自分の子どもたち、ポーティア、マジェラン、ピエール、トニー、マーカス、ノエルに、よくこう言ったそうです、「失敗を打ち負かせるものはない、努力以外は」。脳の発達に関する本も読んだことがなく、二重盲検法[訳6]を用いた子育て研究のデータも知らず、でも、スリーシャは成長の心の枠組みが服を着て歩いているような存在でした。不屈さ、教育、そして、期待が彼女の子育ての中心にありました。

周囲から「Ms. T（ミズ・ティー）」[訳7]と呼ばれたスリーシャが受けた教

［訳6］　二重盲検法とは、実験の参加者だけでなく、実験をその場で担当するスタッフも、どの参加者がどの実験条件に振り分けられているかを知らない状態で行う研究方法。実験を担当する人が実験条件の振り分けを知っていると、かすかな言動や行動の違いが生まれ、参加者と結果に影響を及ぼすため。

［訳7］　スリーシャは英語でThreciaとつづるので、頭文字はT。thは日本語にはない音で「ス」に近い。

育は中学1年までで、その後は家事手伝いとして働き続けました。キャロル・ドゥエック、ジェームズ・ヘックマン、アンジェラ・ダックワースといった科学者が後に示した研究の精神的なさきがけのような人だったMs.Tは、どう考えても乗り越えられそうにない障壁のなか、固い決意で、子どもたちをゴールへと押し出していきました。もしも、チャネリング[訳8]を私が信じていたなら、アフリカから連れて来られた奴隷の孫にあたるこの女性は3人の科学者の仕事に何かしら影響を与えていると言ったかもしれないぐらいです。

Ms.Tは1921年生まれ、ついこの間まで奴隷制度があった時代です。イースト・セント・ルイス（イリノイ州）に住み、6人の子どもを育てるために奮闘し、電話もテレビもない小さなアパートで、子どもたちを外界の混沌から守ろうと必死に働きました。食べ物が足りなくなると「テネシーの田舎育ち」を発揮して、農家や猟師から買ったリスやアライグマを料理して食費を浮かせたそうです。

でも、Ms.Tの家にはいつも、何かしら読むものがありました。グッドウィル[訳9]に行くと、1束5セント（約5円）で『ライフ』と『ルック』[訳10]とペーパーバックの本を買い込みました。さらにMs.Tは、たとえ最高の親がしたとしても子どもが恥ずかしがるようなことをしたのです。綴り間違い、文法間違いだらけの手紙を教師に書き、自分の子どもたちが知的・学問的な可能性を発揮するために必要なものを得られるよう、せっついたのです。自分は中学1年の教育までしか受けていませんでしたが、何者も子どもたちの育ちを妨げることはできないと彼女は強く信じていました。Ms.Tが彼女自身に対して信じていたこと、そして、その延長線で子どもたちに対して信じていたことを、彼女自身の経験が邪魔することはなかっ

［訳8］ いわゆる「霊媒」などを通じて、この世界以外の存在とコミュニケーションすること。

［訳9］ グッドウィルは全米規模の非営利団体で、活動の一つが寄付をもとにしたリサイクル・ショップ。

［訳10］ いずれも雑誌。

たのです。これは人間なら誰にでもある、際立った、すばらしい資質です。そして、幸運な子どもたち。

つまり、Ms.Tは「固定の心の枠組み」を持つことを**しなかった**のです！

「家族全員が生き延びるため、母はとても強い共同責任の感覚に基づいて私たちを育てました」とスリーシャの娘の一人、ポーティアは言います。「誰か一人のニーズが全体のニーズを上回ることは絶対にありませんでした。私たちは力を合わせ、お互いを愛し、助け合わなければならなかったのです。母は教育と勤勉に価値を置いていて、その価値観が家族全員にいきわたっていました。私たちは、良い、悪い、という強い価値観のもとに育てられたのです。母は…、当時の社会状況を理解したうえで、子どもたちに大きな期待を抱いていました。」

スリーシャが子どもたちに期待を抱いていただけではありません。この母ゆえに、子どもたちも皆、自分たち自身に対して強い期待を抱いていました。子どもたちがこの期待に応えられるよう、不可欠なものをそろえるべくスリーシャは努力しました。不可欠なもの、それが教育です。それが彼女の考えでなかったなら、Ms.Tが買い込んだ『ライフ』の束は何のためだったのでしょう？　母親がいつもそっと話していたので、子どもたちには自分たちが知っておくべき別の世界、自分たちがその一部になっていく別の世界があるとわかっていました。「ほら」、スリーシャは言ったそうです、「読みなさい。今、世界のここでこんなことが起きているんだよ」。

スリーシャが子どもたちに与えたものは、まだあります。人生のすべての挑戦に耐えて、前進し続けるグリットです。「ジョーンズ夫人の子どもでよかったね」、兄弟姉妹の中ではこれが「今日はとっても大変な日だったよ」という意味の隠語だったそうです[訳11]。「私たちは本当の意味の頑張

［訳11］　ジョーンズは、スリーシャの苗字。「お母さんの子どもでよかったね」とは、「今日はとても大変な日だったけど、このお母さんの子どもだから、頑張れるよ」という意味。この「夫人」は母親に対する敬称。

りで前進し続けました」とポーティアは言います。「障害だらけでしたが、勝ち目もないのにひたすらかきわけて進んでいったのです。」

さて、スリーシャの娘、ポーティアとは誰でしょう？ Ounce of Prevention Fund（乳幼児を対象にしたさまざまなプログラムに取り組む団体）のプログラム・イノベーション上席副社長で、エデュケア・ラーニング・ネットワーク[訳12]の事務局長、ポーティア・ケネル Portia Kennelです。乳幼児教育の牽引力として保護者たちと共に取り組み、同時に幼い子どもをターゲットにした政策をデザインする、二重の役割を担っている組織です。ネットワーク最初のエデュケア・センターは今、米国における質の高い教育の標準形とみなされていますが、このセンターを始めたのがポーティア・ケネルです。

成長の心の枠組みは保護者から子どもへと受け渡せる、それを示すためにOunce of Preventionが最初に取り組んだプログラム「ベートーベン・プロジェクト」は、決して良い出来ではありませんでした。ポーティアは諦めることもできたでしょうし、そのまま続けることもできたでしょう。でも、スリーシャの娘である彼女にとって、子どもたちの人生を豊かにするという最終目標は明確であり、プログラムは改善できるはずでした。このプロジェクトを捨てて、ポーティアは信じられないくらい効果的なエデュケアをデザインし、全国的なモデルに育てていったのです。これ自体が成長の心の枠組みでなかったならいったい何だと言うべきか、私にはわかりません。

がんとの長い闘いの末、スリーシャが65歳で亡くなったことが私にはとても残念です。スリーシャは、彼女が親として続けてきた努力の成果を見られなかったのです。けれども、「人は、その人がしてきた良い行いの中に生き続ける」ということが真実なら、スリーシャはこれから先も長い

［訳12］ エデュケア・ラーニング・ネットワーク Educare Learning Networkは、2000年、シカゴで始まった、全米各地に広がるプログラム。〔本書ウェブサイト参照〕

間、豊かな、永遠の未来を生きていくのでしょう。

そして、母親のへたな綴りと文法の間違いを恥ずかしく思っていたあの子どももおとなになり、親や保護者（たいていは母親）を助ける中枢にいます。子どもの成長・発達における役割を保護者が理解できるよう、子どもが必要とする励ましと支援をできる存在に保護者が育っていけるよう手助けしているのです。ポーティアは間違いなく、Ms.Tが残した足跡の揺るぎない証拠です。

おまけですが、ポーティアという名前は『ベニスの商人』ではなく、1940～50年代に流れていた連続ラジオ・ドラマ、『Portia Faces Life（ポーティア、人生に立ち向かう）』の主人公が由来だそうです。困難の中、正義のために闘った強い女性弁護士の物語。私たちのポーティアは、ぴったりの名前をもらっていたわけです。

では、すべての保護者の心の中に、小さなMs.Tを生まれさせることができるでしょうか？ それとも、誰の心の中にもMs.Tは存在するもので、単にその姿が現実になっていないだけ？ 難しい問いです。こう考えてみてください。もしもあなたが、保護者の敷いた道の上をたどって育ち、ただ保護者の後を追い、右も左も見ず、上も下も見ず、前だけを見て、この道が進むべき唯一の道だと信じていたら？ そのあなたが今、目指しているものは、別の人生であなたが望んでいたかもしれないレベルよりずっと低いものなのかもしれないのです。さあ、あなたはどうやって自分の子どもを、あなたが思ってきたのとは違う信念の持ち主に育てられるでしょうか？ この「あなた」のような人、つまり、人生に決められた道以外がありうるなどと考えもしなかった保護者に、成長の心の枠組みを根づかせるにはどうすればよいのでしょう？

私が投げかけたこの質問を聞いて、ポーティアは笑いました。そして、「私が子どもだった時にエデュケアがあったら、スリーシャはエデュケアに行ったうちの一人だろうね」と言ったのです。

著作家で社会起業家のウェス・ムーアWes Mooreは、この点をわかりやすく表現しています。

「私たちは期待の産物である」と、ムーアは書いています。「人生のある時点で、誰かがさまざまな期待を私たちの心の中に植えつけ、私たちはその期待に沿うように生きるか、それとも期待に沿えずに生きるか、どちらか。私の人生にあった唯一の違いは、私が育ち、おとなになり、その夢を私自身の夢、私自身の期待だと思えるようになるまで、夢を持ち続けてくれた人たちがいたことだ。」

若い時には成長の心の枠組みによる支援だけでなく、子どもが滑り落ちていったとしても、元に戻れないほど落ちてしまう前には止められるよう保護者がつっかえ棒になる必要があるとムーアは言っているのです。かつて誰かが私にこう言いました。「子どもたちが空高く飛んでいくのを怖がらないようにしたいと思ったら、たとえ落ちても下で受けとめる誰かがいるよと、しっかりわからせなさい。そうすれば、子どもたちは何度でも試して、試して、試してみることができる。できるようになるまで。」

エデュケアの卒業生：現代のスリーシャたち

2012年、エデュケアを卒業した子どもの保護者たちが、卒業生ネットワークを始めるようポーティア・ケネルに依頼してきました。卒業生の中には10年以上前の子どもたちもいます。保護者たちは、エデュケアから受けた恩恵にお返しをしたいと思い、自分たちがコミュニティの中で変化を起こす存在になろうとしたのです。最初のミーティングは心躍るものだったと、ポーティアは話していました。保護者は自分たちで組織の基本的な構造をつくっただけでは終わらず、計画とアイディアを山ほど持ち寄ったのです。幅広く、プラスな影響を子育てに与える可能性を持った強固なネットワークの基礎ができました。

ポーティアが目にして驚いたことは、もう一つあります。エデュケアは子どもたちを支援しただけではありませんでした。このプログラムは保護者にとっても、人生を変えるような、目を覚まされるできごとだったのです。ポーティアにとっても刺激的な話でした。

反面でもう一つ、ポーティアが直面した事実がありました。最初の卒業生ミーティングの後、ポーティアは同僚たちに、保護者たちが何をしたか、保護者たちからどれほどの可能性が生まれてきたかを熱心に話したのです。驚くような反応でした。話を聞いて感動した人もいた反面、ポーティアがすばらしい経験だと思って話したことに感動もせず、さして反応しなかった人たちもいたのです。

ポーティアは不思議に思いました。保護者を変化のターゲットとしてこれまで見てきた結果、無意識のうちに、自分たちは保護者をマイナスの意味合いでとらえるようになったのだろうか？　保護者が成長の心の枠組みを持つよう励ましてきた結果、保護者に対して固定の心の枠組みを持つスタッフが育ってしまったのだろうか？　保護者が見せている成長の可能性や、現実に保護者が育っている様子が見えないスタッフも出てきてしまったのだろうか？

「誤解しないで」、ここでポーティアは強調しました。「私たちの現場で働いているのは最高の人々で、取り組みはとても大切なもの。ただ、ある部分では、私たち自身も考えの枠組みを変える必要があるのかもしれないと私は思っている。」

私も考えさせられました。社会の中にも、「固定の心の枠組み」があるのだろうか？　ポーティアと話をしたのは、親や保護者の固定の心の枠組みをどうすれば成長の枠組みに変えていけるか、よりいっそう学びたかったからです。答えも得ましたが、疑問もまた増えました。「根づいてしまった社会問題の裏には、社会全体の『固定の心の枠組み』があるのだろうか？」と私は考えました。あまりにも長い間、その問題が存在し続けてきたために、これはしぶとくて変えられない、取り組みようがないと私たちも思い込んでしまっているのか？　状況を良くしていくために新しい政策が必要とされる時、社会に否定的な反応が見られる、一つの要因がこれなのか？

けれども、科学は揺るぎません。人間の脳が発達するうえで重要なのは、出生後の3年です。4本のろうそく[訳13]を吹き消したその日に、脳の発達が終わるとは言っていません、でも、最初の3年間がきわめて重要なのです。

さらに、脳の発達の鍵となる要因も明らかです。十分かつ適切な栄養（食べ物）。そして、十分かつ適切な言葉。自然は親切です。必要なものを要求すると同時に、必要なものを提供もしてくれているのですから。たいていの保護者は、外からの助けがなくても、幼い子どもの発達にとって不可欠なものを与える力を持っています。

ところが、現実には保護者の力を活かせていない。それはなぜでしょう？ ややこしい理由も見つけ出せるかもしれませんが、一つは、「食べ物が必要だ」という意識はほぼ自然であるのに対し、「豊かな言葉が必要だ」という意識は最近の話なのです。脳発達と言葉の関係については科学自体が新しく、必要性に対する理解も新しいのです。

現時点では、幼い子どもにとって豊かな言葉環境が不可欠だと理解しても、実際、そうなるように仕向けていく動機づけはあまりありません。教育投資はほぼすべて、就学前プログラムから高校3年まで。もちろん、この時期も重要です。けれども、ここまで書いてきた通り、今ある教育投資はあまりに多くの場合、すでに起きている問題に対処するためのものです。読み書き、算数、さらには実行機能まで、今、教育の中で起きている問題の根は科学が明らかにしている通り、3歳までの間にあるのです。今起きている問題の解決は、もっと早い時期に、これまでとは違う集中的な努力をつぎこむことを意味します。なぜなら、最初の3年間の影響が、最終的には私たちの国における到達度の格差となるからです。

［訳13］ 本書の冒頭（11ページ）、「人間の脳の物理的な成長は、3歳の終わりまでに約85％が終わる」を受けて、ここでは4本のろうそく（4歳の誕生日）を指している。

ジェームズ・ヘックマン教授も書いています。「従来の政策的介入は、到達度の格差の根本的な原因に取り組み損ねている。子どもが育つ条件を平等にするには、保護者に投資する必要がある。そうすれば、保護者は子どもに対してより良い投資ができる。」

また、シカゴ大学の公共政策学のアリエル・カリルAriel Kalil教授は、幼い子どもの教育プログラムに比べてペアレンティング・プログラムに対する後押しが限られているもう一つの理由を指摘しています。「家族」は規則や法律で縛られるべき対象ではないとする政府の見方です。家族は自分たち自身で意思決定する存在とみなされていると、カリル教授は言います。けれども、脳の発達に関わる科学を広め、十分な成長・発達を保障する戦略を保護者と共有する点で、公共政策には大きな役割がある、とも。この種の公共政策は、保護者の選択を変えるためのものではありません。そうではなく、幸福で、健康で、生産的なおとなを育てたいという、保護者それぞれの目標を助ける方法を提供するものです。

変化はどうすれば起こる？

変化を起こすには、まず科学を理解することが必須です。同時に、子どもたちがこうむる影響、子どもたちが育っていく未来のおとなたちに及ぶ影響、さらには、そのおとなたちの生きる国が将来、受けるであろう影響を理解する意識的な努力、それも社会全体による努力が必要です。そして、幼い時期に対する投資は、この問題を理解し、今、この問題に注目が必要であると理解している人たちからの新しい、強力な推進力が必要です。すでにある幼児期のプログラムをなくせと言っているわけではありません。必要なのは、そうしたプログラムを生後１日めまで広げることです。つまり、就学前以降、高校3年まで行われている投資から最大限の利益を引き出したいと考えるのであれば、就学前プログラムに入る時点で最大限に学ぶ準備ができているよう、一人ひとりに保障しなければならないのです。

これは可能です。イリノイ州知事の妻であるダイアナ・ラウナー Diana Rauner は、この問題を根本から理解し、科学を支持し、支援的な家庭訪問を州内で生まれた子どもすべてに対して行おうとしています[訳14]。実に先回りした、賢明な取り組みではありませんか？

社会的な「成長の心の枠組み」

魔法の杖はどこにもありません。「すべての子どもが知的に柔軟で、伸びうる存在だ」とただ信じるだけで、子ども一人ひとりの可能性が発揮されるようになるわけではありません。子どもの到達度に関してこの国が直面している問題には複数の側面があり、この国に住む人たちが最大限の力を発揮できるようにしていくため、国として目を向けるべきこともたくさんあります。でもまず、信じることは大事な第一歩でしょう。

統計は、子どもたちの間に到達度の格差があるという問題を教えてくれます。科学は、この問題を解決する方法を示しています。一つのプログラムを、全国で同じように実施しようと言っているのではありません。問題を正確に見きわめるために科学を用い、プログラムをデザインして改良していくために科学を用い、プログラムを検討していく中で見えてくる課題や誤りを修正するために科学を用いるのです。そうすることで、深刻で長く続いてきた課題は解決へと向かい、この国の社会的な歴史の一部になっていくでしょう。

でも、そうなっていくかどうかは、今、この国にいる人たち次第です。

必要な条件

まず、幼い子どもにとって言葉環境が大切だということを、あたりまえの言葉にしていく必要があります。すべての保護者だけでなく、すべての人がこの点を理解すべきでしょう。そして、保護者が求め、必要とする時

［訳14］ この家庭訪問プログラムは2017年に開始されている。

には支援が容易に手に入る、それが国全体として自然な形になっていかなければなりません。さまざまな支援プログラムは科学に基づき、幼い子どもの成長・発達において保護者が果たす役割の上に成り立ちます。

支援プログラムが必要とされ、提供される際には、「こういう人たちだから支援が必要なのだ」と決めつけるような、マイナスな線引きになってはいけません。支援プログラムは、私たちが国としてあらゆる意味で多様だという事実をプラスにとらえるもの、そして、子どもたちすべてが知性、安定性、生産性において最大の可能性を発揮できるよう、それぞれの立場から取り組むものです。子どもたちのためでもあり、この国のためでもあります。

生まれること自体が運任せだと、すでに書きました。運とは、誰のもとに生まれるかでもありますが、どの国に生まれるかでもあります。米国は大きな可能性に恵まれた国ですが、そこに住む一人ひとりが前向きな参加をして初めて、私たちがその可能性を発揮できるかどうかが決まります。

真の社会変革の基礎としての科学

科学と聞くとどうしても及び腰になりがちで、知らないどこかの誰かの仕事のようです。でも、そうであってはいけないはずです。科学とは簡単に言えば、問題を発見し、問題を理解できる要素に分解し、それぞれの要素を検討し、検討し尽くし、そこで終わりにせず、まず一歩、次に困難なまた一歩を進め、問題の原因を見つけ、解決策を見つけるまで進むことだからです。

ブルッキングス研究所の「子どもと家族」と「国の優先事項に予算を割りあてる」両プロジェクトの共同ディレクターを務めるロン・ハスキンス Ron Haskinsによれば、大金がつぎこまれている社会事業プログラムの大部分は効果がまったくないか、ほとんどないそうです。多くのプログラムは、効果評価のためのデータさえ集めていません。

子どもの将来をより良くすることを目標にしている3000万語イニシア

ティブや他のプログラムにとっては、効果的であることが鍵です。ですから、このプログラムの核には、主義主張でもなく「信念」でもなく、科学があるのです。科学は問題を見つけるためにあり、効果的な解決策をデザインし、改良していくためにあります。疑問や再評価にぶつかっても、私たちの仕事はそこで止まりません。すべての子どもが可能性を十分に発揮するチャンスを得られるようにすること。そのために私たちも仲間の団体も取り組んでいます。

研究資金の話も重要です。幼児以降やおとなに見られる問題の多くが生後最初の3年間から派生しているという事実はわかっています。でも、詳細に検討された科学的な介入プログラム開発に十分な資金を得ることは、困難な場合が多いのです。

そこで、ジャック・ションコフ博士たちは「イノベーションの最前線」と呼ばれる継続的で実践的な研究・開発プラットフォーム（基盤）をハーバード大学の「成長・発達する子どもに関するセンター」の中につくりました。困難に直面している子どもたちの状況を大きく変えるという目的で、研究者、実践者、政策実務者、投資家、システムの専門家たちが新しいアイディアをデザインしてテストし、どこがどうつまずいたかを検討する場所です。

ションコフ博士は、このように言ったそうです。「革新的な変化をもたらすには、新しい研究・開発に対する起業的な投資と同時に、慈善的な支援も必要である。プログラムの質を改善し、最良のプログラムを広げることが重要なのは従来通りだが、一方で、この領域の中には、創造的な実験や実践、評価の支援、さらに、どこがうまくいってどこがうまくいかなかったかという知識の共有にも支援が必要な部分がある。冒険的慈善活動[訳15]は、こうした重要な研究・開発面を支援するユニークな立場にある。」

［訳15］ 冒険的慈善活動Venture-driven philanthropy。通常の慈善活動とは異なり、社会投資として資金を提供する。そして、通常の冒険的投資（ベンチャー）とは異なり、投資する目的は社会変革。

母親たちから学んだこと

私自身のアプローチ方法、この分野で取り組んでいる多くの人のアプローチの姿勢は、間違いなく成長の心の枠組みです。子どもの成長・発達の研究のディレクターを務め、同時に、驚きの種が山ほどある手術室で小児外科医として働いていると、人生という複雑なものをただただ生きてくる中で私が学んだことを再確認させられるばかりです。強い決意のもと、力を合わせて努力をすれば、そして、そうすることによってのみ問題は解決できる、と。

これは、プロジェクトに参加している母親たちの心の枠組みの写し鏡でもあります。

最初、3000万語イニシアティブのプログラムに参加した母親たちと会った時のことで、私の心から絶対に消えない記憶があります。自分の子どもの脳を育てるためにデザインされたプログラムに参加する、その事実に対する彼女たちの嬉しそうな、張り切った様子です。母親たちは、これが研究プロジェクトだと知っていました。つまり、取り組み方が論文などの形になっているだけでなく、効果があるようにデザインされているともわかっていたのです。母親たちの熱意は、私たちの熱意を後押ししました。

プログラムに参加するために、この女性たちがどれほどの物理的なエネルギー、知的なエネルギーを注いでいるかを目にするうち、彼女たちに対する尊敬の念は強くなるばかりでした。特に、社会経済的な尺度で言えばもっとも下層にいる彼女たちの生活がどれほど大変か、という現実が見えた時に。貧困ゆえの日々の闘いは知識としてわかるとしても、そのストレスと困難さを生きることは、とてつもなく大変としか言いようがありません。「闘い」「大変」といった言葉すら、表層的です。だからこそ、自分の子どもの生活をより良くしたいという動機と決意を持った、この母親たちに対する敬意は強まるばかりでした。

この母親たちの年齢は19歳から41歳で、子どもの数は、1人、2人、3人、

4人とさまざまでした。親族の家を転々としてリビングルームのソファで生活している人もいれば、担当スタッフを家庭訪問させるのが躊躇されるほど犯罪の多い地域に住んでいる人もいました。実際、プロジェクトの家庭訪問の間にも、暴力、深刻な病気、大騒ぎが起きています。でも、何があっても彼女たちの決意は揺らぎませんでした。私はこの女性たちに感謝しなければなりません。事実、感謝してきました。それまで見たことがなかった不屈さに。

この母親たちの中には、知性と学習について固定の心の枠組みを持ってペアレンティングを始めた人もいたでしょう。けれども、子どもが学業で伸び、ゴールに到達するため、自分たちが鍵となる役割を果たせるのだとわかった時、そして、子どもには言葉が必要であり、プラスの働きかけが繰り返し必要であり、安定が必要であるとわかった時、この女性たちはこうしたものを自分の生活の一部にしようと大変な努力をしたのです。

2世代アプローチ

成長の心の枠組みを育てることが、一朝一夕で成功に結びつくわけではありません。貧困、所得の不平等、機会の格差といった巨大な障壁が保護者にも子どもにも影響しています。成長の心の枠組みのアプローチは、「自分の力で這いあがれ」を言い換えたものではありません。そうではなく、私たちすべての中には未開発の可能性がある、そして、適切なプログラムと適切な支援があれば成功できると、まず認識することです。

慈善事業でも公的な事業でも同様に、プログラムの成功を阻む要因の一つは、「2つの流れ」と呼ばれている現象かもしれません。「2つの流れ」とは、「家族と仕事研究所」の代表で、『発達中の心：すべての子どもに必要な7つの大事なスキル』（未邦訳）の著者であるエレン・ガリンスキーEllen Galinskyが提唱した概念です。幼い子どもから成人労働者まで広範囲を対象にした研究の先駆者であるガリンスキーは、プログラムには従来から「保護者を対象にしたもの」と「子どもを対象にしたもの」という二分法があったと指摘しています。子どもに焦点を当てている組織は、たいてい保護者を「犠牲にして」います。一方、労働力開発と福祉改革のプログラムはおとなを対象にし、その子どもについてはほとんど考慮せず、子どもたちを犠牲にしています。結果、保護者か子どものどちらかは無視され、助けもサポートも得られません。

2世代アプローチは、これを変え、教育、経済、健康、社会保障の基礎づくりを同時並行していくことで、保護者と子ども両方の安定性と生活が改善されるよう目指します。これは間違いなく、保護者と子どもの双方を成長の心の枠組みから見た考え方の上に成り立っています。

1980～90年代に初めてこの方法が用いられた時、成果は芳しくありませんでした。この結果だけなら、2世代アプローチの考え方は破棄されていたかもしれません。けれども、くわしく検討をしていくと、当時ですら大成功をおさめていたかもしれない重要な鍵がわかりました。たとえば、単に就職斡旋(あっせん)をするのではなく、就職に役立つトレーニングから始める、あるいは、保護者が子どもの助けをしつつ稼ぎ手としても働くという2つの役割を担えるよう支援する、そういった内容が鍵だったのです。

2世代アプローチは、スティーヴン・ダウがディレクターを務めるコミュニティ・アクション・プロジェクト（オクラホマ州タルサ）で用いられています。米国における2世代アプローチの先駆けの一つとして、このプロジェクトの「キャリア・アドバンス」は、子どもを対象にした「ヘッド・スタート・センター」[訳16]のシステムを補強する役割を果たしています。保護者を対象にした「キャリア・アドバンス」では、医療助手、薬剤師、歯科助手、運動療法助手、看護師など、ヘルスケア分野の質の高いキャリ

［訳16］「ヘッド・スタート」は、米国政府の補助による低所得者層の子ども（主に幼児）とその保護者を支援するプログラム。タルサのプロジェクトには、「アーリー・ヘッド・スタート」も含まれ、こちらは国の補助による、低所得者層の妊婦、3歳までの子どもとその保護者を支援するプログラム。

ア・トレーニングを提供しているのです。保護者向けの教育・訓練は、タルサ・コミュニティ・カレッジ、タルサ・テクノロジー・センターとの共同事業です。

協働的なプログラムづくりを通じて「キャリア・アドバンス」は、「アーリー・ヘッド・スタート」に入る子どもたちに対する支援と「キャリア・アドバンス」に入る保護者に対するコーチング・サポートを組み合わせています。ダウと彼のチームの取り組みは見事ですが、このチームは科学的な手法を用いて、プログラムの中で成功している部分とそうではない部分をさらに明確にしようとしています。社会問題に関わるすべてのプログラム同様、答えがすべて出たわけではありません。けれども、このプログラムが子どもと保護者の両方にとってプラスになり、建設的だ、という点ははっきりしているでしょう。

3000万語イニシアティブの2世代経験

3000万語イニシアティブのプログラムが終わると、参加した母親の多くは、自分自身の勉強のゴールについてもどれほどの希望を抱いているか、口にします[訳17]。子どもが可能性を発揮するのを助けていく、保護者として信じられないくらい大きな力を自分が持っていると実感した時、母親は自分自身の夢に再び目覚めるのでしょう。そして、自分自身の可能性についてそれまで持っていた、固定の心の枠組みが変わるのだと思います。刺激的な変化です。

[訳17] ここでの「勉強」の意味は、GED(高校卒業と同等の学力を示す試験)を取得すること、コミュニティ・カレッジや大学、大学院などに入り、学位や専門資格を得ること。米国の場合、成人のGED取得はもちろん、働きながら大学や大学院に行くこと、仕事を辞めて大学や大学院に入ることは一般的。

第7章

「3000万語」を伝え、広げていく

次のステップ

「あなたの行動からどんな結果が生まれるか、あなた自身は決して知ることがないかもしれない。けれども、あなたが何もしなければ、結果は何も生まれない。」

――マハトマ・ガンディーの言葉とされる

子どもたちのことを十分に考えて、子ども向けに賢明な投資をしている国には、特徴があります。それは安定性であり、生産性であり、知的で前向きな問題解決の姿勢です。

あらゆる人、あらゆる国が問題を抱えています。ですから、人々の間の違い、国と国の間の違いは、問題を抱えているかどうかではなく、解決方法の違いです。大多数の子どもが持って生まれた可能性を最大限に発揮できない国は、その国が持っているはずの可能性も発揮できません。

問題解決に向けて皆が同じように考えなければいけない、と言っているのではありません。ある問題に対する最終的な結論は、**感情ではなく思考**、確固とした合理的思考に基づくべきだと言っているのです。そして、合理的な考え方をするには、幼い子どもの時から脳が十分に育てられることが必要であり、さらにその後のしっかりした、質の高い、誰もが受けられる教育が必要なのです。

大切な問題が社会に受け入れられない理由

幼い時の言葉環境は、子どもがたどる学習の道筋における鍵の一つです。米国では、学業において成功をおさめる人たちとおさめられない人たち、落伍してしまう人たちを分ける到達度の格差が大きいのです。実際、この「大きい」という言葉は、巨大な差を表しきれていません。

到達度の格差の根底にある原因は科学が明らかにしていますが、効果的な解決方法を確実に整備するためには、原因を知るだけでは足りません。保護者すべて、この国のおとなすべてが、この問題と、解決に必要な方法を理解し始めなければならない時に来ているのです。皆が理解すれば、国を挙げた議論に誰もが参加できるでしょうし、誰もがこの国を形づくる一部になっていけるでしょう。

「スロー・アイディア（Slow Idea、遅いアイディア）」（『ニューヨーカー』誌）の中で、アトゥル・ゲワンドAtul Gawande博士（医師、公衆衛生研究者、著作家）は革新的な考え方が受け入れられていく過程を分析しています。何がアイディアを社会に広げていく？ うまくデザインされたアイディアでも、受け入れられるものと無視されるものがあるのはなぜ？ 新しい考え方を広げていく力になりたいと人々に思わせる要因は何？

たとえば、1800年代の医学界で2つ、重要な発見がなされました。麻酔と消毒です。麻酔によって、手術のとんでもない痛みも、のたうち回る患者も防げるようになりました。消毒によって、目に見えない細菌が手術後の傷に起こす感染も防げるようになりました。当時、感染はあまりにもあたりまえだったので、外科医はぐじゅぐじゅの感染を治癒の過程だと信じていたぐらいです。麻酔と消毒、外科と医学の世界における他に類を見ない発見であり、進歩でした。でも、残ったのは麻酔だけ。手術の前に手を洗ったり、手術のたびに術衣を着替えたりするのは時間の無駄だと思われたようです。

外科医のJ. M. T. フィニーは1800年代、マサチューセッツ総合病院で研修医だった時の経験を書き残しています。手洗いがまだ稀だった頃です。手術道具は消毒用フェノール（石炭酸）に浸けられていたのに、外科医たちは前の手術で浴びた血と臓器で硬くなった黒いフロック・コートのまま、手術を続けていました。「忙しさの勲章」なのでしょう。なぜ？ 麻酔と消毒という2つの概念が受け入れられるか受け入れられないかを分けた理由は何だったのでしょう？ ゲワンド博士が言う「目に見えることと、臨場性」です。

「片方は目に見える、今、目の前にある問題（痛み）と闘うもの。もう一方は目に見えない問題（細菌）で、手術が終わって当分経たなければ影響は出てこない」。これがゲワンド博士の言う、「重要なのに行き詰まっている、数多くのアイディアに見られるパターン」です。

子どもの場合で言うと？

子どもの場合で考えてみましょう。就学前プログラムから高校3年までの到達度の格差は、統計を見れば一目瞭然です。隠しようがありません。この子どもたちがおとなになった時の結果から目を背けることも不可能です。

一方、生まれてから最初の3年間は、比較的、目に見えない時期です。将来の到達度の格差は生後9か月の時点ですでに表れているのですが、それはくわしい統計学的分析をしてようやくわかることです。さまざまな要素を組み合わせて分析しなければ、大きくなった子どもの問題はその子たちを観察した今この時に始まったものだとさえ信じてしまうかもしれません。結果、問題が明らかになってからようやく行動を起こすのが、これまでの常でした。ハートとリズリーの予見性があって初めて、そして、2人の後を追った研究者たちがいて初めて、学校に入った後の子どもの問題はもっともっと早い時期の問題がようやく目に見えるようになっただけだ、とわかったのです。

けれども、問題の始まりを知ることは、解決方法を考えることとは違います。適切な解決方法をデザインするには、問題の原因を知る必要があります。ハートとリズリーは、幼い時の言葉環境がその後に見られる学業の停滞の始まりであり、原因であると理論だてましたが、その考えをまず、科学的な統計的証拠で裏づけなければなりませんでした。

ただし、ここまで見てきた通り、原因を見つけたからと言って、解決策を立てて実行することにつながるとは限りません。感染と敗血症の関係を医師が理解しても、手洗いや術衣の交換は外科手術の手順に組み込まれませんでした。科学が理解されても、解決には時間がかかったのです。体内に侵入する細菌やバクテリアの感染が、後で起こる問題、それもしばしば命に関わる問題の発端だという事実が外科の考え方の一部になった時、ようやく手術は変わりました。外科医は手術室へ行く前には手を洗うようになり、消毒された手袋と術衣を使うようになりました。手術に関わるすべての人が同じようにし始めたのです。成果はすぐに表れ、結果は火を見るより明らかでした。感染症の予防において、予測を上回る効果が得られたのです。でも、ここに至るまでには時間がかかり、その間にいくつもの命が失われたことは間違いありません。

言葉環境は、幼い子どもの脳の発達にとって不可欠です。子どもたちすべてが十分な脳の発達を確実に果たすためには、念入りにデザインされた効果的な支援を、必要な時に必要な人がすぐに受けられるよう保障しなければなりません。その第一歩は、初期の言葉環境の重要性が社会全体に受け入れられることです。そうでなければ、私たちの考え方もゲワンド博士の言う「時間のかかる、遅いアイディア」に過ぎず、効果的な解決方法に結びつくようなアイディアではないということになります。

もっとも未開発な資源

米国は資源が豊かな国です。石油、天然ガス、銅、鉛、モリブデン、リン酸塩、希土類元素、ウラン、ボーキサイト、金、鉄、水銀、ニッケル、炭酸カリウム、銀、タングステン、亜鉛、木材…。地球全体の28%を占める最大の石炭資源もあります。世界最大の国家経済の一つです。

けれども、私たちは米国でもっとも価値のある資源に注目すべきです。その資源とは、子どもたちです。グローバル化が急速に進む世界で、米国が意味ある役割を果たす国であり続けるかどうかは、市民がどれほど賢明に考えられるか、どれほど詳細に問題を分析できるか、どれほど前向きに問題を解決できるかにかかっています。今日は、私たちがその役割を担っています。何年か後には、私たちが今いる場所に新しい世代が来て、この国を生産的で合理的で、安定したものにしようと試みるでしょう。今、私たちの目の前には選択肢があります。一つは、子どもたちが最大限に成長できるよう保障して、将来のすばらしい市民をつくり出していくという選択肢。もう一つは、その努力をしないという選択肢。

２番めに大切な資源

保護者の話し言葉、子どもが幼い時の言葉環境、言葉の質と量。とても強力なのに、活用されていない自然の資源です。米国で、そして、おそらく世界の大部分の国で。

コロンビア大学の「米国子どもの貧困センター」によると、2013年、米国で約3200万人の子どもが低所得世帯に属し、うち1600万人は貧困線以下の世帯の子どもでした。もちろん例外はありますが、こうした子どもたちは学業面で成功する確率がもっとも低く、学業面でも人生全体でも将来の到達度は低いと予測されます。でも実際には、この子どもたちが持って生まれた知的な可能性は、子どもたち自身や私たちが目にするよりもずっとずっと大きかったはずなのです。一方、これまでの研究結果通り、この子どもたちの保護者は子どもが学業で成功するよう、たいてい望んでいます。でも、貧困がもたらす個人的、社会的なストレスは計り知れず、支援もないために、生まれ持った可能性も保護者の希望もむなしく、子どもたちの成功は妨げられてしまいます。

現状に甘んじる必要はありません。答えは出そろっていませんが、子どもたちとこの国の未来を良くするために今、取り組み始めなければならない、これははっきりしています。綿密にデザインされたプログラムを使い、効果を追跡していけば、決定的な答えが次々に出てくるでしょう。必要なのは適切かつ賢明な投資です。正確な数字については議論があるのでしょうけれども、ジェームズ・ヘックマン教授の試算によれば、不利な立場にある乳幼児を対象に質の高い教育投資をすることで、投資1ドルあたり年間7～10%の経済的利益が得られるそうです。学業到達度が上がり、健康的な行動が増え、おとなの生産性も上がるからです。

ただ、この本はまだ紙に書かれた文字に過ぎず、社会全体の協力は得られていません。私たちが問題を理解することは最初のステップですが、長期的な問題解決にはあらゆる人の注目が必要です。力を合わせて初めて、デザインに優れ、科学的にも検討・改善されたプログラムが実践されるようになり、子どもたちすべての将来の可能性を伸ばすことができるのです。

「私たち」とは誰でしょうか？「私たち」とは、この問題を理解している一人ひとりであり、積極的に支援をし、目標に向かうのを見守っている人たちです。「私たち」とは、家族と子どもたちに言葉のプログラムを提供し、プログラムの成功を期すため、必要に応じて内容や手順を見直し、改善していく、主導的な役割を担った組織です。「私たち」とは、必要とする家族に支援を提供するさまざまな規模の公的・私的な協力関係です。「私たち」とは、生後最初の3年間の言葉環境が大切だという点をすべての保護者が理解するよう、情報を提供するグループです。

そして誰よりもまず、「私たち」とは、単に信じるだけではなく、科学に基づいて問題を定義し、効果的な解決策をデザインするよう後押しする人たちです。私たちに熱意があるとすればそれは、すべての子どもが可能性を最大に発揮しうる機会を持てるようにするという点において、です。プログラムが完璧ではないからと言って、私たちはひるみません。完璧ではないとわかれば、最適な形にいっそう近づけるべく改善を加えていく動機づけになります。最終的なゴールは、子どもたちの人生がより良くなっていくこと、です。

どうすれば、保護者の話し言葉の力について社会全体が理解する状態にたどりつけるのでしょうか。2007年、プログラムを始めた時からずっと考えていることなのですが、ここで話は2013年の秋に飛びます。

2013年、米国ホワイト・ハウスの科学技術政策室が私たちのチームに、「3000万語の格差を克服する」と題した会議の開催を手伝ってほしいと打診してきました。米国保健社会福祉省、ホワイト・ハウスの科学技術政策室と社会イノベーション・市民参画局、米国教育省の連携のもと行われる予定だった会議です。研究者、実践者、資金提供者、政策立案者、識者を集め、米国における到達度の格差問題を解決していくために、各種介入プログラムやその他の解決策について話し合うものでした。

この会議は、「ナッジ」に対する関心もあって発案されました。『ナッジ』(邦題『実践 行動経済学』、英語初版は2008年。日本語版は2009年)は、リチャード・セイラー Richard Thaler教授[訳1]とキャス・サンスティーン Cass Sunstein教授が執筆した本です。行動経済学から生まれたナッジ理論によると、ちょっとした環境の改変や社会的な「つつき」がプラスの行動を促すそうで、これは妊娠中の禁煙推進から屋根に断熱を施すこと、慈善活動に寄付することまで、あらゆる場面に応用できると言います。

『ニューヨーク・タイムズ』紙に書いた「市民に合った形の公共政策」の中でセイラー教授は、「行動学的ナッジ」によって3000万語の格差を縮められると書いています。この一文には、3000万語イニシアティブや、「市長たちのチャレンジ」(全米の市長が独自のプログラムを提出して資金を得るプログラム。ブルームバーグ慈善基金による)で大賞を獲得した家庭訪問プログラム Providence Talks(ロード・アイランド州プロビデンス市)が取りあげ

[訳1] 行動経済学(経済学と心理学の境界分野)における貢献で、2017年のノーベル経済学賞を受賞したシカゴ大学教授。

られています。

政府諸機関との共催プログラムだったはずのこの会議ですが、直前になって米国政府全体の予算差し止めが起き、政府側の参加はすべて中止になりました。けれども、会議は成功裡に終わり、目標が共有されたという強い感覚が参加者の間に残りました。本書に登場する著名な社会科学者の多くが出席しました。この分野で尽力している研究者、実践者、政策立案者、そして資金提供者が一堂に会し、大切な問題に焦点を当て、言葉の獲得・曝露の格差（または「言葉の格差」）をいかに縮めるかを話し合い、取り組まなかった場合の悲惨な結果についても話し合ったのです。元気づけられる会議でした。

ナッジ理論は、とても興味深いものです。小さな行動学的ナッジが、問題解決の第一歩になりうる、保護者の言葉行動にも影響しうるとする考え方は、私たちにとって大きな励ましとなりました。でも、この変化が国じゅうの人々に根づくようにするには、もっとダイナミックで継続的な推力が必要なのではないかと考え始めました。ここから、3000万語イニシアティブの最終目標を定義しつつ、その結果、社会全体はどう変化していくのかも考える方向に向かっていったのです。

取り組みを始めた当初に繰り返していた「家庭訪問プログラム」が、3000万語イニシアティブの最終ゴールになるとは考えたこともありませんでした。けれども、保護者の話し言葉の力が社会の根本的な部分に組み込まれていくには、家庭訪問の大切さが米国の隅々で話し合われていかなければ、と気づいたのです。産科クリニックでも、病院の産科病棟でも、医師の診察室でも、乳児をケアする専門家の養成カリキュラムでも、そして特に、保護者と保護者の会話の中でも。この視座が、私たちの会議文書『初期の言葉の格差を縮める：普及のための計画』になりました。

「言葉そのものと、保護者の話し言葉の力が脳の発達にとって不可欠な栄養である」、この事実が社会の考え方の中に組み込まれ、幼い子どもを育てる文化の一部になる必要があります。保護者は皆、こんな言葉を耳にするのです。「赤ちゃんと一緒に話しましょう。赤ちゃんにやさしく話しかけましょう。赤ちゃんに働きかけて応えを受け取りましょう。」

ただし、保護者の話し方を変えろとか、文化に根ざした言葉を変えろとはまったく言っていません。幼い子どもに言葉で働きかける時は、単語を変える必要もありません。ふだん使っている言葉は悪い、汚いと思う必要もありません。親子の間のやりとりを豊かにすることが大事なのです。保護者にとってもっとも自然な言葉、話し方、ストーリーを使い、双方向の対話をし、子どもに応える言葉を発する、それが学校に入学する時点の準備度を上げます。社会全体を対象にしたプログラムであれば、ビデオや絵、歌、物語なども使われるでしょうし、そのための素材は、多様性に富んだこの国に数えきれないほどある文化、民族、人種の背景の中から得られるでしょう。

「言葉」を公衆衛生指標に

米国では、予防接種率や未熟児出生率といった公衆衛生指標に注目が集まります。幼い子どもの言葉環境が脳の発達の重要な担い手であるならば、生後３年または５年までの言葉環境も健康のバロメーターの一つとして追跡されるべきです。LENA（145ページ）のような技術を使えば、実際に使える公衆衛生手法になるでしょう。

では、なぜ今は行われていないのか。まず、大きくなった子どもを学校環境下で追跡するほうがずっと簡単だからです。でも、５歳以下の子どものうち1200万人近くが、何らかの形の保育施設[訳2]にいます。長期的な学習に関わるさまざまな要素を評価するという目的を考えれば、幼い子ども

［訳2］ 米国の保育施設center-based careは、日本のように明確にシステム化されてはいないが、たいてい州によって基準が設けられている。一方、自宅で保育を提供している場合は、基準や規制の対象になっていない場合も多い。

の言葉環境をこういった施設で記録・追跡・分析する意味は大きいでしょう。自宅で保育をしている人たちも、率先して言葉環境を測る機会が得られます。

乳幼児期の学習に携わっている専門家は、幼い時の言葉環境の質を測り、質を上げるよう取り組む大切さをわかっています。けれども、Ounce of Prevention Fundのプログラム改善担当ディレクター、アン・ハンソンAnn Hansonが言う通り、実施には大きな壁があるのです。「乳幼児の学習プログラムの質については、クラス構成から保育者の質、教師と子どものやりとりまで、重要な指標をいくつも観察し、測っている。現実的には、一番大事な部分に焦点を当てるべきだと思う。もし、幼い時の言葉環境が成長・発達の基礎だと科学的にはっきりしているのであれば、プログラム改善のため、適時適切に活かせるデータと戦略を提供してくれるツールや支援が教育者には必要だ。」

ハンソンによると、もう一つ難点があります。言葉も含め、学習環境の質評価に広く使われている評価手法はあるものの、評価は通常、年一回しか行われないため、評価自体の効果が限られている点です。幼い時期の言葉環境を公衆衛生指標の鍵と定義づければ、初期の言葉プログラムの開発と改良に向けたガイドラインをつくるうえで役立つデータになるでしょう。有効性が確認された言葉環境の基準ができれば、州の学習基準にも組み込めます。保育施設の質評価項目にもでき、質を改善するガイドラインにも活かせるでしょう。

ワシントン大学（ワシントン州）准教授で「子どものケアの質と乳幼児期の学習研究・教育センター」のディレクター、ゲイル・ジョセフGail Joseph博士は、保育施設の言葉環境に関する研究の中でこの点にふれています。研究は始まったばかりですが、ジョセフ准教授のグループはLENAを使い、保育者が子どもと話した言葉の数、対話のやりとりの長さの両方を測っており、言葉ややりとりの数、長さと子どもの側の変数の間にプラスの相関（比例）を見出しています。ジョセフ准教授は保育施設の質の評価に使える、もっとも良い言葉環境の変数（項目）を見つけようと取り組んでいます。

幼い子どもにとって最適の言葉環境を定義づければ、乳幼児のケアに従事する人たちのトレーニング・プログラムのデザインにも役立つでしょう。たとえば、乳幼児教育の初級資格であるチャイルド・デベロップメント・アソシエイト資格[訳3]の基準にもその項目を入れることができ、他の乳幼児向けプログラムの中にも組み込んでいけます。そうすれば、まず、保育施設に預けられている何百万人もの子どもたちの保護者は、子どもが豊かな言葉環境の中で保育をされているという安心を得られます。家庭訪問サービスの助言にも活かせるでしょう。公衆衛生の手法として大切なのは、こうした成果の恩恵を、あらゆる人が、あらゆるコミュニティで、社会経済的なレベルにかかわらず受けられるようになることです。

ヘルスケア・システム

米国のヘルスケア・システムは、子どもたちほぼすべての医療的なニーズに応えていますから、保護者に言葉環境の重要性を教える場としては理にかなっています。理想的には、ヘルスケア・システムこそがすべきことです。ところが、理想が必ずしも現実に沿うわけではありません。

「認知発達を促す役割を保護者が果たしていけるようアドバイスする大切さについて、小児科の家庭医や看護師は理解している」、全国組織Reach Out and Readのディレクター、小児科医のペリー・クラスPerri Klass博士は言います。実際、「予測に基づくアドバイス」と呼ばれている手法も使われています。これは、成長・発達の中で予測される子どもの変化を伝え、どうすれば健康で安全な発達を促していけるかを保護者に伝えるものです。でも、このような会話には時間がかかりますから、出来高制の医療制度のもとでは、時間の縛りが医師や看護師のやる気をそぎ取って

［訳3］ 乳幼児をケアする仕事に就く人の基本的な資格。国家資格ではない。

しまいます。小児科医は診察人数を増やさなければと感じ、目先の心配ではない話は「時間があったら」程度に思いがちです。「予測に基づくアドバイス」も、発達における言葉環境の役割を保護者が理解できるよう説明することも、「時間があったら」と思われてしまうのです。

「私たちは皆、時間に追われている」とクラス博士は話していました。「チェック事項は山ほどあって、医者は皆、病理の診断やめったにない病気の診断を間違えるのではないかと眠れないくらい気にしている。たとえば、白血病の患者を見逃したらどうしよう、と。もちろん、子どもの行動面や発達面に関して予測に基づいたアドバイスが不可欠なこともわかっている。限られた時間の中でどうすれば両方をできるのか、方法を見つけなければ。」

既存のプログラムを国の戦略につなげる

ホワイト・ハウス科学技術政策室のマヤ・シャンカーMaya Shankarたちが組織して開いた最初の公的な会議「言葉の格差を縮める」は、2014年10月に開かれました。実にたくさんの団体が「言葉の格差を縮める」ために取り組むと表明し、政府もこの重要な課題を支援すると発表したことで、会議の熱気は高まりました。

保健社会福祉省が「言葉の格差を縮める研究ネットワーク」に出した研究助成金は、歴史的な経緯から当然、カンザス大学の「ジュニパー・ガーデンの子どもプロジェクト」に贈られました。ハートとリズリーの研究の後、子どもたちが小学校3年生になった時点で追跡研究をしたデイル・ウォーカー教授もプロジェクトの一人です。ハートとリズリーが始めた科学の継承者であるウォーカー教授と同僚のジュディス・カルタJudith Carta教授、チャーリー・グリーンウッドCharlie Greenwood教授は、自分たちのコミュニティで研究を続けています。

子どもの学業到達度の低さを解決すべく取り組んでいるプログラムは、

どれもすばらしい仕事をしています。下の7つは特筆すべきプログラムです[訳4]。

Educare（エデュケア）：落伍リスクの高い子どもたちに生後から5歳までの教育の場を提供する、米国でもっとも有名なプログラム。

Mind in the Making：子どもの学びに関連した情報を一般市民、保護者、子どもに関わる専門家に伝えることを中心としたプログラム。

Providence Talks：家庭を訪問し、保護者が言葉環境を豊かにできるよう支援していくプログラム。本書の145ページに出てくるLENAが使用されている。

Reach Out and Read：医療クリニックで医師、看護師が子どもに本を読み、読書行動を保護者に勧めていくなどの活動をしているプログラム。

Talk With Me Baby：ジョージア州が進めている公衆衛生と教育を組み合わせたプログラム。「言葉の栄養」をチャイルド・ケアの専門家に伝える内容も。

Too Small to Fail：子どもと「話し、読み、歌う」を基本に、さまざまなコミュニケーション・メディアを通じて、全米82万の保護者に情報提供をしている。

Vroom：子どもの成長・発達に合った、科学に基づく「保護者と子どものやりとりのコツ」をアプリ等で伝えるプログラム。

こうしたプログラムに共通するのは、最適かつ十分な発達において中心的な役割を果たす存在である保護者を支援し、後押しすることを柱にしている点です。より広い、国が進めるプログラムをつくっていくために、念入りな基盤づくりをしているのです。就学前の準備度を保障し、その後、

［訳4］ 詳しくは、本書ウェブサイトを参照。http://www.kodomoinfo.org

長年にわたって学業と生活の両面ですべての子どもたちが可能性を最大限に開花できるよう支援する、そのための国の戦略に今後、こうしたプログラムを組み込んでいくことができるでしょう。

3000万語イニシアティブ

3000万語イニシアティブの最終目標は、幼い時期の子どもの言葉環境をより良くしていく必要性について社会全体が理解をし、取り組むようになることです。国家的な機運につなげることも、目的の一つです。すべての子どもたち、男の子にも女の子にも可能性を発揮できる機会を保障したい。私たちの決意は固いものですが、一方で私たちを導いているのは合理的な科学です。

私たちの研究は、証拠に基づいたカリキュラムづくりを目指しており、新生児室、小児科クリニック、家庭訪問プログラム、保育プログラム、コミュニティの集まりといった状況で使えます。プログラム・デザインはその場のニーズに応じて変えられますが、基本は常に同じです。つまり、子どもは**生まれながらにして頭が良い**わけではなく、保護者やケアをするおとなの話し言葉によって**頭が良くなっていく**ということ。そして、「3つのT」、チューン・イン（Tune In）、トーク・モア（Talk More）、テイク・ターンズ（Take Turns）が子どもの初期の言葉環境を豊かにする方法であること。これは変わりません。

加えて大切なのは、保護者の言葉の有効性を社会に広め、誰にでもわかる言葉で根づかせることです。そうすれば、小児科医、産科看護師、保育者が「3つのTを使う」と言うのを聞いた保護者は、何の話をしているのか、すぐにわかるでしょう。保育者などの専門家は「3つのT」についてトレーニングを受けたり、インターネット上で学んだりすることができ、専門家である自分たちの言葉が子どもにとって非常に重要だという理解を深められます。ヘルスケア、教育、保育の専門家、そして保護者の間のやりとりは、さまざまな立場の人が関わるコミュニティの形成につながり、最終的には、子どもの知的発達のための文化的基盤となります。

他の分野同様、ここでもテクノロジーは取り組みに対する理解を広げる力となり、多様な面で役立つでしょう。私たちのカリキュラムのコンピュータ・システムには、テクノロジーによる別の利点もあります。プログラムの効果評価をでき、必要に応じて改善できる技術がカリキュラムの中に埋め込まれているので、参加者は匿名のまま、プログラムの改良に貢献できるのです。双方向ウェブ・デザインによって成り立つ、データ主導の3000万語イニシアティブを想像してみてください。それはカーン・アカデミー[訳5]のようなもので、証拠に基づいた言葉プログラムが乳幼児の保護者向けに提供されていて、無料で誰もがアクセスできるのです。

オピニオン・リーダーは母親たち

全世界の小児科医、医療や健康分野の専門家、教師と保育士が皆、「生後最初の3年間の言葉が重要だ」とわかっていても、保護者がそれを知らないのでは意味がありません。幼い時期の言葉環境は、保護者と、子どものケアを主にする人がつくるものだからです。この人たちがいなかったら、話は簡単、必要な成長は起きません。3000万語イニシアティブを始めた当時、赤ちゃんの頭を見ると、脳内でどんどん育っている神経細胞が忙しく点火している様子を思い浮かべたものです。でも今の私は、その子のケアをしているおとなを見て、「あなたには、あなたが思ってきた以上の力がある。それを理解してほしい」と思うわけです。

家庭訪問カリキュラムのパイロット（試験的）研究が終わった時、母親たちを招いて、うまくいったところ、うまくいかなかったところ、違う方法があったのではないかと思うところなど、フィードバックを頼みました。

［訳5］ カーン・アカデミーは、非営利団体が運営するオンライン教育サイト。さまざまな科目、レベルがある。こうした無料または非常に低コストの教育サイトは多数ある。

母親たちは3000万語イニシアティブの開発において主体的なパートナーでしたから、ここで得られた内容は、次の家庭訪問研究を組み立てるうえで不可欠なものとなりました。

情報は、山のように得られました。家庭訪問は家ごとに行われたので、この女性たちはそれまで一度も会ったことがありません。ところが、集まってみると、まるでできあがった委員会のよう、お互いをずっと知っていたかのような強いつながりが感じられました。自分たちがこの研究にとって重要だと認識していたのは確かです。特に、プログラム改善にとっては、正直な評価が必要だとわかっていたのです。やりとりをしながら、より良い内容を決めていく議論の中には、絆に似たものさえ感じられ、母親たちがアイディアを私たちに示した時には、次のプログラムの一連の手順を形づくろうとする意思にあふれていました。母親たちは皆、自分たちがこの研究の一部だと感じていたのです。

議論の中には、自分がプログラムから何を学んだか、学んだ知識をどうやって自分の子育ての中に取り入れていったかも含まれていました。たとえば、あまりに疲れていて何も話したくない時でも子どもと話すようにした、というような内容です。LENAの数値が当初は低かった（言葉が少なかった）母親たちも、プログラムを熟知したベテランのように議論に参加していました。母親自身がLENAを使い、数値を見、私たちが家庭訪問でデータを見ながら励ましていったこと、つまりプラスの社会的強化が何を生むか、実際に見るのは驚きでした。

そして、この議論は彼女たちにとっても、私たちにとっても元気づけられるものでした。具体的なフィードバックでは終わらず、母親たちは、このプログラムをどう宣伝していったらいいかを話し始め、さらに驚いたことに、**なぜ宣伝しなければならないか**まで話していたのです。この女性たちには、どれほどの先見の明があったか。これは、「言葉の格差を縮める」気運が高まる何年も前の話です。創造性の面でも、この活動に積極的に参加したという点でも、プログラムの必要性を認識していたという点でも、彼女たちは時代のはるか先を行っていたのです。

けれども、彼女たちが認識していないこともある。私はそう気づいていました。町なかに公告を出したら？ 女性・児童向けオフィス[訳6]で宣伝したら？ そう話をしている母親たち、実は**この女性たち自身**がメッセージを伝えるもっとも強力な媒体だったのです。私の直感は当たっていました。後になってわかったことですが、この母親たちは3000万語イニシアティブについて職場の同僚や教会の人たちに伝えていただけではありませんでした。小さい子どもがいる兄弟姉妹に「3つのT」を教え、皆が使えるようにしていた母親もいたのです。

論文『社会ネットワークと人間の社会的動機づけを統合し、広範な社会的影響につなげる』の中で、ノシィア・コントラクターNoshir Contractor博士とレスリー・デチャーチLeslie DeChurch博士は、「科学的な発見が公共の利益に変わる」ために必要な要素を示しています。2人の研究の目的は、科学に基づく重要なアイディアをコミュニティに根づかせる枠組みをつくることでした。たとえ科学に深く根ざしていたとしても、革新的なアイディアがすべて一般社会に受け入れられるわけではありません。受け入れられるためには、アイディアが「限られた数の科学者たちが認める事実」から、「多くの人の心の中にあるあたりまえの信念や規範」にならなければいけないのです。

2人は、「オピニオン・リーダー」がどんどん行動を変え、革新的な考え方を受け入れることによって、コミュニティの態度や行動に及ぼす影響についても明らかにしています。オピニオン・リーダーとは、「新しいアイディアを引き受け、態度の変化と新しい規範をコミュニティの中に次々と広げていく」人々やグループと定義されています。言い換えると、オピニオン・リーダーは、ゲワンド博士が言う「遅いアイディア」を「速いアイディア」へと変える人たちなのです。

［訳6］ 女性と5歳までの子どもを対象に、栄養教育や食糧支援をする国のシステム。全米に約9000のクリニックがある。

ですから、この母親たちが「情報を広める」うえで果たす役割は絶大です。

情報を広め、言葉を広げる

「情報を広める」は、3000万語イニシアティブの柱の一つです。私たちは、一人ひとりの保護者を大切なオピニオン・リーダー、つまり、態度を変え、根拠が明確な新しいアイディアを受け入れ、解決策の重要な担い手となる人たち、プロジェクトの不可欠な要素だと考えています。「情報を広める」は、プログラムの中でも意識的に取り組まれ、発展を遂げてきた部分ですが、それはまず3000万語イニシアティブの初期、ジェームズという父親が、一人の保護者であっても実に効果的なオピニオン・リーダーになりうる事実を私に教えてくれたことから始まりました。

ジェームズの物語

「僕がなぜ、友だちに話すのかって？」、ジェームズの言葉です。「みんなの子どもたちも、僕の子どもが得ているのと同じ利益を手にしてほしいから。マーカスだけがこれを知っている子どもにはなってほしくないし、マーカスに他の子ども以上の得をしてほしくはないんだ。」

3000万語イニシアティブのカリキュラム終了後、このプログラムの情報をどうやって周囲に伝えているかを話している時、ジェームズがチームに言った言葉です。私が聞いた話の中でも一番利他的で、かつ社会のことを考えた言葉の一つでした。息子が「他の人たちよりも良く」なることをジェームズは望んでいませんでした。他の人より持てる人にもなってほしくなかったのです。こう育ってほしいと息子に対して望んでいる姿に、他の子どもたちも皆、なってほしいと彼は思ったのです。

20代前半の背の高い男性、ジェームズは高卒で音楽を愛し、ウォルマート[訳7]の在庫担当として働いていました。彼の頭の中には、一人息子の脳が生まれ持った最高の可能性を発揮できるよう育てるにはどうすればいいかという、新しい知識がしっかりと根づいていました。ただなんとなく「噂を広める」だけでは満足できず、ジェームズはアトランタとインディアナポリスにいる友だちにスカイプで話をし、息子をみている保育者にも伝え、それどころか、自分の弟をプログラムに引き込んだのです。「情報を広める」が3000万語イニシアティブの一部として始まったのであれば、それはいまやジェームズの一部でもありました。もちろん、彼のメッセージは3000万語イニシアティブのメッセージそのものではありません。でも、常にはっきりしていて、常に前向きでした。

ジェームズとマーカスに出会ったのは、中耳炎と慢性的な呼吸の問題でマーカスが通ってきていた私の耳鼻咽喉科クリニックです。ジェームズの愛情に疑いはありませんでした。初めて会った時、マーカスは生後13か月で、父親にとてもとても強く愛着を形成していました。珍しいことに、私はこの時の様子を覚えているのです。普通ならどんな社会経済的な層であれ、子どもを病院に連れてくるのは母親だから、ではありません。小さなマーカスがいつも清潔な服を着て、歩き出す前から父親とおそろいの小さい小さいナイキを履いていたから、でもありません。ジェームズがどれほどマーカスをかわいがっているか、その様子が印象に残っているのです。この子の父親であるというプライドがはっきり見てとれました。

「マーカスはいつもニコニコしていて、遊んでいて、笑っている。よく大声で何か言っているしね。マーカスは、どんなことでもとにかく楽しんでいるんだよ。マーカスは僕のすべて。毎日、目が覚めると、マーカスが僕を笑顔にしてくれる」とジェームズは言います。「マーカスがいつ最初の言葉を言うのかはわからない。いつ、朝起きて突然算数の計算をしだすのか、他の何をしだすのかもわからない。とにかく、びっくりすることばかり。」

［訳7］ 全米に店がある小売スーパー・チェーン。「ウォルマートで働いている」とは、米国の場合、最低賃金またはそれ以下の所得層だという意味でもある。

ここで、ジェームズは間を置きました。

「正直、父親になる準備なんてできてなかった。でも、彼が生まれてすぐ、僕の人生はすべて変わって、僕は急におとなにならなければならなかったんだ。最初の日、2月12日から、僕は僕にできることをほぼすべてしてきた。僕が子どもだった頃よりも、マーカスがずっと良くなるように。そして、子どもの頃の僕が手に入れられなかった有利なスタートと、強みをマーカスにはあげようと思って。」

私の患者の中で、3000万語イニシアティブに参加する家族はめったにいません。けれども、ジェームズの何か、ジェームズとマーカスの関係、ジェームズの人生観から、私は診察の際、マーカスの脳を育てるために役立つかもしれないことをもっと学んでみる気はないかとジェームズに尋ねたのです。後で、「なぜあの時、参加すると答えたのか」と聞いてみたところ、「たぶん、自分が育つのに役立つ、そして自分が育てば、マーカスを育てるのに役立つと思ったからだろうね」、完璧な答えでした。

ジェームズは、3000万語イニシアティブのカリキュラムをウォルマートの仕事のシフトの中でこなさなければならなかったのですが、なんとかやり遂げました。やり遂げただけでなく、内容をまるでスポンジのように吸収していったのです。

「このプログラムは、マーカスにチューン・インすることを教えてくれた。マーカスが床に座って、おもちゃのピアノで遊んでいる時、僕はスマートフォンもコンピュータもテレビも全部消す。床に座ってマーカスにチューン・インする。僕はBフラットとCシャープと…、別の音を聞かせる。マーカスがおもちゃのドラムで遊んでいる時は、僕も座って一緒におもちゃのドラムで遊ぶ。チューン・インは、彼が夢中になっていることに僕がどうやって入っていけばいいかをすごく教えてくれて、そこから、マーカスについてもたくさん教えてくれた。僕もたくさん学んでいたんだ。僕の赤ちゃんの脳みそを僕がつくっていけるなんて、すごいことだよ。彼がバブバブ言っていたり、いや、実際、時々、何かを言っているんだけどね、僕が彼に本を読んでいる時に真似していたり、ピアノで遊んでいる時に何かに真剣に注意を向けていたり、僕が何かを説明している時にそれを見てね、それにさわって、で、僕のほうを向いて『これの話、しているの？』みたいな顔をしたり…。そういうのは…、なんて言うか、すごいんだよ。」

私はジェームズを知っているので、彼の話は驚きでも何でもありません。私を驚かせたのは、このクール・ガイが最初から積極的かつ意図的に「情報を広める」を始めたことと、その方法です。

アーロンは、ジェームズが最初に連れてきた親です。

「弟のアーロンに3000万語イニシアティブの話をしたんだ。マーカスと一緒に家にいる時にはテレビどころか、スマートフォンも切ると言ったんだよ、最初。アーロンはまるで信じてなかった。だから、やってみせたんだ。床に座って、マーカスにチューン・インして、どうすればいいかって。アーロンの表情がまるっきり変わった。で、マーカスがしていたことに僕がチューン・インしたら、証明ははっきり言ってもう…、後は言うまでもないね。アーロンも、はまった。それから、アーロンも僕と一緒にプログラムに来るようになって、学んだことを息子にしているよ。」

「小さい子どもを育てている友だちはたくさんいるから、僕がここで学んだことをみんなに共有している…、チューン・イン、トーク・モア、テイク・ターンズ、全部。みんなに教えて、みんな自分の子どもにしている。たとえば、形について話したり、算数をしてみたり。ジョージアにいる友だち、モラとはスカイプで話している。彼女にも『3つのT』を話してる。モラは、彼女の小さい男の子に使っているよ。ジーニーはインディアナポリスに住んでいるから、こっちもスカイプ。同じ話をしたんだ。ジーニーは娘に使っていて、いろんなことをちゃんと言葉で説明するようにしていて、たくさん言葉を使っている。本当はね、このプログラムについて一度知れば、もっともっと知りたいと、みんな、ものすごく思うから、これがみんなの所にないのは申し訳ないんだ。だから、僕はこうしてるんだよ。何か僕が学んだら、スカイプで教えるんだ。」

ジェームズが「話を広めて」いるのは、友だちだけではありませんでした。

「マーカスをみてる保育園の先生にも3000万語イニシアティブを教えたよ。ちょっとは知っていたけど、チューン・インのことは知らなかったし、子どもがテレビに夢中になってても、言葉を学んでいるわけじゃないっていう話も知らなかった。新しいことを学ぶと、先生の所へ持っていって、彼女もそれを保育園で使うようになったんだ。子どもたちが眠る前や食べている時に本を読んだりしてね。自然の中へ散歩に出かけて、子どもが一人、葉っぱや何かを拾い上げると、彼女はその葉っぱがどういうものかを話して、どこから葉っぱが来て、とか。それ以外にも、子どもたちが興味を持ちそうなことをいろいろ話している。」

「これを広めて、親の話し言葉がどれくらい強力か、伝えるのは大事だと思う。なぜかと言うと、僕が一人の友だちに話して、その友だちが別の誰かに話して、その人が別のグループの人たちに話せば、ドミノ効果みたいになるから。そうしたらすぐに、頭のいい赤ちゃんたちばかりが走り回っている世界ができるよ。」

ジェームズは最初からマーカスを愛していました。でも、ジェームズがこのプログラムを受けたことで、マーカスを育てる自信が育ち、子育ての中で自己実現を果たしていく強さと自信がついたのです。そして、私が思うには、この自信が他の人たちにも伝染していったのでしょう。

子どもの将来に対して保護者自身が持ちうる力、その力について保護者が理解した時、何が起こるか。ジェームズはその典型的な例です。具体的な方法や支援を求め、必要としている保護者にそれが届いた時、何が起こるか。これも、ジェームズの例からはっきりわかります。ジェームズは、良い親だというだけではありません。彼は、私たちの目標の大切さそのものです。親、保護者たちを問題解決の不可欠な一部にしていくという点で。

もっとも大切な言葉

私たちはすばらしい資源を持った国です。けれども、深刻な問題もあります。その問題には、人道的、かつ現実的な意味があります。子どもたちのあまりにも多くが、将来、可能性を発揮できない状態にあり、それはこの子どもたち、私たちの国、そして、この子どもたちが将来生きていく世界に影響します。

私たちには、この問題がわかっています。解決策もわかっています。何をし始めるべきかも知っています。

この国のほぼすべての親、保護者は、子どもの脳が可能性を最大限発揮するために必要としている言葉環境を子どもに与えることができます。

言葉環境がなくても脳の可能性が発揮できる、そんな子どもはこの国に一人もいません。

幼い子どもに向かって話される言葉は単なる言葉ではなく、子どもの脳を育て、安定していて共感性を持ったおとな、知的なおとなを育てていく一つひとつの素材であると、親や保護者すべてが理解したら? 親や保護者がそうやって子どもを育てていくために必要な支援を受けられたら? 社会はどれくらい違ったものになるでしょうか。

ある国がその可能性を発揮したいと望むのであれば、その国に住む人たちが可能性を発揮できなければなりません。子どもたち、保護者たち、コミュニティを支援すること、すなわち、安定していて安全な生活の場所、雇用の機会、十分なヘルスケア、そして、しっかりデザインされた幼い子ども向けのプログラム、こうしたものがきわめて重要な要素なのです。

私たちの子どもたちのために、私たちの国のために、私たちの世界のために、私たちは、子どもが可能性を発揮できる社会をつくっていかなければなりません。

力を合わせれば、できます。

エピローグ
岸に立つ傍観者であることをやめる

ミシガン湖の波は高く、2メートル近くになっていました。子どもたち3人は砂浜で遊んでいて、私の夫であり、子どもたちの父親であるドン・リューに見守られていました。突然、湖岸に立っていたドンは、離れた場所で2人の男の子が波にのまれていることに気づいたのです。彼が湖の中に向けて駆け出すと、下の娘が叫びました、「お父さん、行っちゃダメ！」。

これが、父親に娘が言った最後の言葉になりました。2人の男の子は無事でした。私の夫、他人を助けることにかけてはいつも恐れを知らなかったドンは、大きな波と強い底波にさらわれて亡くなりました。彼は私の親友であり、私のもっとも強い支えであり、私が心から愛していた人でした。

2人の子どもが波にのまれそうになっているのを見つけた時、ドンには議論の余地も、迷いもなかったのです。小児外科医として、専門分野のリーダーとして、患者に対する彼の献身は誰も疑いませんでした。ある子どもが助けを必要としているなら、その子には助けの手が差し伸べられました。たとえではありません、それがドンの生き方だったのです。子どもが2人、溺れそうになっている時に、岸で見ているなどという選択肢は彼には決してなかったでしょう。たとえ、自分のとった行動で命を落とすとわかっていても。

過酷な状況の中、発揮できたはずの可能性を開花させられずに苦闘している子どもが、私たちの国にはあまりにもたくさんいます。持って生まれた可能性に見合った人生を送れるようにするためには、生まれ落ちた時に何を社会に要求しておけばよかったのか、社会にどんな契約書をつきつけておけばよかったのか、知らずに生まれてきた子どもがたくさんいるのです。子どもたちはもがき苦しんでいます。岸に立って眺めていることは、私たちにはできません。

死後、ドンは英雄とほめたたえられました。そして、彼の姿こそ、私たちすべてが目指さなければならないものなのです。

ドン・リュー

（医学博士。1962 〜 2012年）

に捧げる

解説

子どもの言葉を育む環境づくり

高山 静子
（東洋大学准教授：保育学）

はじめに：この本の概要について

本書の執筆者であるサスキンド博士は、もともと脳外科を目指していたそうです。人工内耳外科医となり、人工内耳の移植手術に関わりますが、手術をして音が聞こえるようになっても言葉を話せるようにはならない子どもがいる、その原因を追究するうちに、ハートとリズリーの、家庭によって3歳までに3000万語の言語格差があるという研究にたどり着きます。そして、3歳までの、家庭による言語格差を埋めるための「3000万語イニシアティブ」（Thirty Million Words Initiative）のプログラムを開発し、推進しています。

本書は、その3000万語イニシアティブの解説書です。第1章では、なぜ人工内耳外科医だった筆者が、家庭の言語格差の問題に気づいたのか、手術をしてもまったく異なった予後を見せた2人の子どもとの出会いを紹介しています。第2～4章は、このプロジェクトの理論的な根拠である脳と言葉に関する研究を紹介します。第2章では、このプロジェクトのきっかけとなった、ハートとリズリーの3000万語格差の研究を紹介しています。この研究は、貧困家庭で育つ子どもと専門職の家庭で育つ子どもとの間に、3歳の終わりまでに家庭で聞く言葉に、3000万語の格差があるという研究でした。また、3歳までに子どもが聞く言葉の質が、家庭によって異なることや、家庭で3歳までに子どもが聞く言葉が、子どもの将来に与える影響なども紹介しています。第3章、第4章は、なぜ3歳までの言語環境が脳の形成に重要なのかが、丁寧に説明されます。そして第5章は、3000万語イニシアティブの具体的な内容の紹介です。第6章は、この3000万語イニシアティブが社会へ与える影響を論じています。

本書は、日本の読者の関心によって、さまざまな活用ができると考えています。

子どもの脳を育てたい、今日から何をすればいいのかを知りたいと願う保護者や保育者は、まず第5章から読むことができます。貧困による文化格差、家庭の言語格差の問題を知りたい人は、第1・2章から、3歳までの脳科学に関心がある場合は第3・4章から、家庭の格差を減らす新しいシステムをつくることに関心がある人は、第6章から読み始めることもできるでしょう。

本書は、言葉の家庭間格差の問題と、言葉の貧困が引き起こす将来の問題について、日本の読者に問題提起をする書となるでしょう。そして、問題を提起するだけでなく、3000万語イニシアティブの紹介によって、この言葉の格差に対して家庭や園では何をすればよいのか、問題の解決方法を具体的に示す書ともなっています。

私は、保育学の研究者の立場から、この本が日本で翻訳・出版されることの意義を、4つに分けて詳しく述べていきたいと思います。1つめは、家庭の保護者にとっての意義です。2つめは、保育園や認定こども園等の保育者にとっての意義です。3つめは、子育て支援者にとっての意義です。4つめは、日本の社会にとっての意義です。

1. 保護者にとっての本書の意義

お金が1円もかからない効果的な教育

今、日本の保護者には、「子どもの可能性と能力を引き出す」と称されたサービスや商品が提供されています。日本の公共放送チャンネルは、0歳から2歳向けのテレビ番組を提供し、乳児向けの通信教育を紹介しています。企業は、0～3歳向けのさまざまな知育商品やサービスを販売します。しかし、サスキンド博士は、子どもの可能性と能力を引き出し、脳を育てるうえでは、テレビはむしろ逆効果であり、保護者の「話し言葉の環境」が最も効果があると説明しています。

サスキンド博士が話し言葉を豊かにするために開発した「3000万語プロジェクト」には、チューン・イン、トーク・モア、テイク・ターンズの3つのTと、4つめのターン・オフがあります。

サスキンド博士は、子どもに何かをしてあげようとする親よりも、子どもがしていることに関心を持つ親が、最も子どもの脳を育てると述べます。それがチューン・インです。乳幼児は有能な学習者です。子どもが関心を持ったものに対して、大人が話すことで子どもはぐんぐんと学習をしていきます。サスキンド博士は、一方的な刺激を与えることでは効果が低く、子どもにチューン・インすることの重要性を、繰り返し強調します。

チューン・インは、子どもがしようとしていることや、子どもがやりたがっていることを、大人がよく見て、推測することから始まります。たとえば、赤ちゃんが両手で持った積木を打ち鳴らしているときに、「カンカンカン」と、子どもの気持ちや行為に言葉をつけるのは、チューン・インです。ところが大人は、つい「積木をつんでごらん」「おうちをつくってごらん」と言いがちです。子どもがしていることに、心から注目し、それを繰り返すことは案外難しいのです。

チューン・インという言葉が、日本の「注意」という言葉と似ていることも、嬉しい偶然です。注意は知性の原点とも言われ、注意を環境に向ける力を獲得することによって、子どもは学習が可能になります。大人が子どもにチューン・インする（注意を向ける）ことによって、子どもは「注意」の機能を獲得します。テレビやスマホ画面の動き回る刺激に引きつけられているのは、注意を向ける力が育っている姿ではありません。子どもが散歩で見つけたものを親に指さし、親の顔を見上げ、「大きなイヌがいるね」と親が応え、ニッコリと笑いあうときに、子どもの注意を向ける力は育っているのです。

親の話しかけが最も必要な時期

2つめのトーク・モアは0〜3歳のどの年齢でも重要です。そのなかでも、とくに大人が赤ちゃんに話しかけることを意識したい時期は、新生児から生後3か月頃の時期だと考えられます。

新生児期には、親が赤ちゃんに話しかけても、その反応は薄いものです。視線が合いにくいと感じる親も多いでしょう。どんなに愛情を込めてあやしても抱いても、反り返って泣き、親を途方に暮れさせるのもこの時期です。

赤ちゃんの世話をするときに、大人が「さあ、オムツを替えようね」と声をかけ、「気持ちがいいねえ」と、赤ちゃんにあたたかく話すことによって、子どもは、自分が愛される存在であり、自分を取り巻く周囲は信頼できると理解します。また、赤ちゃんの目を見つめて会話することによって、赤ちゃんは、大人の目に注意を向け、応答的な発声をしようとするようになります。あやされる赤ちゃんは手足をバタバタと活発に動かします。乳児期の最初に出会うあたたかな大人の世話が、心と知性と運動の原点をつくり出していくのです。

何も話しかけられずに黙って世話をされることは、赤ちゃんにとって不安な経験です。黙って赤ちゃんの世話をする習慣は、親子関係を悪い方向へと導きます。

仰向けで寝ている時期に、大人によく話しかけられた子どもは、よく応答し、よく笑う赤ちゃんになります。よく笑う赤ちゃんは、大人にますます話しかけられます。反対に、大人から邪険に扱われた赤ちゃんは、自分は愛されない存在であり、周囲の環境は信頼できないものだと認識してしまいます。

人生のはじまりの時期に、大人にあたたかい言葉をかけられるか、かけられないかは、子どもの生涯にわたる自己認識と、周囲の環境の認識に影響を及ぼします。初期条件のほんのわずかな差が、子どもの発達にも、後々の親子関係にも大きな影響を与えるのです。

この時期、赤ちゃんの世話をする大人には、体力と根気強さ、おおらかさが必要です。しかし、親は夜中に数時間おきに起こされ、心身ともに疲れ切り、赤ちゃんをあやす気力がない場合もあります。乳児期の前半は、保護者の支援が最も必要な時期であり、親以外のさまざまな大人が赤ちゃんに話しかけることが必要な時期だと考えられます。

子育ては、本能ではできません。見たことがない、知らないことはできなくて当然です。第5章でサスキンド博士は、トーク・モアとして、赤ちゃんにどのように話しかけるか、言葉の例を詳細に示しています。これらの言葉は、親をふくめ赤ちゃんの世話をする大人の言葉のモデルとなり、よりよい親子関係のスタートに役立つことでしょう。

豊かな言葉が、豊かな脳をつくる

サスキンド博士は、トーク・モアは、単語の数だけではなく、どんな単語を使うのか、どのように話すのか、言葉の質が重要であると強調します。脳を貯金箱だと考えると、1円玉ばかりでは大学の学費は貯まることがないでしょうと、ユーモアたっぷりに説明しています。

脳を育む豊かな言葉とは、子どもの興味関心に合った言葉であり、語彙がバラエティーに富んだ言葉です。提案と促しは、自己制御スキルを伸ばす言葉であり、反対に、命令する、怒鳴る、叱責する言葉は、子どもの言葉の習得を妨げるだけではなく、自己制御の発達も遅れさせることを説明します。

親が話しかける言葉が多く、語彙が豊かであるほど、言葉の習得とIQに良い影響を与え、親同士があまり話さない家庭では、子どももあまり話さない、なんて書かれていると、思わず子どもに話しかける内容を見直したくなるのではないでしょうか。

サスキンド博士が、大人が子どもと豊かな会話をするために提唱しているのは、大人がしていることを言葉にする、子どもがしていることの実況中継をする、「これ」「あれ」などを使わずに、具体的な名詞を話す、子どもの言葉をふくらませるなどです。それぞれに具体的な例が示されています。これらのヒントは、きっと保護者の役に立つことでしょう。

子どもの言葉を引き出す、待つ

3つめのテイク・ターンズは、子どもとやりとりをして、子ども自身が言葉で表現することを促すことです。サスキンド博士は、子どもの言葉をくりかえすことや、もっと話したくなるように質問をし、子どもの反応をじっくりと待つことが大切であると述べます。

大人が、子どもの気持ちや考えを受けとめ、子どもをよく知ろうとすると、子どもは安心して自分を表現します。子どもの言葉をくり返し「〜なんだね」と気持ちを受けとめ、「それはおもしろいね」と、どんな突拍子もない言葉も受けとめてもらえると、子どもはもっと話そうとします。大人には「何をしたかったのかな」「どうしてそう思ったの」のように気持ちや状況を引き出し、「なぜ」「どうする」のように考えることを促すこともできます。

人生の初期に人と関わることの重要性

日本の家庭では、4つめのターン・オフが、最も重要だと考えられます。子どもがテレビの画面に引きつけられている受け身の時間を減らし、子どもと共に外へ出て、公園で体を動かして遊ぶ時間や、子育て支援センターで、手を使って遊ぶ時間を増やすことです。豊かな言葉の前提には、手や身体を使った豊かな体験があります。子どもがものや人と関わりをもち、大人がそれに言葉をつけることで脳が育っていきます。このことを親が知り、親が、「今日も私は、外に出かけて赤ちゃんの脳のつながりをたくさんつくった」と感じられると、子育ての充実感も増えるでしょう。

たとえ、親が子どもに話しかけることが苦手であっても、外に出さえすれば、子どもは多くの人に話しかけてもらうことができます。子どもの脳を育てるために、テレビの電源をターン・オフして、外に出かけ、子どもが多くの人に話しかけてもらえる場へ行きましょう。

2. 保育者にとっての本書の意義

豊かな言語環境を一斉活動でつくることができるのか

3000万語イニシアティブから日本の保育者が、最も学ぶべき点は、「チューン・イン」だと考えられます。チューン・インは、その子どもの気持ちや興味からはじまる関わりです。幼児教育の大家であるフレーベルもモンテッソーリも倉橋惣三も、このことを強調しました。

しかし、日本の一部の園では、一人ひとりの子どもにチューン・インしにくい保育が行われています。日本では、長い間小学校と同様に、子どもたちが、一斉に同じ活動をする保育者主導の保育を行ってきました。その一斉保育は、4・5歳児のみならず、1～3歳児クラスでも行われています。そこでは、保育者は、子どもに指示を出して日課をこなすことに忙しく、一人ひとりの気持ちや言葉を受けとめるゆとりがありません。

待機児童の増加とともに、0～2歳児のクラス規模が増大し、20人の1歳児が一斉にトイレに行く、一斉に食事をするといった異常な事態も生じています。1歳や2歳の子どもたちに、「しゃべってはいけない」「動いてはいけない」と行動を制限し、壁に並ばせて待たせる園もあります。一斉活動中心の園では、保育者の言葉は、子どもの注意を引きつける、指示を出す、誘導するためにほめる、叱るなど、サスキンド博士のいう「脳を育てない貧しい言葉」が中心になりがちです。

豊かな言語環境のために物的環境と時間の環境の充実を

これに対して、一人ひとりの発達や生活時間に合わせて、小グループで保育を行う園も、少しずつ増えています。子どものつぶやきや、興味関心から保育内容を展開する保育も広がりはじめています。それらの園では、子どもは、話すように促されます。保育者は、子どもを引きつけるために大声を出すのではなく、落ち着いた声で子どもの気持ちを受けとめることや、子どもの考えや気持ちを引き出すために問いかけるなど、多様な関わりをしています。

保育者の一方的な言葉かけが中心となる園と、子ども同士や子どもと大人の豊かな会話が交わされる園とでは、その言語格差は、家庭以上に大きいと推測されます。

本書に示される、子どもの脳の発達を促す応答的であたたかい会話が、日本の幼稚園・保育園・こども園で交わされるようになるためには、まず、保育者主導の一斉保育自体の見直しが必要になるでしょう。

0～2歳児クラスは、集団の規模を小さくし、子どもたちの個別性と主体的な活動を保障できる空間と時間の環境をつくることが不可欠です。物的な環境と時間の環境を整えれば、保育者は、一人ひとりの子どもの姿を見て、丁寧に関わるゆとりが生まれます。

サスキンド博士が繰り返し強調するように、まず、子どもをよく見ることから、質の高い関わりは始まります。

活用の留意点❶：感覚による学びを、言葉と同様に尊重すること

保育者が3000万語イニシアティブを活用する際に留意する点を、4つ

述べたいと思います。これらは、サスキンド博士が本文中で解説していることですが、改めて強調と補足をしたいと思います。

1つは、話しかけることを意識するあまりに、子どもの集中を妨げることがないようにすることです。たとえば、子どもが小さな穴を見つけてじっと見つめているときに、すぐに「穴があいているね」と言葉をそえることもできます。しかし、子どもがじっと穴を見つめているときには黙って見守り、大人の顔を見たときに「穴があいているね」と話すことによって、子どもの集中や内面の世界を豊かにする手助けができます。

子どもは目で見て手でさわり、においをかぎ、耳をすまし、全身の感覚のすべてを使って、環境と向き合っています。乳幼児期には、言葉も大切ですが、身体の感覚による環境の探索も重要です。話しかける際には、子どもの感覚による集中を妨げないように配慮する必要があります。

活用の留意点❷：子ども自身のイメージを大切にする

留意点の2つめは、子ども自身が持っているイメージや感じていることを尊重することです。

サスキンド博士は、「チューン・インがなければ、トーク・モアもテイク・ターンズも意味がない」と述べます。トーク・モアは子どもの言葉を繰り返したり、言葉や概念を付け加えたりするものですが、大人はつい、子どもの関心とは異なる言葉をかけがちです。

たとえば、子どもが小さな穴を見つめているときに、大人は、多様な話し方ができます。たとえば、「丸い穴があいているね」のように事実を説明することもできますし、「これは、なんだろうね、ふしぎだね」のように、子どもの気持ちを推測し、その気持ちに言葉をそえることもできます。

また「丸い小さな穴が開いているね。これは深そうだね」と概念を伝えることもできますし、「小さな穴が開いているね、これは誰が住んでいるんだろうね」と想像の世界をふくらませることもできます。

大人は、どうしても知識を伝えることを好みますが、子どもたちは、一人ひとりが保育者とは異なる志向性を持ち、異なる世界を見ている場合が多くあります。保育者が子どもと話をするときには、まず、子どもの気持ちや表情をよく見て、子ども自身が話や想像を豊かにすることができるように、話をすることが大切だと考えられます。

また、すれ違いがあるのがコミュニケーションではあたりまえですから、子どもが違和感のある顔をしているときには、会話を重ねて、子どもの気持ちや言葉を引き出していくとよいでしょう。子どもの違和感をつかみ、自分の解釈を柔軟にすることも大切なチューン・インです。

活用の留意点❸：生活場面と遊び場面とのバランス

留意点の3つめは、場面に応じて、話をする量を意識するということです。大人が子どもにどのように話しかけるかは、生活の場面と遊びの場面とで、量と質とが変わります。生活場面では大人が主導し、遊び場面では子どもが主導する、そのバランスが大切になります。

生活の場面では、大人は、この世界のルールも習慣も知らない乳児に一つひとつ教える役割があります。そのため、大人は、ていねいに言葉を使って伝えることが必要です。

たとえば、乳児の服を着替えさせるとき、乳児が状況を理解できるように、ふれる前に、「今から洋服を着替えましょうね」と話します。着替える間も、「シャツに首を通すよ」「おててを出して」と、一つひとつの行為に、言葉をつけます。また、0歳や1歳児クラスでは、生活の場面で「あら、ご飯の時間だわ」「さあ、テーブルをふきますよ」と、子どもに聞こえるように、自分の行動を言葉で説明して状況を解説します。このような意図的な大人の言葉によって、子どもは、状況と言葉を結びつけて、社会生活を理解していきます。生活の場面では、状況とつながる自然な形で、物の名前や、数量や状態等に関する正確な言葉を伝えることができます。

かたや遊びの場面は、子どもが主導します。子どもは自らの発達課題を遊びの中で繰り返し、新しい能力を着実に獲得していきます。遊び場面では、大人は、子どもの発想や行為に応答するように遊びます。大人が、頻繁に、子どもの遊びを中断させるような言葉をかけることは、かえって能力を獲得するじゃまになることもあります。

また、子どもの遊びの世界に入り込んで言葉を使うことも大切です。子どもがお手玉を野菜に見立ててお鍋をかきまぜているときに、保育者が「3個のお手玉をお鍋に入れてかき混ぜているね」と言うと、子どもの遊びの世界を壊してしまいます。「うわあ、おいしそうな匂いがしてきたわ。今日の晩ご飯は何かしら」と、遊びがふくらむような言葉を使いたいものです。

活用の留意点❹：発達に合った言葉選び

留意点の4つめは、発達に応じた言葉を選ぶことです。

0歳、1歳は、身体感覚によって環境を認識する時期です。この時期、身体感覚に注意を向ける「どんどん、よいしょよいしょ、ぎゅっぎゅっ」といった擬音語や擬態語を、トーク・モアとして使うことができます。擬音語や擬態語は、子どもが真似をしやすい音です。

見立てやつもりといった類推の機能が発達する時期には、子どもの想像力をふくらませる言葉を使うことができます。たとえば、保育者が遊びで食べるまねをするときには、「あちちち、ふーふー」といったイメージを豊かにするような言葉を使います。

2歳から3歳は、大人の行動の延滞模倣をし、ブツブツと話しながら行動する時期です。保育者は、ごっこ遊びのなかでは、家庭やレストランの会話などを、本物らしく交わします。類推の機能を伸ばした子どもは、次の知識欲の時代へと入ります。3歳後半の子どもは「なぜ？」「どうして？」と質問魔になります。知識を求める子どもには、知識を伝え、一緒に考えたりするようにします。

サスキンド博士は、子どもに焦点を当てるチューン・インは、脳の最適な発達に向けた関わりであることを説明しています。保育者は、子どもの発達と、個々の志向性をふまえて、その子どもにあった言葉を選んでいきたいものです。

3. 子育て支援者にとっての本書の意義

保護者を主役にすることの重要性

この十数年の間に、全国に、子育て広場や児童館型の子育て支援等、未就園の0・1・2歳の子どもとその保護者が一緒に子育てができる子育て支援の場が整備されました。認定こども園には、未就園の親子の支援が制度として組み込まれ、幼稚園、保育園でも子育て支援が行われています。

支援は本来、支援がいらなくなることを目的とします。子育て支援は、子どもの健やかな育ちを支えるとともに、親子関係の始まりの時期に、親がわが子と良い関係をつくり、子育ての主役として自信を持ち、親が親として成長することを支援するために創設されたものでした。しかし理念が空洞化し、親子を集めて楽しませるイベントが中心の場も残念ながら見られます。

子育て支援者が、保護者をお客さんのように遇し、親子を集めては楽しいイベントを提供する子育て支援の場が増えれば、保護者の依存性は高まり、わが子を専門家に預けたいと考える保護者は増えるでしょう。一斉保育のような、古い指導の手法を使った子育て支援では、親はサービスの受け手となるばかりです。

本書では、保護者が力を発揮することの重要性が繰り返し述べられています。サスキンド博士は、この本の核心は、「保護者が果たす大切で強力な役割の話」であり、「保護者や主に子どもの世話をする人が生後最初の数年間、主体的な参加者として関わって初めて、子どもたちの将来は良くなる」と述べます。

3000万語イニシアティブの最も素晴らしいと感じる点は、親の力を信じ、引き出し、親自身を子育ての主役にしようとしていることです。日本でも保護者が、子育てに効力感を感じ、わが子の親として自信を持ち、子育てと子育てを取り巻く問題解決の主役となる、エンパワーメントの支援が必要です。

親子の関わりに焦点を当てること

本書からは、子育て支援の場は、未就園の子どもの言葉の質と量を豊かにする場である、という新しい価値を見出すことができます。

家庭での「孤育て」より、子育て広場、子育て支援センターといったみんなで一緒に子育てをする場のほうが、会話も体験もずっと豊かです。

適切な支援を学んだスタッフがいて、意図的に環境が構成された子育て広場では、子どもは環境との相互作用によって発達に必要な遊びを得ることができ、保護者は他の親子の関わりを見聞きすることができます。そこで生まれる斜めの関係や、そこで交わされる親同士の会話は、子どもたちの脳を健やかに育んでいきます。

また本書からは、子育て支援の質についても示唆を得ることができます。

子育て支援者が親としての成長を願うのであれば、保護者が多様な関わりのモデルを見聞きし、わが子との関わり方がわかる支援内容を優先する必要があります。

パネルシアター、手遊びや工作を何十回経験しても、保護者は、子どもとの関わり方を知ることができません。子育て支援者が、親子にチューン・インすることなく、一方的に指導していれば、親も、子どもに一方的に指導をすることを学びます。子育て支援者が、子どもの遊びや親同士の会話を中断させてプログラムを行えば、親も、子どもの何気ない遊びに関心を持たなくなります。

子育て支援者は、親にしてほしい行動をしてみせることが必要です。保護者がわが子の遊びに注意を向け、そこに言葉をそえる、そういった日常の生活の中での関わりがわかるように環境をつくり、支援を行うことです。また、親同士の会話が豊かになるように、斜めの関係が生まれるように、つながりや関わりを促すことによって、言葉の質と量が高まります。

未就園の親子が利用する子育て支援の場は、親子関係の質を高めることができる場です。親子の関わりの質を高める支援内容を最優先にすることが、本書の内容を最大限に活用することになると思います。

群れの中で子どもを育て、よその子どもに声をかける

本書を読んで、子どもと2人きりの家庭内で、「わが子だけを健やかに育てよう」と、子どもに言葉をかけ続ける保護者がいるとすれば、それは、サスキンド博士の願うところではないでしょう。また、子育て広場に出かけていったとしても、わが子だけを見つめ、わが子とだけ関わる「親子カプセル」だらけであっては、大人にとっても子どもにとっても、子育て支援の場の意義が半減します。保護者がわが子とだけ関わるのであれば、支援の場へ行く必要はありません。

サスキンド博士のまなざしは、すべての子どもたちに注がれています。どの子も幸せになってほしい、みんなで補い合い助け合って子育てをしていこう、支援者がこうした姿勢でいれば、それが場の雰囲気となり、保護者にも伝わります。

子育て広場は、わが子も、よその子も、大人がみんなで子どもたちを見守り育てる姿勢を涵養（かんよう）する場です。子育ち、親育ち、関係育ちを意図的に支えている子育て支援の場では、さまざまなつながりと関わりが生まれます。そこでエンパワーされた保護者は、支援をする側となり、まちづくり等にも力を発揮しています。これは、特に第7章で書かれているように3000万語イニシアティブで力づけられた親が、問題解決の主役として力を発揮していることと似ています。

家から外へ出て、一緒に子育てをし、わが子もよその子も健やかに育ってほしいと願う大人が増えれば、健やかに育つ子どもたちが増えます。それは結局、その保護者も子どもも幸せにするものです。

4. 日本の社会にとっての本書の意義

家庭と園による言語格差問題の啓発

本書の意義は、さまざまな格差問題の中から、3歳までの「家庭による言葉の格差」の問題を、明確に浮かび上がらせることです。

3歳までの栄養不良が、身体に甚大な影響を与えるように、3歳までの貧困な言語環境は、脳のシステムの形成に甚大な影響を与えます。貧困な言語環境での貧困さとは、応答的でないこと、量自体が少ないこと、語彙（言葉の種類）が少ないこと、言葉の質が厳しく、子どもが聞きたくないような言葉であることです。

本書は、「0・1・2歳の子どもをケアする人の言葉は、社会にとって重要な資源である」という新しい視点を示します。この時期に、どの子どもも、あたたかな関わりが得られるように、社会全体で後押しをする必要があります。

言語環境を貧困にする要因

日本の場合には、収入の差にかかわらず、子どもの言語環境は、この数十年間で貧困に向かっていると考えられます。この主な原因には2つあります。1つは、電子ベビーシッターやスマホの普及の問題、もう1つは長時間労働による長時間保育の問題です。

日本では、テレビ等の電子ベビーシッターが、家庭で長時間赤ちゃんの子守をしていることが問題になってきましたが、今や、電子ベビーシッターは、電車や飛行機の中にまでついてくるようになりました。子どもが人間と言葉を交わす機会は減る一方です。

テレビを消すと泣く赤ちゃんや、ゲームを取り上げると暴れる幼児が出てきています。何も対処をしなければ、子どもの言語環境はますます貧困になり、それは学力や心理等の問題となって現れる可能性があります。人格の土台をつくる時期に、人との豊かな関わりを経験した子どもを増やすことを社会全体の仕組みとして考えることは、喫緊の課題です。

2つめの問題である親の長時間労働は、家庭の会話の質を低下させます。長時間労働、ストレスが高い労働は、豊かな会話を交わす家族の時間も、親の気持ちのゆとりも奪ってしまいます。

長時間保育であっても、保育園やこども園で、保育者が子どもと豊かな会話を交わせばよいではないかと思われるかもしれません。しかし、どんなに保育者が尽力しても、園には限界があります。国の最低基準では、0歳児3人に対して保育者1人、1・2歳児6人に対して1人、3歳児は20人に1人、4・5歳児は30人に保育者1人です。クラス規模は増大し、1歳児で1クラスが24人以上いるクラスも少なくありません。園では、どんなに優秀な保育者がいたとしても、子どもと豊かな会話を交わすことには限界があります。

このように、日本の言語の貧困問題の背景として、家庭には親の長時間労働や電子ベビーシッターの問題があり、園には、クラス規模の増大と、保育士と子どもの比率の問題があります。

言語の貧困問題を解決する日本の仕組み

しかし、日本には、言語環境の貧困問題を、解決に導く機関や人的資源もあります。日本には、母子・父子手帳、新生児訪問、4か月検診という素晴らしい母子保健システムがあります。また、全国約7000か所に、未就園の親子を支援する子育て支援センターが設置されています。また約2万8000か所の保育園・こども園を0～3歳の子どもと親の多くが利用しています。

保健師は、これまでの栄養、睡眠、運動等に加えて、言葉という新しい観点を母子保健に組み込むことで、保健システムの質の幅を広げることができます。

保健師や小児科医が、新生児訪問、新生児検診、4か月検診で、保護者に対して、子どもに話しかけることや赤ちゃんの喃語（なんご）に応えることが子どもの脳を育てるために重要なことと、その具体的なやり方を伝えることができれば、よりよい親子関係のスタートを切ることができるでしょう。

子育て支援の場で働く子育て支援者は、親子の関わりが脳を育てることを伝え、具体的な関わり方のモデルを示すことができます。赤ちゃん連れの保護者が利用しやすい場所をつくり、親子を集めて楽しませる支援から、親子の関係性や応答性の質を高める支援内容へと変えることで、生涯にわたる親子関係の支援ができるでしょう。

保育園・こども園は、人的配置、クラス規模、クラス上限といった構造の質を高め、そこで働く保育者の言葉という資源を開発することによって、子どもたちの生涯によい影響を与え、家庭の言葉格差をも埋める可能性を秘めています。

先進的な園では、臨床心理士や社会福祉士が、園内で保護者や保育者の相談にのり、子どもとの関わりや環境づくりについて、保護者と保育者にアドバイスを行っています。臨床心理士や社会福祉士は、0～3歳の「言葉の貧困問題」という新しいアプローチから、保護者や保育者の支援を行うことができるでしょう。

もちろん、子どもの脳を育むのは、大人の言葉だけではありません。睡眠、食事、運動、外遊び、手を使う遊び等に加えて、「大人と子どもの会話の質と量」という、新しい視点が加わったのです。

親が子育ての主役になることの意義

サスキンド博士は、「話し言葉、初期の言語環境における親の言葉の質と量は、とくに強力で、しかしどの国でも活用されていない資源です」と述べます。そして、その言葉の質と量の改善には、親またはその子どもの主たる保護者が、子どもの最初の数年間の参加者として主体的に関わって初めて、改善されることを強調しています。

保護者が、自らが子育ての主役だと自覚を持つことは、社会全体に良い影響を与えると考えられます。未就園の親子が利用する子育て支援の場では、親子関係のごく初期に、親の関わりを支援し、親を力づけることができます。保護者が自分自身にできることを知り、育児に効力感を感じることができれば、保育園や幼稚園、学校で「先生、しつけはお願いします」「うちの子を何とかしてください」という依存的な姿勢を持つ親は着実に減るでしょうし、しつけのために保育園へ入れたいという保護者も減るかもしれません。専門職による心理相談や虐待発生後の対応にかかる費用も減らすことができるでしょう。健やかに育つ子どもが増えることは、社会全体に利益をもたらします。

幼児教育は重要です。しかし、本書に繰り返し示されるように、脳の機能の基礎が形成される0～3歳の子どもと保護者への支援は、もっと重要です。

学力向上への重要な示唆

本書には、日本の子どもたちの学力向上に関する示唆が、数多く含まれています。

PISAと呼ばれる国際的な学習到達度に関する調査の結果から、日本は読解力に課題があるとして、語彙力の強化等、読解力の向上に向けた対応策が行われています。小学校で語彙力の強化を図ることも重要でしょう。しかし本書で、サスキンド博士は、すでに3歳までに、語彙力には大きな差があるという研究を数多く紹介し、学力格差を埋めるためには、3歳までの保護者の言葉という資源を活用することが、最も効果的であると述べています。

また本書は、言葉が聞こえることと、言葉を理解することは異なることであり、文章を読むことと、文章を理解することは異なることであるという、2つの重要な視点を、私たちに認識させます。

生まれてすぐから、子どもは学びをはじめます。子どもが学ぼうと環境に目を向けているときに、保護者がそこに言葉をそえることで、子どもは学びを得ていきます。自分が見ているものを他者と共有する三項関係による学習です。子どもが、現実的な状況と他者との中で学びとった知識は、活用できる知識となります。

コンピュータは、この学習方法をとることができません。昨今話題になっている東大ロボットは、大量の言葉を検索できますが、文章を理解することはできません。知識を状況と結びつけることができないため、簡単な国語問題さえ解答ができないのです。

残念ながら、すでに幼児期には、テレビの言葉は話せても、コミュニケーションとして言葉を使えない子どもや、文の音読はできても内容を理解できない子どもがいます。そうなる前に、子どもたちが、現実的な状況と人とのコミュニケーションの中で、体験的に学ぶことを支援する必要があります。本書で繰り返し述べられているように、3歳までの関わりの質と量が重要です。

研究者にとっての意義

サスキンド博士が、3000万語イニシアティブが科学に基づく実践であることを論じているのが、第2～4章です。そこで紹介される研究は、日本語には翻訳されていない研究も多く、この本の価値を高めています。

第2章では、ハートとリズリーによる「3000万語の格差」研究を紹介しています。子どもの言語格差は、3歳の終わりまでに生じており、それは家庭の言語格差が大きいことを明らかにした研究です。この研究では、家庭によって、子どもが1日に聞く話し言葉の量が大きく異なり、親の話しかける言葉が多いほど子どもの語彙は増え、IQテストの結果も高いことが明らかとなりました。またその後の研究によって、この3歳までの言語格差は、9歳、10歳時点の言語スキルや、学校のテストの点数とも相関していたことが確認されました。サスキンド博士は、この研究への批判もここで取り上げています。後の章で「3000万語の格差」は、「初期の脳発達に対する言葉の重要性を表す比喩」と述べています。

第3章では、なぜ3歳までの言語環境が脳に影響を及ぼすと言えるのか、根拠となる脳研究を紹介しています。そこには、人工内耳外科医としての手術の臨界期の研究も含まれます。脳はタイミングであり、話し言葉の数と質がどのように子どもの脳の発達に影響を与えていくか、比喩を含めながら解説をしています。

第4章では、親が使う言葉と、ねばり強さや自己制御、自己イメージとの関連についての研究が紹介されています。

これまでも、日本には、親業、インリアル・アプローチ、ペアレント・トレーニングなど、親子の関わりの質を高める研究と実践が紹介されてきました。それらの貴重な研究・実践と同様に、この3000万語イニシアティブも親子関係に良い影響を与えることができるでしょう。

本書で取り上げられている研究には、日本では紹介されていない貴重な研究が含まれています。翻訳者の掛札博士は、サスキンド博士の文献に紹介された研究と関連する研究を合わせて、インターネット上の文献リストとしてアクセスできる仕組みをつくりました。これによって研究者は、すぐに原著にアクセスできるという恩恵を受けることができます。

おわりに

この本の翻訳者である掛札博士は、安全と傷害予防の心理学、行動変容学の専門家であり、その精力的な仕事で、保育界に影響を与えています。掛札博士からこの本の概要を伺い、サスキンド博士の講演をインターネットで見たとき、その話しぶりから掛札博士との共通点が感じられました。真摯な表情と情熱的な話し方、子どもと保護者に対する深い愛情…出会うべくして出会った2人だと感じています。

本書には、サスキンド博士の子どもとその保護者に向けたあたたかなまなざしと、励ましの心が一貫して流れています。大人が子どもにもっと目を向け、子どもたちと共に未来をつくりあげていこう、そのために私たちにできることをやっていこう、その強い思いがこの本からは感じられます。

最後にサスキンド博士は、溺れる子どもを助けるために亡くなった夫についてふれています。そして、「子どもたちはもがき苦しんでいます。岸に立って眺めていることは、私たちにはできません」と、本書を結んでいます。この本に込められた思いを、日本でこの本を読んだ私たちも受けとめ、未来につないでいきたいと思います。

訳者あとがき

保育園の深刻事故予防に関わるようになってから、9年が経とうとしています。全国各地のさまざまな保育園にうかがい、勉強をさせていただく中で、気になってしかたがないことがありました。

それはたとえば、子どもとおとなの1対1の関わりが少なすぎる。言葉はやさしいにしても命令調の言葉が多すぎる。静かにしている子どもたちほど、「手がかからない」から保育者は関わっていない。年齢よりも知的な発達がずっと進んでいる子どもをさらに伸ばす手助けをしていない。なにより、保育者が子どもと一緒に過ごす姿がどんどん少なくなっている。つまり、今、多くの保育施設では、チューン・インはもちろん、チューン・インを基礎にしたトーク・モアもテイク・ターンズもほとんど見られないのです。

私の目には、理由は明らかです。保育者が忙しすぎ、「最低基準」と呼ばれる保育者の配置基準では、子どもの保育を十分にするどころか、安全にすることすらできなくなりつつあるから、です。

まず、書類や行事の準備など保育以外の作業が増えている、個別対応を必要とする子どもが増えている、「保護者対応」にとられる時間が増えている。一方、人手が足りない。たとえば新卒3年めでも「中堅」とみなされて保育を任され、育つ余裕がない。「あたま数」をそろえるために明らかに保育の適性を欠いた保育士も雇わねばならず、「穴埋め」をするために、結果、他の保育者が疲弊する。人間関係スキルを身につける前にむずかしい保護者対応を任され、問題を悪化させるばかりか、保育者自身の心も傷ついてしまう。本来、保育士の専門性ではない内容の「保護者支援」までもが日常の仕事の中に含み込まれている。有資格／無資格、常勤／非常勤の立場の違いが複雑になり、シフトが細かくなる中で、園内のコミュニケーションがうまくいかない。

「最低基準」では子どもたちの命は守れない、そう考え始めた一方で「子どもたちは11時間もそれ以上も毎日毎日、保育園にいる。子どもはちゃんと育つのかな」…、そう思っていた私の耳に飛び込んできたのが米国のNational Public Radioのニュース「赤ちゃん言葉を勧める活動家になった外科医」（2015年9月14日）でした。本書の出版を前にサスキンド博士のインタビューを聞き、早速、本を予約したのです。

そして…。「0歳児3人を保育者1人でみていたら、それも数時間ごとに入れ替わり立ち替わりする保育者が1日11時間も12時間もそれ以上もみるなんてことをしていたら、この国の子どもは育たない（＝この国は早晩、滅びる）」、これが私の確信です。社会のシステムとして、これだけの数の0歳児や1歳児を長時間、施設で預かっている先進国は、日本以外、世界じゅうどこにもありません。日本は壮大な社会実験、それもマイナスの結果が出たとしても後からは決して解決できない社会実験を始めてしまったのです。

「施設で0歳児を預かるな」とは言っていません。今の「最低基準」や「保育の質」[注1]では、サスキンド博士が言うような形で（＝科学が「必要だ」と言う形で）子どもたちを十分に育てることはできない、と言っているのです。学校で「乳幼児との関わり方」を具体的に教わることもないまま、

［注1］ 髙木早智子他「家庭保育との比較性からみた保育の観察研究」『保育科学研究』、2018年3月。この論文も含め、あとがきの中に出てくる情報のリンクもすべて、本書ウェブサイト「http://www.kodomoinfo.org」参照。

4月1日から「一人前の保育士」として働かされる現状、一方、「待機児童問題」で基準が次々と緩和され、保育士免許を持たない人も多く保育に携わる現状では、この国の子どもは育ちません。保育施設の基礎である「子どもの最善の利益」[注2]は、保育士の数と質が保障されなければ成り立たないのです。

ハートとリズリーの「3000万語の格差」研究は、日本では知られていません。貧富の差の研究と思われてきたからかもしれません。そして、本書で紹介されている研究成果のほとんども、日本では一部の研究者以外、知りません。本書に載っている研究成果はどれも英語のペアレンティング系ウェブサイトであちこち紹介されていますから、英語さえ読めれば、誰でもインターネット上で読むことができるにもかかわらず。

この「科学情報の鎖国」状態が解ければ、保護者と保育者は共に手を携えて、「こんなことでは私たちの子どもが育たない」と国や企業に向かって言うことができる、私の希望はそこにあります。本書に掲載されている研究やそれ以降の研究を要約するウェブサイトをつくったのは、そのためです。

自分の子どもが一日じゅう11時間もそれ以上も、あたたかい1対1の声をかけられることなく、まるで流れ作業のようにおむつを替えられ、餌付けのように食事を食べさせられ、寝たくもないのに寝かされ（または眠いのにむりやり起きていることを強いられ）、おとなが関わることもなく遊び、夜になったら「元気に過ごしましたよ」とだけ言われて返される。連絡帳の中身は型通りのことばかり。それでいいと言う保護者は、世の中に一人としていないはずです。

幼い子どもは言いません、「私／僕、今日、何もしなかったよ。誰とも話さなかったよ。なんかつまんなかった」とは。でも、その結果はすでに

［注2］ 2000年施行以降の『保育所保育指針』。

私たちの目の前に見えています。実力のある保育士たちは「以前に比べて、課題のある子どもが増えているのは間違いない」と言います。研究も、「言葉のやりとりが少ないことで、行動課題の増加につながる」と明らかにしています。「私たちは8時間とかで帰れるけど、この子たちはもっとずっと長く園にいるんだよね…」、悲しそうにそう話す日本じゅうの保育士たちの言葉は、結果になって私たちの前に立ちはだかろうとしているのです。保護者と保育者が手をつながなければ、この国の子どもたちの状況は悪くなるばかりです。

では、どうやって保育士を増やせと？ 保育士がいない、足りないのは事実です。でも、保育施設はあくまでも「家庭養育を補完」[注3]するための場所のはずです。日本の政府や企業が真の意味で効率性や生産性を考えるのであれば、今の「働かせ方」自体を考え直すでしょう（研究からは、1日8時間すら「働きすぎ」で「効率が悪い」とわかっています。人間はそんなに集中できる生き物ではありません）。そうすれば、子どもがいてもいなくても、もっと早く職場を離れることができ、自分の時間、家族との時間を持てるはずです。子どもの保育時間は短くなり、相対的に保育士の配置は増えます。もちろん、保護者が必要な時は、24時間でも何十時間でも安全に預けられる場所が保障されるべきです。でも、預ける必要がない時は…？本書に書いてある通りです。

では、子どもが保護者と一緒にいればいい？ 保育園に乳児を預けていないなら大丈夫？ デジタル機器の問題は、これもまた本書に書いてある通りです。

サスキンド博士が何回も強調している通り、本書は「貧富の差」の話ではありません。特に今の日本では、まったく違います。これだけ情報があ

［注3］ 1990年に施行された『保育所保育指針』までは、このように書かれていた。ところが2009年施行の『保育所保育指針』では、「子どもの最善の利益を考慮し、その福祉を積極的に増進することに最もふさわしい生活の場」となり、保育所は家庭における子育てを補い、支援する場所という位置づけではなくなった。

ふれていても、子ども（人間）の育ちにとって本当に大切な情報は社会に流れていない。お金や社会的立場がある保護者も、お金と社会的立場がない保護者も、保育に携わる人たちも、人間の育ちにとって本当に大切な情報を知らない。知ってもなお、「忙しいから」「お金が必要だから」と、私たちは、今のおとなの都合を優先させるのでしょうか。将来のおとなたちの育ちを犠牲にして？

本書が、保護者、保育士、子どものケアをするすべての人たち、日本と世界の将来を真剣に考えるすべての人たちに届くよう祈っています。

訳者として、何点か解説します。

1. 耳が聞こえない人たちに関する記述

本書では、第1章に登場するミシェルや第3章に登場するサスキンド博士のお母さんのいとこの話など、耳が聞こえない人に関する記述がたくさんあります。ひとつ、サスキンド博士の活動地域は、米国の大都市の中でも特に貧困層が集中する地域であることを忘れないでください。本書の中で繰り返し書かれている通り、学力などの差の原因は貧富の差そのものではありませんが、現状では貧困が結果的に学力の差につながる可能性が高いのです（そして、サスキンド博士は貧困層を活動の中心に置くことで、このつながりを断ち切ろうとしています）。

また、サスキンド博士が記述している内容は、あくまでも米国の例であり、極端な例または平均値です。これをお読みになって「日本でも同じような状況？」と思った方は、ぜひご自身で調べてください。

2. 米国文化と日本語文化の違い

本書を読んでいると、「子どもに対して、ひっきりなしにものの名前を言ったり、数を数えたりしなければいけないのか」とお感じになる方もいらっしゃるかもしれません。そうではありません。これは米国文化（他の英語文化がどうなのか、私は知りませんので）と日本語文化（「日本人」だけが日本語を使うわけではないので）の違いです。

英語には擬態語や擬音語がほとんどありません。ですから、「言葉」と言ったらまず、名詞や動詞、形容詞、数詞なのです。そして、米国文化で子どもにものを見せると、その「もの」の説明を細かくします。色や形、大きさ、数などです。日本の場合、ものの間の「関係」や「感情」の話をします（『木を見る西洋人 森を見る東洋人：思考の違いはいかにして生まれるか』リチャード・ニスベット、2004年）。

大学院の時、ゲスト・レクチャーで発達心理学のクラスに話をしたことがあります。比較文化認知心理学者であるニスベット博士の本や論文をすでにたくさん読んでいた私は、クマのぬいぐるみが2つ並んでいて、片方のぬいぐるみの手がもう一方のぬいぐるみの手にふれている写真をスライドで見せ、学生に「このクマのぬいぐるみについて子どもに話すとしたら、なんて言う？」と尋ねました。皆、「色が…」「クマ」「2つ…」「大きさは同じ…」と言います。私が「日本で聞いたら、まず『クマちゃんたち、仲良しだね』とか『こっちのクマちゃん、クマちゃんをつついているのかな』と話すね」と言うと、学生たちは笑い出したのです、「そんなこと、考えつかない」と。

でも今、保育施設で見ていると、私があの時、学生に話した通りです。一方、保育者と子どもの間の言葉には、名詞も動詞も数詞も少ないと私には感じられます。もちろん、擬態語や擬音語、関係や気持ちは大切です。でも、米国人ほどではないにしても、名詞や数詞を子どもたちに（チューン・インしたうえで）伝えることは重要です。

3. この本は「早期教育」の本ではない

本書はいわゆる「早期教育」を勧めるものではありません。保護者や保育者が子どもにむやみに言葉を浴びせかけることも、まったく推奨していません。おとな（と子ども）がチューン・インをしていなければ、トーク・モアもテイク・ターンズも意味がありません。サスキンド博士が何度も書いている通りです。

保育施設の配置基準についても同じです。配置基準を増やして子どもにしじゅう語りかけろ、いつも向かい合っていろと言うのではありません。子どもがふと何かに気づいた時、これは？と思った時、静かに横にいてチューン・インすべき保育者が今はほぼいない、ということが問題なのです。

4. なぜ、「母親」か

サスキンド博士が最初のプログラムをつくった時の話は、第7章に登場するジェームズ以外、すべて「母親」や「祖母」です。これはサスキンド博士たちが母親だけを対象にしているからではなく、米国の貧困地域で子どもを育てているのは事実、大部分が母親、または祖母だから、です。ジェームズのように父親が子どもを育てている例は、サスキンド博士が書いている通り、珍しいのが現状です。

一方、本書で紹介されている研究でも「母親」を実験参加者としているものが多くあります。米国であっても、子どもの主たるケア者はたいてい母親だから、です。父親と母親の両方を実験参加者にした場合、実験計画や結果分析の中で考慮しなければいけない要素が増え、そのぶん、実験参加者を増やさなければならなくなります。研究上は男性（父親）か女性（母親）に限ったほうが結果は明解になりやすいため、これまでは母親が中心でした。でも近年は、発達や子育ての研究で男性（父親）を対象にしたものも増えています。

5. 「女言葉」を使わない

本書の中で引用されている研究者の言葉や、子どもと保護者の会話の例は「女言葉」（または男言葉）にならないよう意図して訳しています。子どもの研究者、子どもと関わる保護者や保育者は女性に限らないからです。実際、日常会話の中で「〜だわ」「〜かしら」といった話し方を女性がほとんどしないこと、男性が「〜だぞ」「〜なのさ」などと言わないことは、ご存知の通りです。現代米語には、女言葉、男言葉はほぼありません。

このため、本書に登場する人たちが女性か男性かはわかりにくいでしょう。わかる必要も別段ないのですが、可能な限り、本書ウェブサイトに個人のページのリンクを貼っておきました。人間は誰しも、「こういうことを研究しているのは女性／男性だろう」という先入観を持ちます（「先入観」は社会心理学の重要な分野です）。ご自身の先入観のチェックのためにも、「この人は女性（男性）だ」と思ったら、本書ウェブサイトを見てみてください。

6. 親を失った後

ドン・リュー博士が亡くなった時、長女のジェネヴィーヴさんは13歳、父親が波にのまれて亡くなるのを目の前で見る経験をしました。その後、彼女はSLAP'D（Surviving Life After a Parent Dies. 親が亡くなった後の人生を生きる）という団体を作り、活動しているそうです。

最後になりますが、明石書店の深澤孝之さん、明石書店の皆さん、解説を書いてくださった高山静子先生、英語の名前をカタカナ表記にする作業をしてくれた友人、Kiyo & Jamesに心から感謝いたします。

掛札 逸美

訳者紹介

掛札 逸美（かけふだ・いつみ）

心理学博士、保育の安全研究・教育センター代表。1964年生まれ。筑波大学卒。健診団体広報室に10年以上勤務。2003年、コロラド州立大学大学院に留学（社会心理学／健康心理学）。2008年2月、心理学博士号取得。2008年6月から2013年3月まで、産業技術総合研究所特別研究員。2013年4月、センター設立。2022年に『ペアレント・ネイション：親と保育者だけに子育てを押しつけない社会のつくり方』（ダナ・サスキンド著）訳。

解説者紹介

高山 静子（たかやま・しずこ）

東洋大学ライフデザイン学研究科教授。教育学博士（九州大学大学院）。研究テーマは、保育者の専門性とその獲得過程。保育と子育て支援の現場を経験し、2008年より保育者の養成と研究に専念。2013年4月より現職。近著に、『0～6歳 脳を育む親子の「会話」レシピ』（風鳴舎、2022）、『改訂 保育内容5領域の展開：保育の専門性に基づいて』（郁洋舎、2022）、『改訂 保育者の関わりの理論と実践：保育の専門性に基づいて』（郁洋舎、2021）がある。

著者紹介

ダナ・サスキンド（Dana Suskind）

医学博士。シカゴ大学医科大学院小児外科教授、小児人工内耳移植プログラム・ディレクター。「子ども期初期の学びと健康のためのTMWセンター」（http://tmwcenter.uchicago.edu/）の創設者であり、共同ディレクター。著書に本書のほか、『ペアレント・ネイション：親と保育者だけに子育てを押しつけない社会のつくり方』（明石書店、原書・邦訳とも2022年）がある。

3000万語の格差

――赤ちゃんの脳をつくる、親と保育者の話しかけ

2018年5月15日　初版第1刷発行
2023年3月15日　初版第13刷発行

著　者　ダナ・サスキンド
訳　者　掛　札　逸　美
解説者　高　山　静　子
発行者　大　江　道　雅
発行所　株式会社　明石書店

〒101-0021　東京都千代田区外神田6-9-5
電　話　03（5818）1171
ＦＡＸ　03（5818）1174
振　替　00100-7-24505
http://www.akashi.co.jp

装丁　柚木ミサト
印刷・製本　モリモト印刷株式会社

（定価はカバーに表示してあります）　ISBN978-4-7503-4666-3